THOMAS VON AQUIN

VOM WESEN DER ENGEL

THOMAS VON AQUIN

VOM WESEN DER ENGEL

DE SUBSTANTIIS SEPARATIS SEU
DE ANGELORUM NATURA

*Übersetzung, Einführung
und Erläuterungen von
Wolf-Ulrich Klünker*

VERLAG FREIES GEISTESLEBEN

Herausgegeben vom Friedrich-von-Hardenberg-Institut
für Kulturwissenschaften, Heidelberg/Frankfurt, in Zusammenarbeit
mit der Freien Hochschule für Geisteswissenschaft, Goetheanum

CIP-Titelaufnahme der Deutschen Bibliothek

Thomas <de Aquino>:
Vom Wesen der Engel = De substantiis separatis seu de angelorum natura /
Thomas von Aquin. Übers., Einf. u. Erl. von Wolf-Ulrich Klünker.
[Hrsg. vom Friedrich-von-Hardenberg-Inst. für Kulturwiss., Heidelberg/Frankfurt,
in Zusammenarbeit mit d. Freien Hochsch. für Geisteswiss., Goetheanum]. –
Stuttgart: Verlag Freies Geistesleben, 1989
Einheitssacht.: De substantiis separatis <dt.>

ISBN 3-7725-0919-3

NE: Klünker, Wolf-Ulrich [Übers.]

Der lateinische Text ist der Ausgabe des Verlages
Marietti (Ed. R. M. Spiazzi), Rom 1954, entnommen.

Einband: Walter Schneider
© 1989 Verlag Freies Geistesleben GmbH, Stuttgart
Satz und Druck: Greiser, Rastatt

INHALT

Vorwort des Herausgebers   7

Einführung   9

Thomas von Aquin: Vom Wesen der Engel –
De substantiis separatis seu de angelorum natura   19

Vorrede   21

   I   Die Auffassungen der alten Philosophen und Platons von den
Geistwesenheiten   22

   II Die Auffassungen des Aristoteles und des Avicenna
von der Zahl der Geistwesenheiten   29

  III Worin die Auffassungen Platons und des Aristoteles
übereinstimmen   37

  IV Worin Platon und Aristoteles nicht übereinstimmen   41

   V Die von der Materie getrennten Wesenheiten nach Avicebron   43

  VI Widerlegung der Auffassung Avicebrons   48

 VII Es gibt nicht *eine* Materie der geistigen und der
körperlichen Wesenheit   56

VIII Widerlegung der Argumente des Avicebron   61

  IX Vom Irrtum derer, die lehren, die Engel seien nicht geschaffen,
und seine Widerlegung   71

   X Die Lehre des Avicenna vom Ausfließen der Dinge
aus der ersten Ursache und ihre Widerlegung   80

  XI Die Lehre der Platoniker von den Ideen und ihre Widerlegung   88

 XII Die Lehre des Origenes, alle geistigen Wesenheiten seien
gleich erschaffen, und ihre Widerlegung   91

XIII   Vom Irrtum derer, die Gott und den Engeln die Erkenntnis
der Einzeldinge absprechen   97

XIV   Gottes Erkenntnis und Vorhersehen   100

XV   Widerlegung der Argumente für die oben dargestellte Auffassung   111

XVI   Der Irrtum der Manichäer und seine Widerlegung   117

XVII   Der christlichen Religion zufolge sind alle Geistwesenheiten
von Gott hervorgebracht   121

XVIII   Über die Beschaffenheit der Natur von geistigen Wesenheiten   130

XIX   Die Unterscheidung der Engelgeister   137

Der lateinische Text und die vorliegende Übersetzung   149

Erläuterungen zu den von Thomas erwähnten Personen   151

Anmerkungen zur Einführung   157

Anmerkungen zur Übersetzung   158

Anmerkungen zum lateinischen Text   169

VORWORT DES HERAUSGEBERS

Zwischen der Fülle der himmlischen Hierarchien im Werk des «Dionysios Areopagita» im fünften Jahrhundert und der heutigen Engelferne liegt nicht nur in zeitlicher Hinsicht die sehr differenzierte Engellehre des Thomas von Aquin in der Mitte. Das frühe Mittelalter hatte die enge Zusammengehörigkeit des menschlichen Geistes und des Engelgeistes betont. In der Anschauung des Thomas ist demgegenüber ein wichtiger bewußtseinsgeschichtlicher Schritt vollzogen. Die Frage nach der Individualität des menschlichen Geistes wird neu gestellt und führt mitten hinein in die geistigen Auseinandersetzungen des 13. Jahrhunderts. Dem Denken des Menschen fällt eine bedeutende Mittlerfunktion zu zwischen seinem Eigenwesen und den anderen Geistwesen, den «abgetrennten Substanzen».

Die bewußtseinsgeschichtlichen Forschungen Wolf-Ulrich Klünkers zum Verhältnis von Menschen- und Engelgeist, die er im Rahmen des Hardenberg-Instituts vorgetragen hat, erregen immer wieder Interesse. Um so erfreulicher ist es, daß mit diesem Band nun eine wichtige dokumentarische Grundlage der Engelanschauung in der Hochscholastik vorgelegt werden kann, die es bisher nicht in deutscher Übersetzung gab. Das Buch des Thomas über das Wesen der Engel liefert Bausteine für eine Engelerkenntnis, die weit über dessen eigene Zeit hinausreicht.

Gerade in der Gegenwart erscheint es notwendig, einen deutlichen Begriff des Engelgeistes zu gewinnen – in einer Situation, die den Menschen mit den verschiedensten Formen nichtmenschlicher Geistigkeit konfrontiert. Technik und Kommunikationswesen, aber auch die sogenannte «neue Religiosität» können als ein Aufruf zur Erkenntnisentscheidung verstanden werden. Wie der Mensch sich zu diesen Problemen stellt, ob es ihm gelingt, sich im Umgang mit ihnen der eigenen Geistigkeit bewußt zu werden: davon hängt ab, welche Form von Engel- oder Dämonengeistigkeit sich auf der Erde verwirklichen kann.

7

Menschengeist und Engelgeist sind seit der Zeit des Thomas von Aquin differenziert; heute kann deutlich werden, daß ihre Entwicklung aufeinander bezogen ist.

Heidelberg, im Juni 1989

Für das Kollegium
des Friedrich-von-Hardenberg-Instituts
für Kulturwissenschaften

Karl-Martin Dietz, Thomas Kracht

EINFÜHRUNG

Es bestehen heute nicht geringe Schwierigkeiten, über Engel und höhere Hierarchien zu sprechen. Die Neuzeit hat zunehmend die Möglichkeit verloren, Engelwesen als Wirklichkeit anzuerkennen. In der Gegenwart ist vielleicht noch vor Kindern von Engeln die Rede; im übrigen hält man eine Engelanschauung meist für überholten mittelalterlichen Glauben. Auch diejenigen Menschen, die gern die Geistwirklichkeit des Engels verstehen würden, haben heute damit naturgemäß Probleme – das ist ganz selbstverständlich, denn man kann sich in der Neuzeit nicht mehr in der Weise zum Engel stellen, wie dies in bewußtseinsgeschichtlich vergangenen Zeiten möglich war. Dennoch muß heute an geistesgeschichtlich ältere Aussagen zu den höheren Hierarchien angeknüpft werden, wenn eine neue Engelanschauung in zeitgemäßer Art ausgebildet werden soll. Denn die Jahrhunderte des Mittelalters wußten offenbar noch Wesenhaftes über den Engel zu sagen: aus einer Erkenntnishaltung heraus, die man sich in der Gegenwart wieder vor Augen führen muß, wenn man sich einem Verständnis der höheren Hierarchien nähern will. Um einen solchen Anknüpfungspunkt zu suchen, soll zunächst auf die Zeit des früheren Mittelalters zurückgeblickt werden.[1]

Engelverständnis im 9. Jahrhundert

Johannes Scotus Eriugena, der große christliche Philosoph des 9. Jahrhunderts, spricht in seinem Hauptwerk, der «Einteilung der Natur» (De divisione naturae),[2] ausführlich vom menschlichen Geist. Und im Zusammenhang mit dem menschlichen Geist werden häufig auch die Engelwesenheiten genannt. So schreibt Eriugena in einem hochinteressanten und für das Verständnis der

9

höheren Hierarchien sehr wichtigen Textabschnitt: «Wenn du die wechselseitige Verbindung und Einheit der geistigen und vernünftigen Naturen aufmerksam betrachtest, so wirst du in der Tat finden, daß sowohl das Wesen des Engels in dem menschlichen Wesen, als auch das menschliche in dem des Engels begründet ist. In jedem entsteht nämlich, was der reine Geist auf das Vollkommenste erkennt, und wird Eines mit ihm. So groß war nämlich die Gemeinschaft der Natur des Engels und des Menschen – und würde es auch geblieben sein, wenn der erste Mensch nicht gesündigt hätte –, daß aus beiden Eines wurde, was auch bei den hervorragendsten Menschen, deren Erstlinge unter den himmlischen Wesen sind, bereits zu geschehen beginnt. *Denn der Engel entsteht im Menschen durch den Geist des Engels, der im Menschen ist, und der Mensch entsteht im Engel durch den im Engel gegründeten Geist des Menschen.* Wer nämlich ... das reine Denken vollzieht, wird in dem, was er denkt. *Die geistige und vernünftige Engelnatur ist also in der geistigen und vernünftigen menschlichen Natur ebenso geworden wie die menschliche in der des Engels durch gegenseitige Erkenntnis, in der der Mensch den Engel und der Engel den Menschen denkt.* Dies ist auch gar nicht wunderbar; denn auch wir selbst werden, indem wir uns miteinander unterreden, gegenseitig ineinander hervorgebracht. Indem ich nämlich denke, was du denkst, werde ich dein Geist und bin auf unaussprechliche Weise in dir geworden. Ebenso: wenn du in reinem Denken nachvollziehst, was ich durchaus denke, wirst du mein Geist, und aus den beiden Geistwesen wird eines, welches aus dem, was wir beide lauter und unverweilt denken, gebildet ist. ... Denn wir sind nicht etwas anderes als unser Geist, und unser wahres und höchstes Wesen ist der Geist, welcher sich in der Betrachtung der Wahrheit beurkundet. ... In diesem Sinne des gegenseitigen Erkennens wird also ganz sachgemäß gesagt, daß der Engel im Menschen und der Mensch im Engel geschaffen werde ...»[3]

Man kann aus diesen Ausführungen lernen: Wenn Johannes Scotus Eriugena vom Geist des Menschen spricht, so spricht er zugleich auch vom Engelgeist. Menschengeist und Engel gehören für diese Erkenntnisart offensichtlich untrennbar zusammen. Betrachtet man den menschlichen Geist, so muß man den Engelgeist mit in den Blick nehmen; aber es gilt auch das Umgekehrte: Man muß die menschliche Geistestätigkeit stets mitberücksichtigen, wenn vom Engel gesprochen wird. Eriugena denkt den Menschen als vernünftiges Wesen nicht unabhängig von der Existenz des Engels; und es erscheint auf der anderen Seite sinnlos, nach der Existenz des Engels außerhalb des menschlichen Geistes zu suchen. Was ist aber dann «der Mensch», und was ist «der Engel»? Engel und Mensch als Geistwesen sind bei Johannes Scotus nicht leicht zu unterschei-

den. Sie besitzen ein gleiches Wesen oder die gleiche Natur, sie sind «gleich geistig und gleich vernünftig». Und sie sind «durch gegenseitige Erkenntnis ineinander so enthalten ..., daß sowohl der Engel im Menschen *als Mensch,* als auch der Mensch im Engel *als Engel,* durch beiderseitigen Geist verbunden und durch einfache Anschauung gebildet, ins Dasein traten».[4]

Wenn es heißt, der Mensch entstehe im Engel *als Engel,* und der Engel entstehe im Menschen *als Mensch,* so bedeutet dies doch, daß der Engel zum Menschen wird, indem ihn der Mensch denkt, und daß der Mensch zum Engel wird, indem er den Engel denkt. Das sind zwei Seiten ein und desselben Vorgangs: Der Mensch denkt den Engel; dadurch wird der Engel im menschlichen Geist zum Menschen, und der Mensch wird geistig zum Engel. Man kann also im Hinblick auf den Menschen und auf den Engel als Geistwesenheiten zwischen ihrem Denken und ihrem Sein nicht unterscheiden – in dieser Erkenntnisart sind Sein und Denken ungetrennt. Eine Konsequenz dieser Anschauung lautet: Es ist sinnlos, über das Dasein des Engels «an sich» zu spekulieren. Vielmehr hat man sich bei der Erkenntnis des Engels auf den Standpunkt des «für mich» (d.h. für das Bewußtsein des erkennenden Menschen) zu konzentrieren. Dann ergibt sich, daß der Menschengeist als Geistestätigkeit des Engels und der Engel als Erkenntnisakt des Menschen existiert.

Für Eriugena gehören also beide Seiten noch zusammen: Der Engel existiert als menschliche Erkenntnis des Engels, als das menschliche Denken des Engels; und auf der anderen Seite existiert der Mensch als geistiges Wesen in der Geistestätigkeit des Engels, d.h. der menschliche Geist ist nichts anderes als der Engel selbst. Wo der Mensch am Geist wesenhaft Anteil hat, dort handelt es sich um Engelgeist im Menschen.

Ausgangspunkt dieser Überlegungen war die Frage, was «der Mensch» und was «der Engel» ist. Die Antwort lautet: Der Mensch als geistiges Wesen ist für Eriugena der Engel selbst, und der Engel ist nichts anderes als das menschliche Bewußtsein von dem Engel bzw. der Geist, mit dem der Mensch den Engel denkt. Der Engel entsteht, wie es in der zitierten Passage hieß, «im Menschen durch den Geist (oder das Denken: intellectus) des Engels, der im Menschen ist». Das Subjekt des Denkens, der menschliche Geist, und sein Objekt, der Engel, sind hier nicht zu unterscheiden. Es handelt sich um eine Erkenntnisform, in der der erkennende Menschengeist und der von ihm erkannte Gegenstand nicht auseinandertreten: Der menschliche Geist, der den Engel erkennt, *ist* der Engel, den er denkt. Wie es in dieser Erkenntnisart keine Differenz zwischen Denken und Sein gibt, so können in ihr auch erkennendes Subjekt und erkanntes Objekt nicht unterschieden werden. Für diese Erkenntnisart

11

stellt sich der Engel *innerhalb* des menschlichen Geistes dar, und zugleich erscheint der Mensch als geistiges Wesen im Engel. Es besteht eine Identität des menschlichen Erkenntnisvorgangs mit dem Geistwesen des Engels. Der Engel *ist* die menschliche Geistestätigkeit, mit der er erkannt wird. Und zugleich gilt: Wenn der Mensch wesenhaft erkennt, so erkennt der Engel in ihm.

Dennoch besteht ein Unterschied zwischen Mensch und Engel, denn der Engel besitzt eine umfassendere Erkenntnisfähigkeit. Und so kommt eine *Entwicklungsmöglichkeit* des Menschengeistes hin zum Geist des Engels im Werk Eriugenas – wenngleich nur indirekt – zum Ausdruck: «Auf diese Weise, glaube ich, sehen auch die Engel stets Gott, und ebenso werden die Gerechten sowohl in diesem Leben, solange die Seele sich im Zustand des Entrücktseins befindet, als auch zukünftig gleich den Engeln Gott sehen.»[5] In dieser Perspektive besteht eine Übereinstimmung in der Erkenntnis*ausrichtung* beim Menschen und beim Engel. Der Engel besitzt für Eriugena bereits Erkenntnismöglichkeiten, die sich der Mensch erst in Zukunft erwerben muß. Insofern steht der Engel auch für eine Entwicklungsaufgabe menschlicher Geistestätigkeit. Diese Entwicklung des Menschengeistes aber wurde im gesamten Mittelalter und insbesondere in der Zeit des Johannes Scotus noch nicht als ein Bildungsweg gedacht; ein Entwicklungsbegriff im neuzeitlichen Sinne existierte damals nicht. Wo wir in der Gegenwart von einer *Entwicklung des Geistes* sprechen würden, blickt Johannes Scotus an der wiedergegebenen Seite auf eine nachtodliche Zukunft und auf seltene und unverfügbare Momente der Entrückung hin. Denn der Engel erkennt Eriugena zufolge so, wie im Moment schon bestimmte Menschen im Zustand des Entrücktseins und wie später einige Menschen im nachtodlichen Dasein Erkenntnis besitzen werden. Einige fortgeschrittene Menschen bilden also während ihres Lebens in der geistigen Welt oder auch in Entrückungen während des irdischen Lebens Geistesfähigkeiten aus, die sie als dem Engel gleich erscheinen lassen. Wir können heute sagen: Der Engel steht hier für eine Entwicklungsaufgabe des menschlichen Geistes.

Der Mensch, der das wesenhafte Denken ausgebildet hat und nicht nur in mühsamem diskursivem Schlußfolgern verbleibt, erscheint im Werk des Johannes Scotus Eriugena als ein *aus Leib, Seele und Engel zusammengesetztes Wesen*. Man kann hier also nicht von einer Trichotomie im modernen Sinne sprechen; der Mensch besteht für Eriugena eben nicht aus Leib, Seele und Geist, sondern aus Leib, Seele und Engel. Es lag Eriugena näher, die geistige Existenz des Engels zu denken als einen engelgleichen Menschengeist. Die Individualität des Geistes im Menschen herausarbeiten zu können, war der Philosophie des späteren Mittelalters vorbehalten. So erscheint der Mensch im

Werk des Johannes Scotus als ein *seelisches* Wesen, wenn er unabhängig vom Engel betrachtet wird. Er stellt sich aber als *geistiges* Wesen dar, sobald er vom Engel her verstanden wird. Bei dieser Betrachtung ergibt sich für Johannes Scotus die Anschauung, das Geistige im Menschen entspreche der Existenzform des Engels, sei diesem «wesensgleich». Eriugena hatte also in seinem Begriff des Engels gleichsam ein Vorbild für den Begriff des menschlichen Geistes. Den Menschengeist ohne Bezugnahme auf den Engel zu denken, wurde erst Jahrhunderte später möglich – ein gewaltiger Schritt des menschlichen Selbstverständnisses, der im folgenden genauer in den Blick genommen werden soll.

Engellehre bei Thomas von Aquin

Man kann eine bedeutsame bewußtseinsgeschichtliche Entwicklungslinie erkennen, wenn man Eriugenas Anschauung von Engel- und Menschengeist mit der Geistlehre der Hochscholastik vergleicht. Thomas von Aquin (1225–1274) lehrt 400 Jahre nach Eriugena nicht mehr, der Mensch bestehe aus Leib, Seele und Engel. Anders als bei Johannes Scotus denkt bei Thomas nicht mehr der Engel im Menschen, sondern der Mensch denkt selbst und erlangt eigenständig Erkenntnisse. Thomas sucht vor allem in seiner Schrift «Über die Einheit des Geistes» (De unitate intellectus)[6] nach einer Antwort auf die Frage, in welcher Beziehung die menschliche Seele zum Geist steht. «Dieser (einzelne) Mensch denkt» – so heißt es in der erwähnten Schrift wiederholt: Kein allgemeiner kosmischer Geist, kein Engelwesen denkt im Menschen. Der Menschengeist hat sich seit der Zeit Eriugenas offenbar einen Bereich erobert, den zuvor der Engel innehatte.

Wo für Johannes Scotus noch der Engel anzusiedeln war, denkt und erkennt jetzt der Menschengeist. Bei Thomas *denkt* nicht mehr der Engel im Menschen; vielmehr offenbart er den Menschen, «was zu ihrer *Lenkung* gehört».[7] Nun verkündigt nicht mehr der *Engel*, sondern der *Erzengel* den Menschen, «was die Vernunft übersteigt».[8] Bei Johannes Scotus Eriugena hatte noch der Engel das Denken des Menschen gelenkt; für Thomas wirkt jetzt der Erzengel im Bereich des menschlichen Denkens und übernimmt gleichsam für den Menschen die Erkenntnis, wo dieser geistig überfordert ist. Es ist nun also nicht mehr der Engel, der in dem Bereich über der Denkfähigkeit des Menschen wirkt, sondern es ist jetzt der Erzengel. Dieser sorgt für den Menschen in geistigen Regionen, die die menschliche Vernunft übersteigen. Der Mensch

selbst ist demzufolge geistig-gedanklich dort angelangt, wo früher der Engel war. Und der Engel wirkt jetzt in der «Lenkung» des Menschen, d.h. bei Willensentscheidungen.

In seinem Hauptwerk, der «Summe der Theologie», schreibt Thomas: «Wie den Menschen, die einen unsicheren Weg durchwandern, Beschützer mitgegeben werden, so wird auch jedem Menschen, solange er ein Wanderer [auf Erden] ist, ein Schutzengel (custos angelus) zugewiesen. Wenn er aber an das Ende des Weges gelangt sein wird, wird er keinen Schutzengel mehr haben; vielmehr wird er im Reich einen mitregierenden Engel (angelus conregnans), in der Hölle aber einen strafenden Dämon (daemon puniens) bei sich haben.»[9] Im gegenwärtigen Leben auf der Erde ist dem Menschen also ein Schutzengel beigegeben; in der geistigen Welt aber wird der Mensch zusammen mit diesem Engel herrschen – oder aber er wird in der Hölle von einem Dämon, von einem bösen Geist, gequält werden. Mit anderen Worten: In der geistigen Existenz, auf die Thomas hier hinblickt, hat sich der Mensch auch gegenüber dem Engel emanzipiert, der bereits nicht mehr im Bereich des Denkens, sondern in der «Lenkung» des Menschen als Schutzengel wirkt. Der Schutzengel ist in anderen Bereichen als in der menschlichen Erkenntnis tätig.

Wie sich der Mensch seit der Zeit des Johannes Scotus Eriugena von dem Engel im *Denken* emanzipiert hat, so blickt Thomas hier auf eine Zukunft hin, in der sich der Mensch auch gegenüber dem Schutzengel in der «Lenkung» emanzipiert haben wird. Thomas sagt gleichsam: Falls sich der Mensch nicht gegenüber diesem Schutzengel emanzipiert haben wird, so wird er von einem bösen Geist gequält werden. Thomas formuliert diese Aussage so, als spreche er von einem nachtodlichen Leben. Auf welche geistige Zukunft aber blickt Thomas bei diesen eigenartigen Ausführungen wirklich hin? Man kann sich die Frage stellen, was eigentlich die geistige Welt ist, von der Thomas hier spricht und auf die er als auf eine Zukunft des «Reiches» (regnum) hinweist. Zur Beantwortung dieser Frage darf man allerdings beim Werk des Thomas oder der mittelalterlichen Theologie insgesamt nicht stehenbleiben, denn diese war an bestimmte geistesgeschichtliche Voraussetzungen gebunden. Thomas scheint indirekt auf eine geistige Zukunft hinzuweisen, in der der Mensch auch von dem Schutzengel unabhängig sein wird, wie er sich seit dem 9. Jahrhundert vom Engel im Denken lossagen konnte. Es liegt auf der Hand, daß Thomas einen solchen Ausblick unter den Bedingungen des mittelalterlichen Denkens nicht explizit formulieren konnte. Thomas läßt hier einen nächsten geistigen Emanzipationsschritt des Menschen anklingen, der sich erst in der Neuzeit vollziehen kann.

Man könnte Thomas' Ausführungen darüber hinaus auch folgendermaßen verstehen (obwohl Thomas selbst nicht explizit davon spricht): Es muß nicht nur der Schutzengel in der «Lenkung» (Schicksal und Wille), sondern auch der Erzengel im Denken in einer Zeit abgelöst werden, auf die Thomas als auf eine Zukunft hinblickt. Diese Zeit scheint heute erreicht zu sein. Die geistige Welt, das «Reich», das Thomas noch als eine nachtodliche himmlische Existenz betrachtet, besteht heute auf der Erde. Das bedeutet, wenn man im Sinne des Thomas weiterdenkt: Entweder hat sich der Mensch in der Gegenwart vom Schutzengel emanzipiert, oder er wird von einem bösen Dämon umgetrieben. Und er hat sich entweder – so könnte man hinzufügen – vom Erzengel im Denken emanzipiert, oder er wird ebenfalls von einem bösen Dämon gequält. Der bewußtseinsgeschichtlichen Betrachtung ergibt sich also eine Aussage über die geistige Entwicklung des Menschen in der Neuzeit, wo Thomas noch in mittelalterlicher Weise unhistorisch von einem Leben nach dem Tode spricht. Ob eine Geistwesenheit für den Menschen als Schutzengel oder als Dämon wirkt, hängt dann davon ab, ob es dem Menschen gelingt, dieser Geistwesenheit ebenbürtig zu werden. Denn es handelt sich doch offenbar um ein und dasselbe Geistwesen, das im Menschen entweder als Schutzengel oder als Dämon wirken kann – seine Tätigkeit ist also von der geistig-seelischen Entwicklung des Menschen abhängig.

Individualität des Geistes

Zu Beginn der siebziger Jahre des 13. Jahrhunderts veröffentlicht Thomas von Aquin die erwähnte Schrift «Über die Einheit des Geistes». In Auseinandersetzung mit einer zeitgenössischen philosophischen Anschauung versucht Thomas hier nachzuweisen, daß kein kosmisches Geistwesen, also kein Engel, die Geistestätigkeit des Menschen vollzieht, sondern daß «dieser (einzelne) Mensch denkt». Der Mensch denkt selbst, er hat nicht an einem universellen Geist teil. Und indem Thomas die Individualität des Geistes im Menschen beschreibt, unterstellt er zugleich auch den Willen der Selbstverantwortlichkeit des Menschen. Selbstbestimmt und aus eigenem Willen heraus kann der Mensch nur dann handeln, wenn sein Geist individuell ist: «Wenn ... der Geist nicht etwas in der Weise zu diesen (einzelnen) Menschen Gehörendes wäre, daß er wirklich eins mit ihm ist, ... so wäre nicht in diesem (einzelnen) Menschen ein Wille, sondern in einem vom Leib getrennten Geist. Folglich wäre dieser Mensch

nicht Herr seiner Handlungen, und keine seiner Handlungen wäre lobens- oder tadelnswert – *das* anzunehmen heißt, die Grundlagen der Moralphilosophie zu zerstören.»[10]

In der Schrift «Über die Einheit des Geistes» wird deutlich, daß der menschliche Geist nicht individuell sein könnte, wenn der Mensch *ausschließlich* Geist wäre. Nur in Verbindung mit dem Leib und als Teil der Seele kann der Geist im Menschen individuell sein. Wenn man wirklich Klarheit darüber gewinnen will, daß der einzelne Mensch selbst Erkenntnisse gewinnt, daß also kein universeller Geist in ihm denkt, dann hat man sich im Anschluß an Thomas vor Augen zu führen: nur in der Seele kann der Geist individuell werden. Dies ist auch im Hinblick auf ein trichotomisches Menschenbild zu berücksichtigen; es wäre also genauer zu differenzieren, was es bedeutet, daß der Mensch aus Leib, Seele· und Geist besteht. Dies gilt nämlich auch für den bewußtseinsgeschichtlichen früheren Menschen, der in der Geist- und Engellehre des Johannes Scotus Eriugena erscheint und offenbar noch keine Individualität des Geistes im neuzeitlichen Sinne ausgebildet hatte, sondern an der Geisttätigkeit von Engelwesen teilhatte. Der Geist im Menschen ist dann – wie oben beschrieben wurde – gleichsam Engelgeist. Will man das Denken als Eigentätigkeit des Menschen wirklich verstehen, so muß man sich einen Begriff davon bilden, daß der Geist im Menschen zunächst Seele wird. Der Übergang von Engelgeist, der im Menschen wirkt, zum individuellen menschlichen Geist, den Thomas in seinem Werk «Über die Einheit des Geistes» beschreibt, kann nicht anders stattfinden: Der Geist muß sich übergangsweise hinopfern und sich der Seele anverwandeln, um später als selbstbewußter, eigenständig erworbener Geist im Menschen wieder aufzuerstehen.

Die in der vorliegenden Schrift «Vom Wesen der Engel» niedergelegte Engellehre des Thomas erlaubt es, den angedeuteten bewußtseinsgeschichtlichen Prozeß an einer entscheidenden Stelle zu beobachten. Selbstverständlich finden sich in der Engelanschauung des Thomas noch ganz andere Aspekte (hier und in anderen Werken). So fällt beispielsweise auf, daß Thomas in der vorliegenden Schrift zunächst rein philosophisch argumentiert: Die christliche Engellehre gewinnt in der Gegenüberstellung von Platonismus und Aristotelismus Konturen. In anderen Werken tritt dagegen die Hierarchie der Geistwesenheiten in den Vordergrund; darauf im einzelnen einzugehen, würde den Rahmen dieser Einleitung sprengen. Insgesamt ergibt sich jedoch das Bild: In den Jahrhunderten zwischen Johannes Scotus Eriugena und Thomas von Aquin hat eine geistesgeschichtliche Entwicklung stattgefunden, die man als «Aufstieg» des Menschengeistes in den Bereich des Engels bezeichnen könnte. Der Mensch hat

16

in sein eigenständiges Denken übernommen, was auf früheren Stufen der Geistesentwicklung dem Engel zukam. Denkt man diesen Entwicklungsverlauf weiter, so ist anzunehmen, daß in der Neuzeit zu eigenständigem Denken des Menschen werden muß, was auch bei Thomas von Aquin noch als Geistestätigkeit des Engels erscheint. So wird im Laufe der Bewußtseinsgeschichte aus einem Gegenstand der Engellehre, der Angelologie, ein Gegenstand der menschlichen Selbsterkenntnis, der Anthropologie; wo früher das Geistwirken des Engels erkannt wurde, wird nun menschliche Erkenntnistätigkeit wahrgenommen. Auf diese Weise wird der Zusammenhang von Engellehre und menschlicher Selbsterkenntnis nicht durch eine theologische Konstruktion, sondern durch *bewußtseinsgeschichtliche Beobachtung* deutlich.

In der Engellehre des Mittelalters liegen die Gegenwarts- und Zukunftsgestaltungen des *menschlichen* Geistes verborgen. Den Gedanken des Engels zu denken, heißt immer zugleich auch, den Blick für den menschlichen Geist zu schärfen. Ohne die Bemühung, den Geist des Engels zu begreifen, kann auch nicht verstanden werden, woher der Menschengeist bewußtseinsgeschichtlich gekommen ist und wo seine Entwicklungsmöglichkeiten in der Zukunft liegen.

THOMAS VON AQUIN

VOM WESEN DER ENGEL
DE SUBSTANTIIS SEPARATIS
SEU DE ANGELORUM NATURA

VORREDE

42. Wir dürfen die Zeit der Andacht nicht müßig verstreichen lassen, weil wir bei den heiligen Engelfesten nicht anwesend sein können; vielmehr soll durch die Mühe des Schreibens aufgewogen werden, was dem Dienst des Gesangs abgeht. Wie auch immer man also die Erhabenheit der heiligen Engel zur Sprache zu bringen beabsichtigt – man muß offenbar damit beginnen, was menschliche Mutmaßung von alters her von den Engeln angenommen hat: um es zu übernehmen, wenn wir mit dem Glauben Übereinstimmendes finden – was aber der katholischen Lehre widerspricht, das werden wir zurückweisen.

PROOEMIUM.

42. — Quia sacris Angelorum solemniis interesse non possumus, non debet nobis devotionis tempus transire in vacuum; sed quod psallendi officio subtrahitur, scribendi studio compensetur. Intendentes igitur sanctorum Angelorum excellentiam utcumque depromere, incipiendum videtur ab his quae de Angelis antiquitus humana coniectura aestimavit: ut si quid invenerimus fidei consonum, accipiamus; quae vero doctrinae repugnant catholicae, refutemus.

I

DIE AUFFASSUNGEN
DER ALTEN PHILOSOPHEN UND PLATONS
VON DEN GEISTWESENHEITEN

43. Die ersten von denen, die über Gegenstände der Natur philosophierten, nahmen an, es gäbe ausschließlich Körper. Sie hielten gewisse körperliche Elemente – entweder mehrere oder eines – für die ersten Ursachen der Dinge.

Und wenn eines: entweder das Wasser, wie Thales von Milet; oder die Luft, wie Diogenes; oder das Feuer, wie Heraklit.[1] Wenn aber mehrere: entweder endlich viele, wie Empedokles die vier Elemente und mit diesen zwei Bewegende, die Freundschaft und den Streit, für die Ursachen der Dinge hielt; oder unendlich viele, wie Demokrit und Anaxagoras. Beide lehrten, unendlich viele kleinste Teile seien die Ursachen aller Dinge; nur daß Demokrit lehrte, sie seien der Gattung nach gleich, würden sich aber allein der Gestalt, Ordnung und Stellung nach unterscheiden. Anaxagoras hielt dagegen unendlich viele kleinste Teile für die ersten Ursachen der Dinge, sofern es sich dabei um unterschiedliche Dinge handelt, die gleiche Teile haben.

Und weil allen die Überzeugung gegeben[2] war, dasjenige für Gott zu halten, was die erste Ursache der Dinge gewesen sei – so schrieb jeder einem dieser Körper die Autorität des ersten Ursprungs zu und meinte, dem betreffenden

---

Caput I.

DE OPINIONIBUS
ANTIQUORUM PHILOSOPHORUM
CIRCA SUBSTANTIAS SEPARATAS.

43. — Primi quidem igitur philosophantium de rerum naturis sola corpora esse aestimaverunt (¹), ponentes prima principia aliqua corporea elementa, aut plura aut unum.

Et si unum, aut aquam, ut Thales Milesius: aut aërem, ut Diogenes; aut ignem, ut Ephasius; aut vaporem, ut Heraclitus. Et si plura; aut finita, sicut Empedocles quatuor elementa, et cum his duo moventia, amicitiam et litem; aut infinita, sicut Democritus et Anaxagoras: quorum uterque posuit infinitas partes minimas esse omnium rerum principia; nisi quod Democritus eas posuit genere similes, differre autem solum figura et ordine et positione; Anaxagoras autem diversarum rerum quae sunt similium partium, infinitas partes minimas prima rerum principia aestimavit.

Et quia omnibus inditum fuit animo ut illud deum aestimarent quod esset primum rerum principium; prout quisquis alicui eorum corporum auctoritatem attribuebat

Körper sei auch der Name und die Würde der Gottheit zuzuerkennen. – Dies wurde freilich deshalb gesagt, weil es ihnen allen und ihren Anhängern so erschien, als gäbe es keine nichtkörperlichen Wesenheiten, die wir «Engel» nennen.

Die Epikureer gingen von den Lehren des Demokrit aus und nahmen gewisse körperliche, der menschlichen Gestalt entsprechend gebildete Götter an, von denen sie behaupteten, sie seien ganz und gar untätig und kümmerten sich um nichts, so daß sie sich auf diese Weise immerwährenden Vergnügens erfreuten und deshalb glückselig sein könnten. Von dort aus hat diese Überzeugung so sehr zugenommen, daß sie bis zu den jüdischen Gottesverehrern gelangte, von denen die Sadduzäer behaupteten, es gäbe weder einen Engel noch einen Geist (spiritus).

44. Dieser Auffassung widersprachen die alten Philosophen auf dreifache Weise:

Zuerst Anaxagoras: Wenngleich er mit den übrigen Naturphilosophen natürliche und körperliche Ursprünge behauptete, so lehrte er doch als erster unter den Philosophen eine nichtkörperliche Ursache, nämlich den Geist (intellectus). Obgleich seinem Standpunkt zufolge alles Körperliche in allen Dingen gemischt ist, so erschien es ihm doch nicht so, daß die Körper hätten unterschieden werden können, wenn es keine Ursache der Unterscheidung gegeben hätte – eine Ursache, die selbst ihrem Wesen nach völlig unvermischt sei und nichts mit der körperlichen Natur gemeinsam habe.

Obgleich die Auffassung des Anaxagoras andere in ihrem Wahrheitsgehalt übertraf, weil bei den anderen Ansichten ausschließlich von einer körperlichen Natur[3] die Rede war, so bemerkt man doch, daß diese Auffassung des Anaxagoras in zweifacher Hinsicht von der Wahrheit abweicht: Erstens, weil er – wie

primi principii, eidem etiam divinitatis nomen et dignitatem attribuendam censebat. Quae quidem ideo dicta sunt, quia his omnibus et eorum sequacibus nullas substantias incorporeas esse videbatur, quas Angelos nominamus.

Sed Epicurei ex Democriti doctrinis originem sumentes, deos quosdam ponebant, corporeos quidem utpote humana figura figuratos, quos dicebant esse penitus otiosos, nihil curantes, ut sic perpetuis voluptatibus fruentes possent esse beati. Unde haec opinio intantum invaluit ut usque ad Iudaeos Dei cultores perveniret, quorum Sadducaei dicebant non esse Angelum neque spiritum.

44. — Huic autem opinioni *triplici* via restiterunt antiqui philosophi.

a) *Primo* namque Anaxagoras, etsi cum ceteris philosophis naturalibus naturalia principia corporalia poneret, posuit tamen primus inter philosophos quoddam incorporale principium, idest intellectum. Cum enim, secundum suam positionem, omnia corporalia in omnibus mixta essent, non videbatur quod ab invicem corpora distingui potuissent, nisi fuisset aliquod distinctionis principium, quod ipsum secundum se penitus esset immixtum, et nihil cum natura corporali habens commune. Sed eius opinio etsi in veritate alias praecesserit (¹), quia solum materialem na-

sich aus seiner Ansicht ergibt – nichts anderes lehrte als *einen* [von der Materie] getrennten Geist (intellectus), der diese Welt erschaffen hat, indem er das Vermischte unterschied. Weil wir aber die Einrichtung der Welt Gott zuschreiben, werden wir dementsprechend von der Auffassung des Anaxagoras auch nichts über die nichtkörperlichen Wesenheiten ziehen können, die wir als Engel bezeichnen und die unter Gott und über den körperlichen Naturen existieren.

Zweitens, weil Anaxagoras im Hinblick[4] auf den Geist (intellectus), von dem er lehrte, er sei *einer* und unvermischt, darin fehlzugehen scheint, daß er seine Kraft (virtus) und Erhabenheit nicht deutlich genug zum Ausdruck brachte. Denn Anaxagoras sah den Geist, von dem er lehrte, er sei [von der Materie] getrennt, nicht als umfassende Ursache des Seienden an, sondern allein als unterscheidende Ursache; denn er lehrte nicht,[5] daß die miteinander gemischten Körper das *Sein* von dem [von der Materie] getrennten Geist erhielten, sondern lediglich, daß ihre *Unterscheidung* von ihm bestimmt würde.

45. Daher ging Platon auf eine befriedigendere Weise vor, um die Auffassung der ersten Naturphilosophen zu widerlegen. Bei den alten Naturphilosophen wurde nämlich von den Menschen[6] gelehrt, eine sichere Wahrheit von den Dingen könnten diese nicht wissen: zum einen wegen der dauernden Veränderung der körperlichen Dinge, zum anderen wegen der Täuschung der Sinne, durch die die Körper wahrgenommen werden. Demgegenüber lehrte Platon gewisse von der Materie der veränderlichen Dinge getrennte Naturen, in denen eine feste Wahrheit [oder Wirklichkeit: veritas] bestehe. So erkenne unsere Seele die Wahrheit [Wirklichkeit], indem sie sich ganz diesen Naturen widme. Entsprechend der Auffassung, daß der Geist (intellectus) etwas Abgesondertes

---

turam ponebant, invenitur tamen a veritate deficere in *duobus*.

Primo quidem quia, ut ex eius positione apparet, non posuit nisi unum intellectum separatum, qui hunc mundum effecerat, commixta distinguendo. Cum autem Deo attribuamus mundi institutionem, secundum hoc et de substantiis incorporalibus, quas Angelos dicimus, quae sunt infra Deum et supra naturas corporeas, ex eius opinione nihil habere poterimus.

Secundo, quia etiam circa intellectum, quem unum ponebat immixtum, in hoc videtur deficere, quod eius virtutem et dignitatem non sufficienter expressit. Cum enim existimaret intellectum, quem posuit separatum, non ut universale essendi principium, sed solum principium distinctivum, non ponebat quod corpora invicem commixta esse haberent ab intellectu separato, sed solum quod ab eo distinctionem sortirentur.

45. — *b*) Unde Plato ([1]) sufficientiori via processit ad opinionem primorum Naturalium evacuandam. Cum enim apud antiquos Naturales poneretur ab omnibus certam rerum veritatem sciri non posse, tum propter rerum corporalium continuum fluxum, tum propter deceptionem sensuum, quibus corpora cognoscuntur; posuit naturas quasdam a materia fluxibilium rerum separatas, in quibus esset veritas fixa; et sic eis inhaerendo anima nostra veritatem cognosceret. Unde secundum hoc quod intellectus veritatem cognoscens aliquid

jenseits der Materie⁷ der sinnlich wahrnehmbaren Dinge ergreift, wenn er die Wahrheit [Wirklichkeit] erkennt, war Platon der Meinung, es gäbe etwas vom Sinnlichen Getrenntes.

46. Unser Geist bedient sich aber einer zweifachen Abstraktion bei der Erkenntnis der Wahrheit: der einen, insofern er mathematische Zahlen und Größen und mathematische Figuren ohne Vorstellung der sinnlichen Materie erkennt. Denn wenn wir die Zweizahl oder die Dreizahl, die Linie und die Oberfläche, das Dreieck und das Viereck denken, so fällt nicht gleichzeitig etwas in unsere Wahrnehmung, das eine Beziehung zur Wärme oder zur Kälte oder zu etwas anderem dieser Art besitzt, das durch den Sinn wahrgenommen werden könnte. Der anderen Abstraktion bedient sich unser Geist (intellectus), wenn wir etwas Allgemeines ohne Betrachtung von einem Besonderen denken: beispielsweise wenn wir den Menschen denken und dabei nichts über Sokrates oder Platon oder einen anderen denken, wer auch immer es sei. Dasselbe gilt auch in anderen Fällen.

Daher lehrte Platon zwei vom Sinnlichen abstrahierte Gattungen von Gegenständen, die mathematischen und die allgemeinen, die er als Ideen oder Formen (species) bezeichnete. Gleichwohl schien ihm zwischen beiden folgender Unterschied zu bestehen: daß wir auf dem Gebiet der Mathematik mehreres von einer Form (species) erkennen können, zum Beispiel zwei gleiche Linien oder zwei gleichseitige und gleiche Dreiecke – dies ist auf dem Gebiet der Formen völlig unmöglich. Vielmehr ist der Mensch im allgemeinen betrachtet der Form nach lediglich *einer*. Auf diese Weise also lehrte Platon die Mathematik als Mittleres zwischen den Formen oder Ideen und dem Sinnlichen. Dieses Mittlere stimmt mit dem Sinnlichen insofern überein, als mehreres unter dersel-

seorsum apprehendit praeter naturam sensibilium rerum, sic existimavit esse aliqua a sensibilibus separata.

46. — Intellectus autem noster *duplici* abstractione utitur circa intelligentiam veritatis. *Una* quidem secundum quod apprehendit numeros mathematicos et magnitudines et figuras mathematicas sine materiae sensibilis intellectu: non enim intelligendo binarium aut trinarium, aut lineam et superficiem, aut triangulum et quadratum, simul in nostra apprehensione aliquid cadit quod pertineat ad calidum vel frigidum, aut aliquid huiusmodi, quod sensu percipi possit. *Alia* vero abstractione utitur intellectus noster intelligendo aliquid universale absque consideratione alicuius particularis; puta, cum intelligimus hominem, nihil intelligentes de Socrate vel Platone aut alio quocumque; et idem apparet in aliis.

Unde Plato duo genera rerum a sensibilibus abstracta ponebat: scilicet mathematica, et universalia, quae species seu ideas nominabat. Inter quae tamen haec differentia videbatur: quod in mathematicis apprehendere possumus plura unius speciei, puta duas lineas aequales, vel duos triangulos aequilateros et aequales; quod in speciebus omnino esse non potest, sed homo in universali acceptus, secundum speciem est unus tantum. Sic igitur mathematica ponebat media inter species seu ideas et sensibilia: quae quidem cum sensibilibus

ben Form einbegriffen wird; mit den Formen dagegen darin, daß es von der sinnlichen Materie getrennt ist.

Auch innerhalb der Formen (species) nahm Platon eine Ordnung an: Je einfacher etwas im Geist (intellectus) ist, desto früher war es in der Ordnung der Dinge. Zuerst aber ist das Eine und Gute im Geist: Denn derjenige erkennt nichts, der nicht das Eine und Gute erkennt. Das Eine und das Gute bedingen sich gegenseitig; daher lehrte Platon, die erste Idee des Einen, das er als das Eine an sich und als das Gute an sich bezeichnete, sei die erste Ursache der Dinge, und er sagte, diese sei der höchste Gott.

Unter diesem Einen führte Platon verschiedene Ordnungen von Teilhabenden und zur Teilhabe Gegebenen (participantia et participata) bei den von der Materie getrennten Wesenheiten (substantiae) auf. Von allen diesen Ordnungen sagte er, sie seien «zweite Götter», gewissermaßen zweite Einheiten (unitates) nach der ersten einfachen Einheit.

47. Weil ferner alle anderen Formen an der Einen teilhaben, so muß auch der Geist (intellectus) an den Formen des Seienden teilhaben, um zu erkennen. Wie unter dem höchsten Gott, der die erste, einfache und nicht teilhabende Einheit ist, die anderen Formen der Dinge als zweite Einheiten und zweite Götter existieren, so lehrte Platon unter der Ordnung dieser Formen oder Einheiten eine Ordnung der [von der Materie] getrennten Geister (intellectus), die an den oben genannten Formen teilhaben, um in Wirklichkeit (actus) zu erkennen. Bei diesen Geistern steht ein jeder um so höher, je näher er dem ersten Geist ist, der die vollkommene Teilhabe der Formen besitzt; so steht auch bei den Göttern und Einheiten (unitates) ein jeder um so höher, je vollkommener er an der

conveniunt in hoc quod plura sub eadem specie continentur; cum speciebus autem in hoc quod sunt a materia sensibili separata.

In ipsis etiam speciebus ordinem quemdam ponebat: quia secundum quod aliquid erat simplicius in intellectu, secundum hoc prius erat in ordine rerum. Id autem quod primo est in intellectu, est unum et bonum: nihil enim intelligit qui non intelligit unum et bonum. Unum autem et bonum consequuntur se: unde ipsam primam ideam unius, quod nominabat secundum se unum et secundum se bonum, primum rerum principium esse ponebat, et hunc summum Deum esse dicebat.

Sub hoc autem uno diversos ordines participantium et participatorum instituebat in substantiis a materia separatis: quos quidem omnes ordines «secundos deos» esse dicebat, quasi quasdam unitates secundas post primam simplicem unitatem.

47. — Rursus, quia omnes aliae species participant uno, ita etiam oportet quod intellectus, ad hoc quod intelligat, participet entium speciebus. Ideo sicut sub summo Deo, qui est unitas prima, simplex et imparticipata, sunt aliae rerum species quasi unitates secundae et dii secundi; ita sub ordine harum specierum seu unitatum ponebat ordinem intellectuum separatorum, qui participant supradictas species ad hoc quod sint intelligentes in actu: inter quos tanto unusquisque est superior, quanto propinquior est primo intellectui, qui plenam habet participationem specierum, sicut et in diis seu unitatibus tanto unusquisque

ersten Einheit teilhat. Obgleich Platon den Geist von den Göttern unterschied, schloß er nicht aus, daß die Götter Erkennende sind. Vielmehr nahm er an, daß die Götter übervernünftig (superintellectualiter) erkennen, freilich nicht als an irgendwelchen Formen Teilhabende, sondern durch sich selbst – gleichwohl in *der* Weise, daß jeder von ihnen allein durch die Teilhabe an dem ersten Einen und Guten gut und Eines sei.

Andererseits bemerken wir, daß gewisse Seelen erkennen; dies kommt aber der Seele nicht deshalb zu, weil sie Seele ist (andernfalls würde folgen, daß *jede* Seele erkennt und daß die Seele in ihrer Gesamtheit Geist ist). Aus diesem Grunde lehrte Platon ferner, daß es unter der Ordnung der [von der Materie] getrennten Geister eine Ordnung der Seelen gibt. Einige von ihnen, nämlich die höheren, haben an der geistigen Kraft (virtus) teil, die untersten besitzen diese Kraft dagegen nicht.

Außerdem scheinen Körper nicht durch sich selbst bewegt zu werden, wenn sie nicht beseelt sind. Deshalb lehrte Platon, das Bewegtwerden durch sich selbst komme den Körpern zu, insofern sie an der Seele teilhaben; denn diejenigen Körper, denen keine Teilhabe an der Seele zukommt, werden ausschließlich von etwas anderem [als sie selbst] bewegt. Daher lehrte Platon, es sei für Seelen charakteristisch, daß sie sich ihrer Eigenart entsprechend selbst bewegen.

48. Platon nahm also unter der Ordnung der Seelen eine Ordnung der Körper an, und zwar in der Weise, daß der höchste Körper, der erste Himmel, der durch seine eigene[8] Bewegung bewegt wird, von der höchsten Seele her an der Bewegung teilhat; dies setzt sich der Reihe nach bis zu dem untersten

est superior, quanto perfectius participat unitatem primam. Separando autem intellectum a diis, non excludebat quin dii essent intelligentes; sed volebat quod superintellectualiter intelligerent, non quidem quasi participantes aliquas species, sed per se ipsos; ita tamen quod nullus eorum esset bonus et unus nisi per participationem primi unius et boni.

Rursus, quia animas quasdam intelligentes videmus; non autem hoc convenit animae ex eo quod est anima (alioquin sequeretur quod omnis anima esset intelligens, et quod anima secundum totum id quod est, esset intellectus) ponebat ulterius, quod sub ordine intellectuum separatorum esset ordo animarum; quarum quaedam, superiores videlicet, participant intellectuali

virtute, infimae vero ab hac virtute deficiunt.

Rursus, quia corpora videntur non per se moveri nisi sint animata, hoc ipsum quod est per se moveri, ponebat corporibus accidere inquantum participabant animam: nam illa corpora quae ab animae participatione deficiunt, non moventur nisi ab alio. Unde ponebat animabus proprium esse quod se ipsas moverent secundum se ipsas.

48. — Sic igitur sub ordine animarum ponebat ordinem corporum; ita tamen quod supremum corporum, scilicet primum caelum, quod primo motu movetur, participat motum a suprema anima, et sic deinceps usque ad infimum caelestium corporum. Sub his autem ponebant Platonici et alia

Himmelskörper fort. Unter den Himmelskörpern nahmen die Platoniker auch andere unsterbliche Körper an, die beständig an Seelen teilhaben: die luftigen oder ätherischen. Die Platoniker lehrten, einige dieser unsterblichen Körper seien völlig unabhängig von irdischen Körpern, und sie behaupteten von diesen unsterblichen Körpern, sie seien Körper der Dämonen; dagegen seien andere irdischen Körpern eingegossen; dies treffe auf die Seelen der Menschen zu. Die Platoniker waren nämlich nicht der Meinung, dieser irdische Körper des Menschen, den wir tasten und sehen, habe unmittelbar an der Seele teil; vielmehr gebe es einen anderen höheren[9], unzerstörbaren und fortdauernden Körper der Seele, wie auch die Seele[10] selbst unzerstörbar ist: so daß die Seele mit ihrem fortdauernden und unsichtbaren Körper sich nicht wie eine Form in der Materie, sondern wie der Seemann in einem Schiff in diesem gröberen Körper befindet.

Und wie sie sagten, daß einige Menschen gut, andere aber schlecht sind, so dachten sie auch von den Dämonen. Von den himmlischen Seelen, von den [von der Materie] getrennten Geistern (intellectus) und von allen Göttern lehrten sie dagegen, sie seien gut.

49. Daraus ergibt sich, daß die Platoniker zwischen uns und dem höchsten Gott vier Ordnungen annahmen: die Ordnungen der zweiten Götter, der [von der Materie] getrennten Geister (intellectus), der himmlischen Seelen und der guten oder schlechten Dämonen. Wenn dies der Wahrheit entsprechen würde, müßten alle derartigen mittleren Ordnungen bei uns mit der Bezeichnung «Engel» betrachtet werden.[11] Es werden nämlich auch die Dämonen in der Heiligen Schrift als Engel bezeichnet.[12] Selbst die Seelen der himmlischen Körper sind – sofern sie beseelt sind – zu den Engeln zu zählen, wie Augustinus im «Enchiridion» darlegt.

immortalia corpora, quae perpetuo animas participant, scilicet aërea vel aetherea.

Horum autem quaedam ponebant a terrenis corporibus esse penitus absoluta, quae dicebant esse corpora daemonum; quaedam vero terrenis corporibus indita; quod pertinet ad animas hominum. Non enim ponebant, hoc corpus terrenum humanum, quod palpamus et videmus, immediate participare animam; sed esse aliud interius corpus animae incorruptibile et perpetuum, sicut et ipsa incorruptibilis est; ita quod anima cum suo perpetuo invisibili corpore est in hoc corpore grossiori non sicut forma in materia, sed sicut nauta in navi.

Et sicut hominum quosdam dicebant esse bonos, quosdam autem malos, ita et daemonum. Animas autem caelestes et intellectus separatos et deos omnes dicebant esse bonos.

49. — Sic igitur patet quod inter nos et summum Deum *quatuor* ordines ponebant: scilicet *deorum secundorum, intellectuum separatorum, animarum caelestium,* et *daemonum* bonorum seu malorum. Quae si vera essent, omnes huiusmodi medii ordines apud nos Angelorum animae censerentur. Nam et daemones in sacra Scriptura Angeli nominantur, Matth. XXII, [30]. Ipsae etiam animae caelestium corporum, si tamen sint animata, inter Angelos sunt connumerandae, ut Augustinus definit in *Enchiridion* (¹).

II

DIE AUFFASSUNG
DES ARISTOTELES UND DES AVICENNA
VON DER ZAHL DER GEISTWESENHEITEN

50. Man kann feststellen, daß die Grundlage des dargestellten Standpunktes keine Tragfähigkeit besitzt. Denn es ist nicht zwingend, daß dasjenige, was der Geist [von der Materie] getrennt denkt, in der Natur der Dinge auch ein [von der Materie] getrenntes Sein besitzt. Daher darf man weder das Allgemeine (universalia) getrennt annehmen und die Wesenheit (subsistentia) außerhalb vom Einzelnen, noch auch die Mathematik außerhalb vom Sinnlichen. Denn das Allgemeine ist das Wesen (essentia) eben dieser Einzelteile, und die Mathematik ist eine Art Maß (terminatio) der sinnlichen Körper.

Deshalb ging Aristoteles auf eine einleuchtendere und sicherere Weise vor, um die von der Materie getrennten Wesenheiten zu erforschen, nämlich durch die Weise der Bewegung:

Erstens bestimmte er mittels der Vernunft und an Beispielen, daß alles, was bewegt wird, von einem anderen bewegt wird. Und wenn man sagt, etwas werde von sich selbst bewegt, so bezieht sich das nicht auf das Etwas selbst, sondern auf seine verschiedenen Teile; es bedeutet, daß ein Teil das Bewegende ist, ein anderer das Bewegte. Und weil bei den Bewegenden und Bewegten

---

Caput 2.

OPINIO ARISTOTELIS ET AVICENNAE
DE NUMERO SUBSTANTIARUM SEPARATARUM.

50. — Huius autem positionis radix invenitur efficaciam non habere. Non enim necesse est ut ea quae intellectus separatim intelligit, separatim esse habeant in rerum natura: unde nec universalia oportet separata ponere et subsistentia praeter singularia, neque etiam mathematica praeter sensibilia: quia universalia sunt essentiae ipsorum particularium, et mathematica terminationes quaedam sensibilium corporum.

c) Et ideo Aristoteles ([2]) manifestiori et certiori via processit ad investigandum substantias a materia separatas, scilicet per viam motus.

Primo quidem constituens et ratione et exemplis, omne scilicet quod movetur ab alio moveri; et si aliquid a se ipso moveri dicatur, hoc non est secundum idem, sed secundum diversas sui partes, ita quod scilicet una pars eius sit movens, et alia mota. Et cum non sit procedere in infinitum in moventibus et motis, quia remoto

nicht ins Unendliche fortzufahren ist, – da eine Beseitigung des ersten Bewegenden zur Folge hätte, daß auch anderes nicht bewegt wird[13] – deshalb muß man auf die beschriebene Weise zu einem ersten unbeweglichen Bewegenden gelangen und zu einem ersten Beweglichen, das von sich selbst bewegt wird. Denn immer ist das durch sich selbst Seiende früher und die Ursache desjenigen, das durch ein anderes ist.

Weiter beabsichtigte Aristoteles, die Ewigkeit der Bewegung nachzuweisen und daß keine Kraft für eine unbegrenzte Zeit bewegen kann, wenn sie selbst nicht unbegrenzt ist; desgleichen, daß keine Kraft in einer Größenausdehnung (magnitudo) eine unbegrenzte Kraft ist. Daraus schloß Aristoteles, daß die Kraft des ersten Bewegers nicht die Kraft eines Körpers ist: Daher muß der erste Beweger nichtkörperlich und ohne Größenausdehnung sein.

Weil in der Gattung des Beweglichen das Begehrbare angetroffen wird als das nicht bewegte Bewegende, und auch das Begehrende als das bewegte Bewegende: deshalb schloß Aristoteles weiter, daß das erste unbewegliche Bewegende wie ein Gut begehrbar ist und daß das erste sich selbst Bewegende, also das erste Bewegliche, durch sein eigenes Begehren [nach dem ersten unbeweglichen Bewegenden] bewegt wird.

51. Jedoch ist weiter zu beachten, daß das erste in der Ordnung des Begehrenden und des Begehrbaren das durch sich selbst Erkannte[14] ist. Denn das geistige Begehren begehrt das Gute an sich; das sinnliche Begehren dagegen kann nicht erreichen, das Gute an sich zu begehren, sondern nur, das scheinbar Gute zu begehren. Das schlechthin und vollkommen Gute fällt nämlich nicht in die Erkenntnis des Sinnes, sondern allein in diejenige des Geistes. Daher bleibt

primo movente, esset consequens etiam alia removeri; oportet deveniri ad aliquod primum movens immobile et aliquod primum mobile, quod movetur a se ipso, modo quo dictum est: semper enim quod per se ipsum est, est prius et causa eius quod per aliud.

Rursus constituere intendit motus aeternitatem, et quod nulla virtus movere potest tempore infinito, nisi infinita fuerit; itemque quod nulla virtus in magnitudine sit virtus infinita. Ex quibus concludit, quod virtus primi motoris non est virtus corporis alicuius: unde oportet primum motorem esse incorporeum, et absque magnitudine.

Item cum in genere mobilium inveniatur appetibile, sicut movens non motum; appetens autem sicut movens motum; concludit ulterius, quod primum movens immobile est sicut bonum quoddam appetibile; et quod primum movens se ipsum est primum mobile, quod movetur per appetitum ipsius.

51. — Est autem considerandum ulterius, quod in ordine appetituum et appetibilium primum est quod est secundum se intellectum (¹): nam appetitus intellectivus appetit id quod est secundum se bonum; appetitus autem sensitivus non potest attingere ad appetendum quod est secundum se bonum, sed solum ad appetendum id quod videtur bonum. Bonum enim simpliciter et absolute non cadit sub apprehensione sensus, sed solius intellectus. Unde relinquitur quod primum mobile appetit

übrig, daß das erste Bewegliche das erste Bewegende mit einem geistigen Begehren begehrt. Daraus kann geschlossen werden, daß das erste Bewegliche begehrend und erkennend ist. Und weil nur ein Körper bewegt wird, kann geschlossen werden, daß das erste Bewegliche ein mit einer geistigen Seele beseelter Körper ist. Es wird jedoch nicht allein das erste Bewegliche, der erste Himmel, durch eine ewige Bewegung bewegt, sondern auch alle niedrigeren Kreise himmlischer Körper. Daher ist jeder himmlische Körper mit einer eigenen Seele beseelt, und jeder besitzt sein eigenes, [von der Materie] getrenntes Begehrbares, das das charakteristische Ziel seiner Bewegung ist.

52. Es gibt demnach viele [von der Materie] getrennte Wesenheiten, die überhaupt nicht mit Körpern vereint sind. Es gibt aber auch viele geistige Wesenheiten, die mit himmlischen Körpern vereint sind. Deren Zahl versucht Aristoteles aufgrund der Zahl der Bewegungen von himmlischen Körpern zu erforschen. Einer seiner Anhänger, Avicenna, bemißt die Zahl dieser geistigen Wesenheiten dagegen nicht nach der Anzahl der Bewegungen, sondern nach der Zahl der Planeten und anderer höherer Körper, nämlich des gestirnten Himmelskreises und des Himmelskreises, der keine Sterne besitzt. Denn viele Bewegungen scheinen auf die Bewegung *eines* Sternes hingeordnet zu sein; und wie alle anderen himmlischen Körper sich unter dem *einen* höchsten[15] Himmel befinden, durch dessen Bewegung alle anderen[16] Körper gedreht werden, so sind auch unter der ersten [von der Materie] getrennten Wesenheit, dem *einen* Gott, alle anderen [von der Materie] getrennten Wesenheiten geordnet, und auf die gleiche Weise alle Seelen der Himmel unter der Seele des ersten Himmels.

Unter den himmlischen Körpern werden aber Aristoteles zufolge allein die

---

primum movens appetitu intellectuali. Ex quo potest concludi, quod primum mobile sit appetens et intelligens. Et cum nihil moveatur nisi corpus, potest concludi, quod primum mobile sit corpus animatum anima intellectuali. Non autem solum primum mobile, quod est primum caelum, movetur motu aeterno, sed etiam omnes inferiores orbes caelestium corporum: unde et unumquodque caelestium corporum animatum est propria anima, et unumquodque habet suum appetibile separatum, quod est proprius finis sui motus.

52. — Sic igitur sunt multae substantiae separatae nullis penitus unitae corporibus. Sunt autem multae intellectuales substantiae caelestibus corporibus unitae. Harum autem numerum Aristoteles ([2]) investigare conatur secundum numerum motuum caelestium corporum. Quidam autem de eius sectatoribus, scilicet Avicenna ([3]), numerum earum assignat non quidem secundum numerum motuum, sed magis secundum numerum planetarum, et aliorum superiorum corporum, scilicet orbis stellati et orbis qui est sine stellis. Multi enim motus ordinari videntur ad motum unius stellae; et sicut omnia alia corpora caelestia sub uno primo caelo continentur, cuius motu omnia revolvuntur; ita etiam sub prima substantia separata, quae est unus Deus, omnes aliae substantiae separatae ordinantur, et sic sub anima primi caeli omnes caelorum animae.

Sub corporibus autem caelestibus secundum Aristotelem ponuntur animata sola

beseelten Körper der Sinnenwesen und der Pflanzen angenommen. Aristoteles war nämlich der Ansicht, daß ein einfacher Elementarkörper nicht beseelt sein kann, weil ein einfacher Körper kein passendes Organ des Tastsinns sein kann, der mit Notwendigkeit zu jedem Sinnenwesen gehört. Daher[17] nahm Aristoteles zwischen uns und den himmlischen Körpern keinen dazwischenliegenden beseelten Körper an. Demnach ist dem Standpunkt des Aristoteles zufolge zwischen uns und dem höchsten Gott ausschließlich die zweifache Ordnung der geistigen Wesenheiten (intellectuales substantiae) anzunehmen: die [von der Materie] getrennten Wesenheiten, die die Ziele der Himmelsbewegungen[18] sind, und die Seelen der Himmelskreise, die sich durch Begehren und Verlangen bewegen.

53. Diese Auffassung des Aristoteles erscheint zwar zuverlässiger, weil sie nicht weit von dem abweicht, was für die Sinneswahrnehmung deutlich ist; dennoch ist sie offenbar weniger befriedigend als Platons Standpunkt: Erstens, weil vieles sich für die Sinne zeigt, dessen Grund nach dem von Aristoteles Überlieferten nicht angegeben werden kann. Denn es ist deutlich, daß bei Menschen, die von Dämonen bedrängt werden, und bei Verrichtungen der Magier alles nur durch eine geistige Wesenheit geschehen kann.

So versuchten einige Anhänger des Aristoteles, wie aus dem Schreiben des Porphyrius an Anebontes den Ägypter[19] ersichtlich ist, die Ursachen [der Besessenheit und der Zauberei] auf eine Kraft der himmlischen Körper zurückzuführen: daß beispielsweise die Verrichtungen der Magier unter bestimmten Himmelskonstellationen gewisse ungewöhnliche und wunderbare Wirkungen zur Folge haben. Außerdem behaupten die Anhänger des Aristoteles, es rühre von den Eindrücken der Sterne her, daß Besessene zuweilen etwas Zukünftiges

corpora animalium et plantarum. Non enim posuit quod aliquod simplex elementare corpus possit esse animatum, quia corpus simplex non potest esse conveniens organum tactus, qui sensus est de necessitate cuiuslibet animalis: et sic inter nos et corpora caelestia nullum intermedium corpus animatum ponebat.

Sic igitur secundum Aristotelis positionem, inter nos et summum Deum non ponitur nisi *duplex* ordo intellectualium substantiarum: scilicet substantiae separatae, quae sunt fines motuum caelestium corporum; et animae orbium, quae sunt moventes per appetitum et desiderium.

53. — Haec autem Aristotelis positio certior quidem videtur, eo quod non multum recedit ab his quae sunt manifesta secundum sensum; tamen minus sufficiens videtur quam Platonis positio.

Primo quidem, quia multa secundum sensus apparent quorum ratio reddi non potest secundum ea quae ab Aristotele traduntur. Apparet enim in hominibus qui a daemonibus opprimuntur, et in magorum operibus, aliqua fieri non posse nisi per aliquam intellectualem substantiam.

Tentaverunt igitur quidam sectatorum Aristotelis, ut patet in epistola *Porphyrii* ad Cremophontem Aegyptium (¹), horum causas reducere in virtutem caelestium corporum, quasi sub quibusdam certis constellationibus magorum opera effectus quosdam insolitos et mirabiles assequantur, quos ex stellarum impressionibus esse dicunt; sicut quod arreptitii interdum aliqua

voraussagen, zu dessen Eintreten eine bestimmte Fügung in der Natur durch die himmlischen Körper führt.

Offensichtlich begegnen aber in solchen Fällen Tätigkeiten, die in keiner Weise auf eine körperliche Ursache zurückgeführt werden können. So sprechen Besessene beispielsweise mitunter gelehrt über Wissenschaften, von denen sie keine Kenntnis besitzen, weil sie einfache, ungebildete Leute sind; und Menschen, die kaum jemals den Ort verlassen haben, aus dem sie stammen, sprechen vollendet die Sprache eines fremden Volkes. Auch heißt es, daß bei den Verrichtungen der Magier gewisse Bilder entstehen, die Antworten geben und sich bewegen; solche Erscheinungen können keinesfalls durch irgendeine körperliche Ursache hervorgebracht werden. Wer könnte, aus platonischer Sicht, die Ursache derartiger Wirkungen benennen, wenn man nicht sagt, sie werde durch Dämonen besorgt?

54. Zweitens [erscheint die Auffassung des Aristoteles weniger befriedigend als Platons Standpunkt], weil es offenbar unangemessen ist, daß die nichtmateriellen Wesenheiten auf die Anzahl der körperlichen Wesenheiten beschränkt werden. Denn das Höhere im Seienden ist nicht wegen des Unteren, sondern umgekehrt: dasjenige, weswegen etwas ist, ist vortrefflicher. Man kann das Wesen des Zweckes nicht hinreichend aus dem zu dem Zweck Hingeordneten entnehmen, sondern viel eher umgekehrt. Daher vermag niemand die Größe und Kraft des Höheren hinreichend aus der Betrachtung des Niedrigeren abzuleiten; das wird an der Ordnung der körperlichen Dinge besonders deutlich. Die Größe und Anzahl der himmlischen Körper kann nämlich nicht aus

---

futura praenuntiant, ad quorum eventum fit quaedam dispositio in natura per caelestia corpora.

Sed manifeste sunt in talibus quaedam opera quae nullo modo possunt in causam corporalem reduci: sicut quod arreptitii interdum de scientiis quas ignorant, litteraliter loquuntur, cum sint simplices idiotae; et qui vix villam unde nati sunt, exierunt, alienae gentis vulgare polite loquuntur. Dicuntur etiam in magorum operibus quaedam imagines fieri, responsa dantes, et se moventes: quae nullo modo per aliquam causam corporalem perfici possunt. Huiusmodi autem effectuum causam plane quis poterit secundum *Platonicos* assignare, nisi dicantur haec per daemones procurari? —

54. — *Secundo*, quia inconveniens videtur immateriales substantias ad numerum corporalium substantiarum coarctari. Non enim ea quae sunt superiora in entibus, sunt propter ea quae sunt inferiora, sed potius e contrario: id enim propter quod aliquid est, nobilius est. Rationem autem finis non sufficienter aliquis accipere potest ex his quae sunt ad finem, sed potius a contrario. Unde magnitudinem et virtutem superiorem rerum non sufficienter aliquis accipere potest ex inferiorum rerum consideratione: quod manifeste apparet in rerum corporalium ordine. Non enim potest caelestium corporum magnitudo et numerus accipi ex elementarium corporum dispositione, quae quasi nihil sunt in comparatione ad illa. Plus autem excedunt immateriales substantiae substantias corporales, quam corpora caelestia excedant ele-

der Anordnung der Elementarkörper ersehen werden, die im Vergleich mit jenen gleichsam nichts sind. Nun übertreffen aber die nichtmateriellen *Wesenheiten* (substantiae) die körperlichen Wesenheiten in höherem Maße als die himmlischen *Körper* über die Elementarkörper emporragen: daher können die Anzahl, die Kraft (virtus) und Anordnung der nichtmateriellen Wesenheiten von der Zahl der Himmelsbewegungen ausgehend nicht hinreichend begriffen werden.

55. Damit dies im einzelnen deutlich wird, sollen das Vorgehen und die Worte des Aristoteles bei der Beweisführung herangezogen werden.[20] Er nimmt an, daß es am Himmel keine Bewegung geben kann, die nicht auf die Vollendung von irgend etwas hingeordnet ist: Das besitzt hinreichende Wahrscheinlichkeit. Denn alle Wesenheiten der Himmelskreise scheinen um der Gestirne willen zu existieren, die innerhalb der himmlischen Körper die vortrefflicheren sind und eine deutlichere Wirkung besitzen. Weiter nimmt Aristoteles an, daß alle nicht leidensfähigen und nichtmateriellen höheren Wesenheiten Ziele [Zwecke: fines] sind, weil sie an sich das Beste sind: Auch dies sagt man in der Tat vernünftigerweise. Denn das Gute hat die Bedeutung des Zieles; daher ist das durch sich Beste im Seienden das Ziel des übrigen. Aber was Aristoteles daraus schließt – die Zahl der nichtmateriellen Wesenheiten sei dieselbe wie die der himmlischen Bewegungen –, das ergibt sich nicht mit Notwendigkeit.

56. Denn es gibt das *nächste* und ein *entferntes* Ziel. Es ist nicht notwendig, daß das *nächste* Ziel des höchsten Himmels die höchste nichtmaterielle Wesenheit, also der höchste Gott ist. Vielmehr ist es eher wahrscheinlich, daß zwischen der ersten nichtmateriellen Wesenheit und dem himmlischen Körper viele Ordnungen nichtmaterieller Wesenheiten existieren, von denen eine niedrigere

mentaria corpora. Unde numerus et virtus et dispositio immaterialium substantiarum ex numero caelestium motuum sufficienter apprehendi non potest.

55. — Et ut hoc specialius manifestetur, ipsum processum probationis *Aristotelis* assumamus (¹). Assumit enim quod nullus motus esse potest in caelo nisi ordinatus ad alicuius stellae delationem: quod satis probabilitatem habet. Omnes enim substantiae orbium esse videntur propter astra, quae sunt nobiliora inter caelestia corpora, et manifestiorem effectum habentia. Ulterius autem assumit quod omnes substantiae superiores, impassibiles et immateriales, sunt fines, cum sint secundum se optima: et hoc quidem rationabiliter dicitur. Nam

bonum habet rationem finis: unde illa quae sunt per se optima in entibus, sunt fines aliorum. Sed quod concludit, hunc esse numerum immaterialium substantiarum qui est caelestium motuum, non sequitur ex necessitate.

56. — Est enim finis *proximus* et *remotus*. Non est autem necessarium quod *proximus* finis supremi caeli sit suprema substantia immaterialis, quae est summus Deus; sed magis probabile est ut inter primam immaterialem substantiam et corpus caeleste sint multi ordines immaterialium substantiarum, quarum inferior ordinetur ad superiorem sicut ad finem, et ad infima earum ordinetur corpus caeleste sicut ad finem proximum. Oportet enim unam-

zu einer höheren als ihrem Ziel hingeordnet ist, und daß zu der untersten von ihnen ein himmlischer Körper als seinem nächsten Ziel hingeordnet ist. Ein jedes Ding muß nämlich in gewisser Weise seinem nächsten Ziel angemessen sein. Daher ist es wegen des sehr großen Abstandes der ersten nichtmateriellen Wesenheit zu einer jeglichen körperlichen Wesenheit nicht wahrscheinlich, daß eine körperliche Wesenheit zu der höchsten Wesenheit als ihrem nächsten Ziel hingeordnet ist.

Aus diesem Grunde lehrte Avicenna, nicht die erste Ursache sei unmittelbares Ziel himmlischer Bewegungen, sondern eine erste Geistwesenheit (intelligentia). Dasselbe kann auch über die niedrigeren Bewegungen der himmlischen Körper gesagt werden. Deshalb ist es nicht notwendig, daß es nicht mehr nichtmaterielle Wesenheiten gibt, als die Anzahl der himmlischen Bewegungen beträgt.

Auch Aristoteles führte dies in seiner Darstellung nicht als notwendig, sondern als der Wahrscheinlichkeit nach gesagt an. So schreibt er nach der Aufzählung der himmlischen Bewegungen und bevor er den erwähnten Grund benennt: «Deshalb ist es vernünftig *anzunehmen*, daß die Wesenheiten und die unbeweglichen Ursprünge und die sinnlichen Dinge gleich viele sind; von *Notwendigkeit* zu sprechen, soll Tüchtigeren überlassen werden.» Aristoteles meinte offenbar, er sei nicht imstande, auf diesem Gebiet etwas mit Notwendigkeit zu schließen.

57. Das geschilderte Vorgehen des Aristoteles bis hin zu Annahmen über die nichtmateriellen Wesenheiten könnte jemandem auch deshalb als unstimmig erscheinen, weil Aristoteles von der Ewigkeit der Bewegung ausgeht, die der Wahrheit des Glaubens widerspricht. Wenn man jedoch die Art und Weise seines Vorgehens sorgfältig betrachtet, so wird deutlich, daß diese durch das

---

quamque rem esse comproportionatam quodammodo suo proximo fini. Unde propter distantiam maximam primae immaterialis substantiae ad substantiam corpoream quamcumque, non est probabile quod corporalis substantia ordinetur ad supremam substantiam sicut ad proximum finem.

Unde etiam Avicenna ([2]) posuit, causam primam non esse immediatum finem alicuius caelestium motuum, sed quamdam intelligentiam primam. Et idem etiam potest dici de inferioribus motibus caelestium corporum. Et ideo non est necessarium quod non sint plures immateriales substantiae quam sit numerus caelestium motuum.

Et hoc praesentiens Aristoteles non induxit hoc quasi necessarium, sed quasi probabiliter dictum. Sic enim dicit ([1]) antequam praedictam rationem assignet, enumeratis caelestibus motibus, quare substantias et principia immobilia et sensibilia tot rationabile est suscipere: « Necessarium enim dimittatur fortioribus dicere »: non enim reputabat se sufficientem ad hoc quod in talibus aliquid ex necessitate concluderet.

57. — Potest etiam alicui videri praedictum processum Aristotelis ad substantias immateriales ponendas inconvenientem esse eo quod procedit ex sempiternitate motus, quae fidei veritati repugnat. Sed si quis diligenter attendat rationem eius processus, non tollitur aeternitate motus sublata. Nam

Weglassen der Ewigkeit der Bewegung nicht aufgehoben wird. Denn wie aus der Ewigkeit der Bewegung die unendliche Kraft (potentia) des Bewegens geschlossen wird, so kann dasselbe auch aus der Einförmigkeit der Bewegung gefolgert werden. Ein Beweger, der nicht immer zu bewegen vermag, würde nämlich notwendigerweise manchmal schneller und manchmal langsamer bewegen, weil allmählich seine Kraft beim Bewegen nachläßt. Bei den himmlischen Bewegungen ist jedoch eine umfassende Einförmigkeit zu beobachten. Daraus kann man schließen, daß dem Beweger der ersten Bewegung die Kraft innewohnt, *immer* zu bewegen: auf diese Weise folgt dasselbe: [die unendliche Kraft des Bewegers].

sicut ex aeternitate motus concluditur motoris infinita potentia, ita hoc idem concludi potest ex motus uniformitate. Motor enim qui semper movere non potest, necesse est quod quandoque citius, quandoque tardius moveat, secundum quod paulatim virtus eius deficit movendo. In motibus autem caelestibus invenitur omnimoda uniformitas. Unde concludi potest quod motori primi motus insit virtus ad semper movendum; et sic idem sequitur.

III
WORIN DIE AUFFASSUNGEN PLATONS UND DES ARISTOTELES ÜBEREINSTIMMEN

58. Nach diesen Betrachtungen können wir mit Leichtigkeit ausmachen, worin die Auffassungen Platons und des Aristoteles von den nichtmateriellen Wesenheiten übereinstimmen und worin sie sich unterscheiden.

Erstens stimmen Platon und Aristoteles im Hinblick auf die Existenzweise der nichtmateriellen Wesenheiten überein. Platon lehrte, alle niedrigeren nichtmateriellen Wesenheiten seien Eines und Gutes durch Teilhabe an dem ersten, das an sich Eines und Gutes ist. Ein jedes, das an etwas teilhat, empfängt aber dasjenige, woran es teilhat, von dem Anteilgebenden; insofern ist das Anteilgebende die Ursache des Teilhabenden: auf diese Weise besitzt die Luft das Licht, an dem die Sonne Anteil gibt, und die Sonne ist die Ursache der Lufthelligkeit. So ist Platon zufolge der höchste Gott die Ursache dafür, daß alle nichtmateriellen Wesenheiten sowohl jeweils Eines als auch Gutes sind. Und dasselbe lehrte auch Aristoteles: denn «das höchste Seiende und höchste Wahre [Wirkliche: verum] ist» – wie er [im ersten Buch der «Metaphysik»] darlegt – «notwendigerweise die Ursache des Seins und der Wahrheit [Wirklichkeit: veritas] von allem anderen».

Caput 3.

IN QUO CONVENIANT POSITIONES PLATONIS ET ARISTOTELIS.

58. — His igitur visis, de facili accipere possumus in quo conveniant et in quo differant positiones Aristotelis et Platonis circa immateriales substantias.

Primo quidem conveniunt in modo existendi ipsarum. Posuit enim Plato inferiores omnes substantias immateriales esse unum et bonum per participationem primi, quod est secundum se unum et bonum. Omne autem participans aliquid, accipit id quod participat, ab eo a quo participat: et quantum ad hoc, id a quo participat, est causa ipsius; sicut aër habet lumen participatum a sole, qui est causa illuminationis ipsius. Sic igitur secundum Platonem summus Deus causa est omnibus immaterialibus substantiis, quod unaquaeque earum et unum sit, et bonum sit. Et hoc etiam Aristoteles posuit: quia, ut dicit, necesse est ut id quod est maxime ens, et maxime verum, sit causa essendi et veritatis omnibus aliis.

59. — *Secundo* autem conveniunt quan-

59. Zweitens stimmen die Auffassungen Platons und des Aristoteles im Hinblick auf die Beschaffenheit der Natur von nichtmateriellen Wesenheiten überein. Denn jeder von beiden lehrte, alle Wesenheiten dieser Art seien gänzlich frei von der Materie; jedoch seien sie nicht frei von der Zusammensetzung aus Möglichkeit und Wirklichkeit (potentia et actus), da jedes teilhabende Seiende notwendigerweise aus Möglichkeit und Wirklichkeit zusammengesetzt sei. Was nämlich als ein zur Teilhabe Gegebenes aufgenommen wird, muß die Wirklichkeit (actus) der teilhabenden Wesenheit sein. Deshalb müssen Platon zufolge alle Wesenheiten aus Möglichkeit und Wirklichkeit zusammengesetzt sein, weil sie alle – außer der höchsten, die durch sich selbst Eines und durch sich selbst Gutes ist – Teilhabende sind. Dies muß auch der Ansicht des Aristoteles nach gesagt werden: Er lehrt, daß das Wesen des Wahren und Guten der Wirklichkeit (actus) zugeschrieben wird; daher muß das erste Wahre und das erste Gute reine Wirklichkeit sein. Was immer aber von ihm ausgeht, muß eine Vermischung mit der Möglichkeit besitzen.

60. Drittens stimmen die Auffassungen Platons und des Aristoteles im Wesen der Fürsorge (providentia) überein. Platon lehrte, daß der höchste Gott, der das Gute selbst ist, weil er das Eine selbst ist, infolge des eigentlichen Wesens der Güte die Eigenschaft besitzt, für alle Niedrigeren zu sorgen; und ein jedes Niedrigere sorgt insofern, als es an der Güte des ersten Guten teilhat, ebenfalls für die nicht allein in derselben Ordnung, sondern auch in entfernten Ordnungen nach ihm Existierenden. Dementsprechend sorgt der erste [von der Materie] getrennte Geist für die gesamte Ordnung der [von der Materie] getrennten Geistwesen (intellectus), und ein jedes höhere Geistwesen sorgt für dasjenige, das niedriger ist als es selbst, und die gesamte Ordnung der [von der Materie]

---

tum ad conditionem naturae ipsarum: quia uterque posuit omnes huiusmodi substantias penitus esse a materia immunes, non tamen esse eas immunes a compositione potentiae et actus; nam omne participans ens, oportet esse compositum ex potentia et actu. Id enim quod recipitur ut participatum, oportet esse actum ipsius substantiae participantis; et sic, cum omnes substantiae praeter supremam, quae est per se unum et per se bonum, sint participantes secundum Platonem, necesse est quod omnes sint compositae ex potentia et actu; quod etiam necesse est dicere secundum sententiam Aristotelis. Ponit enim quod ratio veri et boni attribuitur actui: unde illud quod est primum verum et

primum bonum, oportet esse actum purum; quaecumque vero ab hoc deficiunt, oportet aliquam permixtionem potentiae habere.

60. — *Tertio* vero conveniunt in ratione providentiae. Posuit enim Plato, quod summus Deus, qui ex hoc quod est ipsum unum, est et ipsum bonum, ex primaeva ratione bonitatis proprium habet ut inferioribus omnibus provideat: et unumquodque inferiorum, inquantum participat bonitatem primi boni, etiam providet his quae post se sunt, non solum eiusdem ordinis, sed etiam diversorum; et secundum hoc, primus intellectus separatus providet toti ordini separatorum intellectuum, et quilibet superior suo inferiori, totusque

getrennten Geistwesen sorgt für die Ordnung der Seelen und für die niedrigeren Ordnungen.

Dasselbe kann – wie Platon meinte – auch bei den Seelenwesen beobachtet werden: daß die höchsten Seelen der Himmel für alle niedrigeren Seelen und für das ganze Geschlecht der niedrigeren Körper sorgen. Ebenso sorgen die höheren Seelen für die niedrigeren, d. h. die Seelen der Dämonen für die Seelen der Menschen. Die Platoniker waren nämlich der Ansicht, die Dämonen seien Vermittler zwischen uns und den höheren Wesenheiten.

Auch mit diesem Begriff der Fürsorge stimmt Aristoteles überein: Aristoteles lehrt *ein* [von der Materie] getrenntes Gutes, das für alles sorgt wie ein Gebieter oder Herr, unter dem sich unterschiedliche Ordnungen der Dinge befinden. So folgen die höheren Ordnungen der Dinge auf eine Ordnung vollkommener Fürsorge; daher ist kein Mangel bei ihnen anzutreffen. Dagegen unterliegen die niedrigeren Seienden, die die Ordnung der Fürsorge weniger vollkommen aufnehmen können, vielen Mängeln: wie auch in einem Haus die Freien, die vollkommen an der Herrschaft des Familienvaters teilhaben, in wenigem oder in nichts Mängel aufweisen – die Tätigkeiten der Diener jedoch erweisen sich in vieler Hinsicht als ungeordnet.[21] Daher treten bei den niedrigeren Körpern Mängel der natürlichen Ordnung auf, die bei den höheren Körpern niemals mit Mängeln behaftet erscheint. In ähnlicher Weise irren auch die menschlichen Seelen von der Erkenntnis der Wahrheit und von dem richtigen Erstreben des wahren Guten meistens ab – dies ist bei den höheren Seelen und Geistwesen nicht der Fall. Aus diesem Grunde lehrte auch Platon, es gebe bei den Dämonen – wie auch bei den Menschen – gute und schlechte; die Götter, Geistwesen und Seelen der Himmel seien dagegen gänzlich ohne Bosheit.

---

ordo separatorum intellectuum providet ordini animarum et inferioribus ordinibus.

Rursumque idem observari putat in ipsis animalibus, ut supremae quidem caelorum animae provideant omnibus inferioribus animabus, et toti generationi inferiorum corporum: itemque superiores animae inferioribus, scilicet animae daemonum animabus hominum. Ponebant enim Platonici, daemones esse mediatores inter nos et superiores substantias. Ab hac etiam providentiae ratione Aristoteles non discordat.

Ponit enim unum bonum separatum omnibus providentem, sicut unum imperatorem vel dominum, sub quo sunt diversi rerum ordines: ita scilicet quod superiores ordines (^{1}) rerum perfectae providentiae ordinem consequuntur, unde nullus defectus in eis invenitur. Inferiora vero entia, quae (^{2}) minus perfecte providentiae ordinem recipere possunt, multis defectibus subiacent; sicut etiam in domo, liberi, qui perfecte participant regimen patrisfamilias, in paucis vel nullis deficiunt: servorum autem actiones in pluribus inveniuntur deficere. Unde in inferioribus corporibus defectus proveniunt naturalis ordinis, qui in superioribus corporibus nunquam deficere invenitur. Similiter etiam humanae animae plerumque deficiunt ab intelligentia veritatis et a recto appetitu veri boni: quod in superioribus animabus vel intellectibus non invenitur. Propter quod etiam Plato

Also ist festzustellen, daß die Auffassung des Aristoteles und Platons in diesen drei Punkten im Hinblick auf die [von der Materie] getrennten Wesenheiten übereinstimmt.

posuit, daemonum esse quosdam bonos, quosdam malos, sicut et homines; deos vero et intellectus et caelorum animas omnino absque malitia esse.

Secundum igitur haec tria circa substantias separatas invenitur opinio Aristotelis cum Platonis opinione concordare.

IV
WORIN PLATON UND ARISTOTELES
NICHT ÜBEREINSTIMMEN

61. Es gibt jedoch andere Punkte, in denen Platon und Aristoteles unterschiedlicher Ansicht sind:

Erstens lehrte Platon – wie oben ausgeführt wurde – über den Seelen der Himmel eine zweigegliederte Ordnung nichtmaterieller Wesenheiten, die Geistwesen und Götter. Platon war der Auffassung, diese Götter seien von der Materie getrennte geistige Erkenntnisformen (species intelligibiles); durch die Teilhabe an ihnen erkennen die Geister. Aristoteles lehrte dagegen keine von der Materie getrennten allgemeinen Wesenheiten [bzw. Begriffe: universalia] und nahm nur *eine* Ordnung der Dinge über den Seelen der Himmel an. In dieser Ordnung der Dinge hielt er den höchsten Gott für das Erste, wie auch Platon lehrte, der höchste Gott sei das Erste in der Ordnung der Erkenntnisformen (species), bei denen der höchste Gott die eigentliche Idee des Einen und Guten sei.[22] Aristoteles nahm jedoch an, dieser Ordnung komme beides zu: Sie sei erkennend und erkannt, und zwar in der Weise, daß der höchste Gott nicht durch Teilhabe an einem Höheren, das seine Vollendung wäre, sondern durch sein eigenes Wesen (essentia) erkennt. Aristoteles meinte, dasselbe müsse von den übrigen [von der Materie] getrennten Wesenheiten[23] gelten, die unter dem

---

Caput 4.
IN QUO DIFFERUNT PLATO ET ARISTOTELES.

61. — Sunt autem alia in quibus differunt.

Primo quidem, ut supra dictum est, Plato supra caelorum animas duplicem ordinem immaterialium substantiarum posuit, scilicet intellectus et deos: quos deos dicebat esse species intelligibiles separatas, quarum participatione intellectus intelligunt. Aristoteles vero universalia separata non ponens, unum solum ordinem rerum posuit supra caelorum animas, in quorum etiam ordine primum esse posuit summum Deum sicut et Plato summum Deum primum esse posuit in ordine specierum, quasi summus Deus sit prima idea unius et boni. Hunc autem ordinem Aristoteles posuit utrumque habere: ut scilicet esset intelligens et intellectum; ita scilicet, quod summus Deus intelligeret non participatione alicuius superioris, quod esset eius perfectio, sed per essentiam suam; et idem aestimavit esse dicendum in ceteris bonis separatis substantiis sub summo Deo or-

höchsten Gott angeordnet sind – abgesehen davon, daß ihr Erkennen durch Teilhabe an höheren Wesenheiten vervollkommnet werden kann, insofern sie gegenüber der Einfachheit des Ersten und seiner höchsten Vollkommenheit abfallen.

Aristoteles zufolge handelt es sich also bei diesen[24] Wesenheiten, die die Ziele der himmlischen Bewegungen sind, sowohl um erkennende Geistwesen als auch um Erkenntnisformen (intelligibiles species) – aber nicht in der Weise, daß sie Formen oder Naturen sinnlicher Wesenheiten sind, wie die Platoniker lehrten, sondern durchaus höhere.

Zweitens stimmen Platon und Aristoteles nicht überein, weil Platon die Anzahl der [von der Materie] getrennten Geistwesen nicht auf die Zahl der himmlischen Bewegungen beschränkte: Er wurde nämlich nicht aus diesem Grunde zu der Annahme [von der Materie] getrennter Wesenheiten bewegt, sondern dadurch, daß er die Natur der Dinge an sich untersuchte. Dagegen wollte sich Aristoteles nicht von dem sinnlich Wahrnehmbaren entfernen und gelangte allein aus der Untersuchung der Bewegungen – wie oben geschildert wurde – zu der Annahme geistiger, [von der Materie] getrennter Wesenheiten: deshalb begrenzte er ihre Anzahl auf die himmlischen Bewegungen.

Drittens stimmen Platon und Aristoteles nicht überein, weil Aristoteles keine mittleren Seelen zwischen den Seelen der Himmel und den Seelen der Menschen lehrte wie Platon. Daraus ergibt sich die Tatsache, daß weder Aristoteles selbst noch seine Anhänger Dämonen erwähnen.

Dies ist es also, was wir von den Auffassungen Platons und des Aristoteles über die von der Materie getrennten Wesenheiten aus verschiedenen Schriften zusammengetragen haben.

---

dinatis, nisi quod, inquantum a simplicitate primi deficiunt et summa perfectione ipsius, earum intelligere perfici potest per superiorum substantiarum participationem.

Sic igitur secundum Aristotelem huius substantiae quae sunt fines caelestium motuum, sunt et intellectus intelligentes et intelligibiles species: non autem ita quod sint species vel naturae sensibilium substantiarum, sicut Platonici posuerunt, sed omnino altiores.

Secundo vero, quia Plato non coarctavit numerum intellectuum separatorum numero caelestium motuum: non enim ex hac causa movebatur ad ponendum intellectus separatos, sed ipsam naturam rerum secundum se considerans. Aristoteles vero a sensibilibus recedere nolens, ex sola consideratione motuum, ut supra dictum est, pervenit ad ponendum intellectuales substantias separatas: et ideo earum numerum coarctavit caelestibus motibus.

Tertio autem, quia Aristoteles non posuit aliquas animas medias inter caelorum animas et animas hominum, sicut posuit Plato: unde de daemonibus nullam invenit nec ipse nec eius sequaces fecisse mentionem.

Haec igitur sunt quae de opinionibus Platonis et Aristotelis circa substantias separatas ex diversis scripturis collegimus.

V

DIE VON DER MATERIE
GETRENNTEN WESENHEITEN
NACH AVICEBRON

62. Einige der nachfolgenden Philosophen entfernten sich von den Auffassungen Platons und des Aristoteles und gerieten in irrige Ansichten.

Zunächst lehrte Avicebron in dem Buch «Die Quelle des Lebens», die [von der Materie] getrennten Wesenheiten seien von anderer Beschaffenheit. Er war der Meinung, alle unter Gott befindlichen Wesenheiten seien aus Materie und Form zusammengesetzt: Dies weicht von der Auffassung Platons ebenso ab wie von derjenigen des Aristoteles. Avicebron hat sich offenbar in zweifacher Hinsicht getäuscht:

Erstens, weil er meinte, entsprechend der geistigen Zusammensetzung, die in den Gattungen der Dinge anzutreffen ist – denn die Art wird jeweils aus Gattung und Artunterschied gebildet –, sei eine solche Zusammensetzung auch in den Gegenständen selbst zu denken:[25] so daß die Gattung eines jeden in einer Gattung existierenden Gegenstands die Materie, der Artunterschied dagegen die Form sei. Zweitens hat sich Avicebron getäuscht, weil er meinte, bei allen Dingen werde in *einer* Bedeutung vom Sein in der Möglichkeit (potentia), vom Subjektsein oder vom aufnehmenden Sein[26] gesprochen. Sich auf diese beiden Auffassungen stützend, ging Avicebron bei der Unterscheidung der Zusam-

Caput 5.

DE SUBSTANTIARUM SEPARATARUM ESSENTIA
SECUNDUM AVICEBRON.

62. — Eorum vero qui post secuti sunt, aliqui ab eorum positionibus recedentes, in deterius erraverunt.

Primo namque Avicebron in libro *Fontis vitae*, alterius conditionis substantias separatas posuit esse (¹). Aestimavit enim omnes substantias sub Deo constitutas ex materia et forma compositas esse: quod tam ab opinione Platonis quam Aristotelis discordat: qui quidem *dupliciter* deceptus fuisse

videtur.

Primo quidem, quia aestimavit quod secundum intelligibilem compositionem, quae in rerum generibus invenitur, prout scilicet ex genere et differentia constituitur species, esset in rebus ipsius compositio realis intelligenda: ut scilicet uniuscuiusque rei in genere exsistentis genus sit materia, differentia vero forma. *Secundo*, quia aestimavit quod esse in potentia vel esse substitutum vel esse recipiens secundum unam rationem in omnibus diceretur. Quibus duabus positionibus innixus, quadam resolutoria via processit investigando com-

43

mensetzung der Dinge bis zu den geistigen Wesenheiten auf analytischem Wege vor:

63. Erstens erkannte er bei Künstlichem, daß es aus einer künstlichen Form und der Materie zusammengesetzt wird, die irgendein natürlicher Gegenstand ist, beispielsweise Eisen oder Holz, und sich zu der künstlichen Form verhält wie die Möglichkeit (potentia) zur Wirklichkeit (actus). Außerdem beobachtete er, daß solche einzelnen natürlichen Körper aus den Elementen zusammengesetzt sind. Daher lehrte er, die vier Elemente verhielten sich zu den einzelnen natürlichen Formen, beispielsweise des Steines oder des Eisens, wie die Materie zur Form und die Möglichkeit zur Wirklichkeit. Weiter beobachtete Avicebron, daß die vier Elemente darin zusammentreffen, daß jedes von ihnen ein Körper ist; andererseits unterscheiden sie sich durch entgegengesetzte Eigenschaften. Daher lehrte er drittens, der Körper selbst sei die Materie der Elemente, die er als allgemeine natürliche Materie[27] bezeichnete, und die Formen dieser Materie seien die Eigenschaften der Elemente. Weil er aber erkannte,[28] daß der himmlische Körper mit den Elementen in der Körperlichkeit zusammentrifft, sich jedoch von ihnen darin unterscheidet, daß er keine entgegengesetzten Eigenschaften aufnimmt: deshalb nahm er in einer vierten Ordnung[29] die Materie des himmlischen Körpers an, die sich ebenfalls zu der Form des himmlischen Körpers wie die Möglichkeit zur Wirklichkeit verhält. – Auf diese Weise lehrte Avicebron vier Ordnungen körperlicher Materie.

64. Weil er sah, daß jeder Körper eine lange, breite und tiefe Wesenheit (substantia) zu erkennen gibt, meinte er, daß einem Körper, insofern er ein Körper von dieser Art ist, die drei Dimensionen wie eine Form angehören und

---

positiones rerum usque ad intellectuales substantias.

63. — *Primo* enim inspexit (¹) in artificialibus, quod componuntur ex forma artificiali et materia, quae est aliqua res naturalis, puta ferrum aut lignum, quae se habet ad formam artificialem ut potentia ad actum. Rursus consideravit quod huiusmodi naturalia corpora particularia composita erant ex elementis. Unde posuit quod quatuor elementa comparantur ad formas particulares naturales, puta lapidis aut ferri, sicut materia ad formam et potentia ad actum. Iterum consideravit quod quatuor elementa conveniunt in hoc quod quodlibet eorum est corpus, differunt autem secundum contrarias qualitates. Unde tertio posuit quod ipsum corpus est materia elementorum, quam vocavit materiam universalem, et quod formae huius materiae sunt qualitates elementorum.

Secundo, quia videbat quod corpus caeleste convenit cum elementis in corporeitate, differt vero ab eis in hoc, quod non est susceptivum contrariarum qualitatum, posuit quarto ordine materiam corporis caelestis, quae etiam comparatur ad formam caelestis corporis sicut potentia ad actum. Et sic posuit quatuor ordines materiae corporalis.

64. — *Rursus*, quia vidit quod omne corpus significat substantiam quamdam longam, latam et spissam, aestimavit quod corporis, inquantum est corpus huiusmodi, tres dimensiones sunt sicut forma, et substantia, quae subiicitur quantitati et aliis

daß die Wesenheit (substantia), die der Träger (subiectum) der Quantität und der anderen Arten des Hinzukommenden (accidentia) ist, die Materie des Körpers ist, insofern er Körper ist. Auf diese Weise ist die Wesenheit (substantia), die die neun Kategorien trägt – wie Avicebron sagt[30] – die erste geistige Materie. Und wie er in der allgemeinen körperlichen Materie, von der er meinte, sie sei ein Körper, etwas Höheres sah, das keine gegensätzlichen Eigenschaften aufnimmt (nämlich die Materie des himmlischen Körpers), und etwas Niedrigeres, das gegensätzliche Eigenschaften annimmt, und von dem er glaubte, es handle sich dabei um die Materie der vier Elemente: so lehrte er auch in der Wesenheit (substantia) selbst etwas Höheres, das keine Quantität aufnimmt und das er als [von der Materie] getrennte Wesenheit (substantia) betrachtete, und etwas Niedrigeres, das Quantität annimmt und das er als die nichtkörperliche Materie der Körper ansah.[31]

65. Weiter lehrte Avicebron, die [von der Materie] getrennten oder geistigen Wesenheiten seien aus Materie und Form zusammengesetzt; dies belegte er mit mehreren Argumenten:

Erstens, weil es seiner Meinung nach keine Verschiedenheit zwischen den geistigen Wesenheiten geben könnte, wenn sie nicht aus Materie und Form zusammengesetzt wären. Falls sie nämlich nicht aus Materie und Form zusammengesetzt sind, so sind sie entweder ausschließlich Materie, oder sie sind ausschließlich Form. Wenn sie ausschließlich Materie sind, so ist es unmöglich, daß es viele geistige Wesenheiten gibt, weil die Materie an sich ein und dieselbe ist und durch die Formen unterschieden wird. Ebensowenig könnte angegeben werden, warum die geistigen Wesenheiten verschieden sind, wenn die geistige

generibus accidentium, est materia corporis inquantum est corpus. Sic igitur substantia quae sustinet novem praedicamenta, ut etiam dicit, est prima spiritualis materia. Et sicut posuit in materia corporali universali, quam dixit esse corpus, quoddam superius quod non est susceptivum contrariarum qualitatum, scilicet materiam caelestis corporis, et aliquid inferius, quod est susceptivum contrariarum qualitatum, quam credidit esse materiam (⁰) quatuor elementorum; ita etiam in ipsa substantia posuit quiddam superius, quod non est susceptivum quantitatis, quod posuit esse substantiam separatam, et quoddam inferius quod est susceptivum quantitatis, quam posuit (¹) esse materiam corpoream (²) corporum.

65. — *Rursus* ipsas substantias separatas vel spirituales componi posuit (³) ex materia et forma; et hoc probavit pluribus rationibus.
Primo quidem, quia existimavit quod nisi substantiae spirituales essent compositae ex materia et forma, nulla posset inter eas esse diversitas. Si enim non sunt compositae ex materia et forma: aut sunt materia tantum, aut sunt forma tantum. Si sunt materia tantum, non potest esse quod sint multae substantiae spirituales, quia materia est una et eadem de se, et diversificatur per formas. Similiter etiam si substantia spiritualis sit forma tantum, non poterit assignari unde substantiae spirituales sint diversae. Quia si dicas quod sint diversae secundum perfectionem et

Wesenheit ausschließlich Form wäre. Denn falls du sagst, geistige Wesenheiten seien je nach Vollkommenheit und Unvollkommenheit verschieden, so würde daraus folgen, daß die geistige Wesenheit Träger (subiectum) der Vollkommenheit und der Unvollkommenheit ist. Das Trägersein bezieht sich aber auf den Begriff der Materie, nicht jedoch auf den Begriff der Form. Daher bleibt [Avicebron zufolge] übrig, daß es entweder nicht mehrere geistige Wesenheiten gibt oder daß sie aus Materie und Form zusammengesetzt sind.

Das zweite Argument des Avicebron lautet, daß der Begriff der Geistigkeit außerhalb des Begriffs der Körperlichkeit liegt. So besitzen die körperliche und die geistige Wesenheit etwas, worin sie sich unterscheiden, und die besitzen etwas, worin sie übereinstimmen, da beides Wesenheit (substantia) ist. Wie also bei der körperlichen Wesenheit die Wesenheit als Materie die Körperlichkeit aufrechterhält, so erhält bei der geistigen Wesenheit die Wesenheit als Materie die Geistigkeit aufrecht. Und in Abhängigkeit davon, ob die Materie mehr oder weniger an der Form der Geistigkeit teilhat, stehen die geistigen Wesenheiten höher oder niedriger: ähnlich wie auch die Luft um so mehr an der Klarheit teilhat, je feiner sie ist.

66. Das dritte Argument des Avicebron lautet, daß das Sein gemeinsam bei den geistigen Wesenheiten als höheren Seienden und bei den körperlichen Wesenheiten als niedrigeren Seienden angetroffen wird.[32] Folglich wird sich aus dem Sein in den geistigen Wesenheiten dasselbe ergeben, was sich auch aus dem Sein in körperlichen Wesenheiten ergibt. Bei den körperlichen Wesenheiten begegnet aber eine dreifache Ordnung: der feste Körper, der der Körper der Elemente ist; der feine Körper, der der himmlische Körper ist; und schließlich die Materie und die Form des Körpers. Demzufolge begegnet auch in der

---

imperfectionem, sequeretur quod substantia spiritualis sit subiectum perfectionis et imperfectionis. Sed esse subiectum pertinet ad rationem materiae, non autem ad rationem formae. Unde relinquitur quod vel non sunt plures substantiae spirituales, vel sunt compositae ex materia et forma.

Secunda ratio eius est, quia intellectus spiritualitatis est praeter intellectum corporeitatis; et ita substantia corporalis et spiritualis habent aliquid in quo differunt, et habent aliquid in quo conveniunt, quia utrumque est substantia. Ergo sicut in substantia corporali, substantia est tanquam materia sustentans corporeitatem, ita in substantia spirituali, substantia est quasi materia sustentans spiritualitatem; et se-

cundum quod materia plus vel minus participat de forma spiritualitatis, secundum hoc substantiae spirituales sunt superiores vel inferiores: sicut et aër quanto est subtilior, tanto plus participat de claritate.

66. — *Tertia* ratio eius est, quia esse communiter invenitur in substantiis spiritualibus et corporalibus tam superioribus quam inferioribus. Illud ergo quod est consequens ad esse in substantiis corporalibus, erit consequens ad esse in substantiis spiritualibus. Sed in substantiis corporalibus invenitur *triplex* ordo: scilicet corpus spissum, quod est corpus elementorum; et corpus subtile, quod est corpus caeleste; et iterum materia et forma corporis. Ergo etiam in substantia spirituali invenitur

geistigen Wesenheit eine niedrigere geistige Wesenheit, beispielsweise eine, die mit einem Körper verbunden wird; und es begegnet eine höhere, die nicht mit dem Körper verbunden ist; schließlich wieder Materie und Form, aus denen die geistige Wesenheit zusammengesetzt ist.

Das vierte Argument des Avicebron lautet, daß jede erschaffene Wesenheit vom Schöpfer unterschieden werden muß. Der Schöpfer aber ist schlechthin Eines. Deshalb muß jede erschaffene Wesenheit nicht schlechthin Eines, sondern aus Zweien zusammmengesetzt sein, von denen Eines notwendigerweise die Form und das andere die Materie ist – denn aus zwei Materien kann ebensowenig etwas hervorgebracht werden wie aus zwei Formen.

Sein fünftes Argument lautet,[33] daß jede erschaffene geistige Wesenheit begrenzt ist. Begrenzt ist etwas aber ausschließlich durch seine Form, denn etwas, das keine Form besitzt, durch die es Eines wird , ist unbegrenzt. Also ist [Avicebron zufolge] jede erschaffene geistige Wesenheit aus Materie und Form zusammengesetzt.

substantia spiritualis inferior, puta quae coniungitur corpori; et superior, quae non est coniuncta corpori; et iterum materia et forma, ex quibus substantia spiritualis componitur.

Quarta ratio eius est, quod omnis substantia creata oportet quod distinguatur a creatore. Sed creator est unum tantum. Oportet igitur quod omnis substantia creata non sit unum tantum, sed composita ex duobus: quorum necesse est ut unum sit forma, et aliud materia; quia ex duabus materiis non potest aliquid fieri, nec ex duabus formis.

Quinta ratio est, quod omnis substantia spiritualis creata est finita. Res autem non est finita nisi per suam formam, quia res quae non habet formam per quam fiat unum, est infinita. Omnis igitur substantia spiritualis creata est composita ex materia et forma.

VI
WIDERLEGUNG
DER AUFFASSUNG AVICEBRONS

67. Das Dargestellte beinhaltet in mehreren Punkten offenkundige Unwahrscheinlichkeit:

Erstens, weil Avicebron von niedrigeren zu den höchsten Seienden aufsteigt und sie dabei in materielle Prinzipien auflöst. Das widerspricht gänzlich der Vernunft, denn die Materie verhält sich zur Form wie die Möglichkeit (potentia) zur Wirklichkeit (actus). Es ist deutlich, daß die Möglichkeit weniger seiend ist als die Wirklichkeit: Die Möglichkeit wird nämlich nur im Hinblick auf ihre Hinordnung zur Wirklichkeit als Seiendes bezeichnet. Deshalb sagen wir nicht schlechthin, daß das Mögliche *ist*, sondern allein das Wirkliche [wird ohne weitere Qualifikation seiend genannt]. Je mehr man daher beim analytischen Vorgehen zu den materiellen Ursachen hinabsteigt, desto weniger findet man vom Wesen des Seienden. Das Höchste unter den Seienden ist aber notwenigerweise im höchsten Maße seiend, denn in jeder Gattung wird das Höchste, das die Ursache von anderem ist, ebenfalls als im höchsten Maße seiend bezeichnet: Beispielsweise ist das Feuer im höchsten Maße warm. Daher geht Platon bei der Untersuchung des höchsten Seienden – wie oben dargestellt wurde – analytisch zu den formgebenden Ursachen über. Avicebron geht hier

Caput 6.

REPROBATIO OPINIONIS AVICEBRON
QUANTUM AD MODUM PONENDUM.

67. — Haec autem quae dicta sunt, in pluribus manifestam improbabilitatem continent.

Primo namque, quia ab inferioribus ad suprema entium resolvendo, ascendit in principia materialia; quod omnino rationi repugnat. Comparatur enim materia ad formam sicut potentia ad actum. Manifestum est autem quod potentia est minus ens quam actus: non enim dicitur potentia ens nisi secundum ordinem ad actum: unde non simpliciter dicimus esse quae sunt in potentia, sed solum quae sunt in actu. Quanto igitur magis resolvendo descenditur ad principia materialia, tanto minus invenitur de ratione entis. Suprema autem in entibus oportet esse maxime entia: nam et in unoquoque genere suprema quae sunt aliorum principia, esse maxime dicuntur, sicut ignis est calidus maxime. Unde et Plato investigando suprema entium, processit resolvendo in principia formalia, sicut supra dictum est. Inconvenientissime igitur hic per contra-

48

also höchst unangemessen auf dem entgegengesetzten Weg analytisch zu den materiellen Ursachen über.

68. Zweitens erweist sich die Ansicht des Avicebron als unwahrscheinlich, weil er – soviel aus seinen Aussagen hervorgeht – in gewisser Weise zu der Auffassung der alten Naturphilosophen zurückkehrte, die lehrten, alles sei *ein* Seiendes und dabei annahmen, die Wesenheit (substantia) aller Dinge sei nichts anderes als die Materie. Von der Materie lehrten sie nicht wie Platon und Aristoteles, sie sei lediglich etwas in der Möglichkeit (potentia), sondern sie sei ein Seiendes in der Wirklichkeit (actus). Nur daß die alten Naturphilosophen in der Meinung, es existiere nichts anderes außer Körpern, behaupteten, diese allgemeine Materie und Wesenheit (substantia) von allem sei ein Körper, beispielsweise das Feuer, die Luft, das Wasser[34] oder etwas Mittleres. Avicebron meinte dagegen, nicht allein in den Körpern sei die Natur der Dinge[35] enthalten, und er lehrte, dieses Eine, das er für die erste allgemeine Materie und für die Wesenheit (substantia) von allem hielt, sei keine körperliche Wesenheit.

Daß er diese allgemeine Materie, die er als die Wesenheit von allem betrachtete, in ähnlicher Weise lehrte, wie die Naturphilosophen ihre Lehre von einem einzigen Körper vertraten, ergibt sich aus folgender Ansicht des Avicebron: Die Gattung derjenigen Körper, die in einer Gattung zusammengehören, sei die Materie; die Unterschiede dagegen, durch die sich die Arten unterscheiden, seien die Formen.

69. Er behauptet nämlich, die allgemeine Materie alles Materiellen sei der Körper selbst; ferner sei die allgemeine Materie aller Wesenheiten (substantiae), der körperlichen wie auch der geistigen, die Wesenheit (substantia) selbst. Daraus ergibt sich, daß das Verhältnis der Gattung zu den Artunterschieden

riam viam processit in principia materialia resolvendo.

68. — *Secundo*, quia, quantum ex suis dictis apparet, in antiquorum quodammodo Naturalium opinionem rediit, qui posuerunt quod omnia essent unum ens, dum ponebant substantiam rerum omnium non esse aliud quam materiam: quam non ponebant esse aliquid in potentia tantum, sicut Plato et Aristoteles, sed esse aliquid ens actu. Nisi quod antiqui Naturales, nihil aliud praeter corpora esse aestimantes, hanc materiam communem et substantiam omnium aliquod corpus esse dicebant; puta aut ignem, aut aërem, aut aliquid medium. Sed iste non solum in corporibus materiam rerum existimans comprehendi, istud

unum quod posuit esse primam materiam communem et substantiam omnium, dixit esse substantiam non corpoream.

Et quod simili modo posuerit hanc universalem materiam, quam dicit esse substantiam omnium, sicut Naturales hoc ponebant de aliquo uno corporum, manifestum est ex hoc quod eorum quae conveniunt in genere, ponit genus esse materiam; differentias vero, quibus species differunt, ponit esse formas.

69. — Dicit enim, quod omnium materialium est materia communis ipsum corpus: rursumque omnium substantiarum tam corporalium quam spiritualium communis materia substantia ipsa. Unde apparet quod similis est habitudo generis

ähnlich ist wie dasjenige des Trägers (subiectum) zu den für ihn charakteristischen Eigenschaften: so daß die Wesenheit (substantia) auf diese Weise in eine geistige und eine körperliche geteilt wird und der Körper in einen himmlischen und einen aus den Elementen bestehenden – wie die Zahl in gerade und ungerade oder das Sinnenwesen in gesund und krank. Dabei ist die Zahl der Träger (subiectum) des Geraden und des Ungeraden als der für sie charakteristischen Eigenschaften, und das Sinnenwesen ist Träger des Gesunden und des Kranken; der Träger wird ebenso wie die Eigenschaften von allen Arten ausgesagt.

Wenn sich also die Wesenheit, die von allem ausgesagt wird, zum Geistigen und zum Körperlichen als Materie verhielte, die ihr Träger ist,[36] so würde folgen, daß diese beiden[37] zu der Wesenheit in der Art dazukommender (accidentes) Eigenschaften hinzutreten; ähnlich würde es sich auch mit allen Folgeerscheinungen verhalten – das gesteht Avicebron ausdrücklich zu. Er führt nämlich aus, daß alle Formen für sich betrachtet Hinzukommendes (accidentia) sind. Dennoch werden sie[38] von Avicebron als wesenhaft (substantiales) im Vergleich mit bestimmten Dingen bezeichnet, unter deren Definition sie fallen, wie beispielsweise das Weißsein zu dem Begriff des weißen Menschen gehört.

70. Jedoch hebt diese Auffassung die Wirklichkeit (Wahrheit: veritas) der ersten Materie auf. Denn wenn es zum Begriff der Materie gehört, daß sie in der Möglichkeit (potentia) ist, so muß die erste Materie gänzlich in der Möglichkeit sein: Deshalb wird sie auch von keinem in Wirklichkeit (actu) Daseienden ausgesagt, wie auch das Teil nicht vom Ganzen ausgesagt wird. Die Ansicht des Avicebron hebt auch die Prinzipien der Logik auf, wenn sie die wahre Bedeutung der Gattung, der Art und des wesenhaften Artunterschiedes beseitigt, indem sie alles in die Weise der Aussage über Hinzukommendes (accidentalis)

ad differentias, sicut subiecti ad proprias passiones; ut scilicet substantia hoc modo dividatur per spiritualem et corporalem, et corpus per caeleste et elementare, sicut numerus per par et impar, aut animal per sanum et aegrum: quorum numerus est subiectum paris et imparis sicut propriarum passionum, et animal sani et aegri, tam subiecto quam passionibus de speciebus omnibus praedicatis.

Sic igitur si substantia quae praedicatur de omnibus, compararetur ad spiritualem et corporalem sicut materia et subiectum (¹) eorum, sequeretur quod adveniunt substantiae per modum accidentalium passionum; et similiter in omnibus aliis consequentibus: quod ipse expresse concedit. Ponit enim omnes formas secundum se consideratas accidentia esse; dicit tamen substantiales esse per comparationem ad aliquas res in quarum definitionibus cadunt, sicut albedo est de ratione hominis albi.

70. — Sed haec positio tollit quidem veritatem materiae primae. Quia si de ratione materiae est quod sit in potentia, oportet quod prima materia sit omnino in potentia: unde nec de aliquo exsistentium actu praedicatur, sicut nec pars de toto. Tollit etiam logicae principia, auferens veram rationem generis et speciei et substantialis differentiae, dum omnia in modum acci-

verkehrt. Ferner hebt diese Auffassung die Grundlagen der Naturphilosophie auf, wenn sie das wirkliche Entstehen und Vergehen den Dingen in der Weise nimmt, wie auch die alten Naturphilosophen[39] *eine* materielle Ursache lehrten. Man sagt nämlich nur deshalb schlechthin, etwas werde hervorgebracht, weil ein schlechthin Seiendes entsteht.[40] Es entsteht aber nichts, was vorher bereits war. Wenn es also zuvor bereits in Wirklichkeit (actus) war[41] – das nämlich bedeutet, schlechthin zu sein –, so würde folgen, daß es nicht *schlechthin* ein Seiendes wird, sondern daß es ein *Seiendes* wird, das zuvor nicht war.[42] Daher würde es lediglich in einer bestimmten Hinsicht entstehen und nicht schlechthin.

71. Abschließend ist festzustellen,[43] daß die beschriebene Ansicht des Avicebron auch die Prinzipien der ersten Philosophie[44] aufhebt, indem sie den einzelnen Dingen die Einheit und in der Folge auch den wahren Seinscharakter und damit zugleich die Verschiedenheit der Dinge nimmt. Wenn nämlich zu einem in Wirklichkeit (actus) Existierenden eine andere Wirklichkeit (actus) hinzukommt, so wird das Ganze nicht Eines durch sich selbst, sondern lediglich durch ein Hinzukommendes (accidens) sein – und zwar deshalb, weil die beiden Wirklichkeiten oder Formen an sich verschieden sind und allein in einem Träger (subiectum) zusammenkommen. Durch die Einheit des Trägers Eines zu sein, ist aber ein Einessein durch ein Hinzukommendes (accidens): sei es, daß zwei Formen (formae) nicht aufeinander hingeordnet sind, wie beispielsweise das Weiße und das Musikalische[45] – wir sagen nämlich, das Weiße und das Musikalische seien Eines durch ein Hinzukommendes, weil sie *einem* Träger (subiectum) innewohnen; oder sei es auch, daß die Formen und die Wirklichkeiten (actus) aufeinander hingeordnet sind, wie etwa die Farbe und die Oberfläche. Denn was eine Oberfläche und Farbe besitzt, ist nicht schlecht-

---

dentalis praedicationis convertit. Tollit etiam naturalis philosophiae fundamenta, auferens veram generationem et corruptionem a rebus, sicut et antiqui ponentes unum materiale principium. Neque enim simpliciter aliquid generari dicitur, nisi quia simpliciter de non ente fit ens. Nihil autem fit quod prius erat. Si igitur aliquid fit quod prius erat in actu, quod est simpliciter esse; sequeretur, quod non simpliciter fiat ens hoc quod prius non erat: unde secundum quid generabitur, et non simpliciter.

71. — Tollit demum, ut finaliter concludam, praedicta positio etiam philosophiae prima principia, auferens unitatem a singulis rebus, et per consequens veram entitatem simul et rerum diversitatem. Si enim alicui existenti in actu superveniat alius actus, non erit totum unum per se, sed solum per accidens; eo quod duo actus vel formae secundum se diversae sunt, conveniunt autem solum in subiecto. Esse autem unum per unitatem subiecti, est esse unum per accidens: seu duae formae sint non ordinatae (¹) ad invicem, ut album et musicum, quae sunt unum per accidens: dicimus enim quod album et musicum sunt unum per accidens, quia insunt uni subiecto; sive etiam formae vel actus sint ad invicem ordinatae, sicut color et superficies. Non enim est simpliciter

hin Eines, wenngleich von etwas, das eine Oberfläche besitzt, ausgesagt wird, es besitze in gewisser Hinsicht durch sich selbst Farbe: [dies geschieht nicht deshalb,] weil der Ausdruck «mit einer Oberfläche versehen» das Wesen (essentia) bezeichnet, wie die Gattung das Wesen der Art bezeichnet, sondern weil der Träger (subiectum) in der Definition des Hinzukommenden (accidens) enthalten ist – andernfalls würde «gefärbt» nicht von dem mit einer Oberfläche Versehenen an sich ausgesagt, sondern «mit einer Oberfläche versehen» von dem Gefärbten.

72. Die Art (species) ist allein insofern Eines schlechthin, als beispielsweise der Mensch in der Tat ein Sinnenwesen ist: nicht deshalb, weil das Sinnenwesen Subjekt der menschlichen Form ist, sondern weil die Form des Menschen die Form des Sinnenwesens ist[46], wobei nur der Unterschied zwischen Bestimmtem und Unbestimmtem besteht. Wenn ein Sinnenwesen etwas anderes wäre als ein Zweibeiner, so würde das zweibeinige Sinnenwesen, das der Mensch ist, nicht durch sich selbst Eines sein, und es wäre deshalb auch nicht durch sich selbst ein Seiendes. Folgerichtig würde sich daraus ergeben, daß sich ausschließlich durch eine hinzukommende (accidentalis) Verschiedenheit unterscheidet, was in einer Gattung zusammengehört; und alles wäre Eines der Wesenheit (substantia) nach, die die Gattung und das Subjekt aller Wesenheiten ist: wie das ganze *eine* Oberfläche ist, wenn der eine Teil der Oberfläche weiß und der andere schwarz ist. Aus diesem Grunde nahmen die alten Philosophen *eine* Materie an, die die Wesenheit (substantia) von allem war und von allem ausgesagt wurde; so waren sie der Ansicht, alles sei Eines. Und diesen Umstimmigkeiten schließen sich auch diejenigen an, die eine Ordnung verschiedener wesenhafter Formen in ein und demselben Gegenstand lehren.

73. Drittens muß man bei dem Vorgehen der beschriebenen Auffassung

---

unum superficiatum et coloratum, etsi quodammodo coloratum per se de superficiato praedicetur: non quia superficiatum significet essentiam colorati, sicut genus significat essentiam speciei, sed ea ratione qua subiectum ponitur in definitione accidentis; alioquin non praedicaretur coloratum de superficiato per se, sed hoc de illo. **72.** — Solo autem hoc modo species est unum simpliciter, inquantum vere id quod est homo, animal est: non quia animal subiiciatur formae hominis, sed quia ipsa forma significata per hunc terminum « animal », aliquando est forma hominis, non differens nisi sicut determinatum ab indeterminato. Si enim aliud sit animal et aliud bipes, non erit per se unum animal bipes quod est homo, unde nec erit per se ens; et per consequens sequeretur quod quaecumque in genere conveniunt, non differant nisi accidentali differentia; et omnia erunt unum secundum substantiam, quae est genus et subiectum omnium substantiarum; sicut si superficiei una pars sit alba et alia nigra, totum est una superficies. Propter quod et antiqui ponentes unam materiam, quae erat substantia omnium, de omnibus praedicata, ponebant omnia esse unum. Et haec etiam inconvenientia sequuntur ponentes ordinem diversarum formarum substantialium in uno et eodem. **73.** — *Tertio*, secundum praedictae po-

hinsichtlich der materiellen Ursachen ins Unendliche fortschreiten, so daß man niemals zu einer ersten Materie gelangt. Denn bei allen Dingen, die in etwas übereinstimmen und sich in etwas unterscheiden, ist dasjenige, worin sie übereinstimmen, die Materie; dasjenige dagegen, worin sie sich unterscheiden, ist die Form,[47] wie aus dem Vorausgeschickten deutlich wird. Wenn also die allem gemeinsame Materie zur Aufnahme unterschiedlicher Formen *eine* ist, so muß eine vortrefflichere Form in feinerer und höherer Materie aufgenommen werden, eine weniger vortreffliche aber in geringerer und gröberer Materie:[48] beispielsweise wird die Form der Geistigkeit in feinerer Materie, die Form der Körperlichkeit dagegen in geringerer Materie aufgenommen, wie Avicebron sagt. Demnach ist in der Materie der Unterschied der Feinheit und Grobheit *vor* der Form der Geistigkeit und der Körperlichkeit erforderlich.[49] Deshalb muß vor der Grobheit und der Feinheit wiederum ein anderer Unterschied in der Materie bestehen, durch den die eine Materie das eine, die andere das andere aufnimmt[50] – und dieselbe Frage wird im Hinblick auf das vor diesen Existierende wiederkehren, und so ins Unendliche. Sooft[51] man nämlich zu einer gänzlich einförmigen Materie gelangen würde, so würde sie den Prinzipien der beschriebenen Ansicht zufolge mit Notwendigkeit nur *eine* Form aufnehmen, und in derselben Weise würde es sich durch das Ganze hindurch verhalten: Die Materie, die jener Form unterliegt, würde folgerichtig wiederum nichts anderes aufnehmen als *eine* Form, und in gleicher Weise würde es sich durch das Ganze hindurch bleiben. Wenn man so auch bis zum Untersten hinabsteigen würde, könnte man keine Verschiedenheit in den Dingen finden.

74. Viertens: Bei den alten Naturphilosophen, die eine erste Materie als

---

sitionis processum, necesse est procedere in causis materialibus in infinitum, ita quod nunquam sit devenire ad primam materiam. In omnibus enim quae in aliquo conveniunt et in aliquo differunt, id in quo conveniunt accipitur ut materia; id vero in quo differunt accipitur ut forma, ut ex praemissis patet. Si ergo una est materia communis omnium, ad hoc quod diversas formas recipiat, oportet quod nobiliorem formam in subtiliori et altiori materia recipiat, ignobiliorem vero in inferiori materia et grossiori: puta formam spiritualitatis in subtiliori materia, formam vero corporeitatis in inferiori, ut ipse dicit. Praeexistit ergo in materia differentia subtilitatis et grossitiei ante formam spiritualitatis et corporeitatis. Oportet igitur quod

iterum ante grossitiem et subtilitatem praeexistat in materia aliqua alia differentia, per quam una materia sit exceptiva unius, et alia alterius: et eadem quaestio redibit de illis aliis praeexistentibus, et sic in infinitum. Quandocumque enim deveniretur ad materiam totaliter uniformem, secundum principia positionis praedictae oporteret quod non reciperet nisi unam formam, et aequaliter per totum: et iterum materia illi formae substrata, non reciperet consequenter nisi unam formam, et uniformiter per totum; et ita descendendo usque ad infima, nulla diversitas in rebus inveniri posset.

74. — *Quarto*, quia antiquis Naturalibus ponentibus primam materiam communem substantiam omnium, possibile erat ex ea

---

53

gemeinsame Wesenheit von allem lehrten, war es möglich, aus ihr unterschiedliche Dinge hervorzubringen, indem man den verschiedenen Teilen dieser Materie unterschiedliche Formen zuschrieb. Es konnte nämlich in dieser allgemeinen Materie – weil sie körperlich war – eine Teilung der Größe nach gedacht werden. Beseitigt man aber die Teilung, die der Größe nach besteht, so bleibt nichts außer einer Teilung der Form oder der Materie nach übrig.

Wenn also eine allgemeine Materie angenommen wird, die allgemein in jeder Wesenheit ist[52] und in ihrem Begriff keine Größe beinhaltet, so kann ihre Teilung ausschließlich der Form oder eben der Materie selbst nach gedacht werden. Wenn man nun sagt, daß eine nichtkörperliche gemeinsame Materie zum Teil diese Form aufnimmt und zum Teil jene Form empfängt, so setzt man eine Teilung der Materie *vor* der Verschiedenheit der in der Materie aufgenommenen Formen voraus. Daher kann jene Teilung nicht als anderen Formen[53] entsprechend angenommen werden. Wenn sie also als irgendwelchen Formen entsprechend angenommen wird, so muß sie als früheren Formen entsprechend gedacht werden, von denen die Materie keine[54] durch das Ganze hindurch aufnimmt. Deshalb muß wiederum irgendeine Teilung oder Unterscheidung in der Materie vorausgesetzt werden. Also würde auch diese Teilung oder Unterscheidung in Entsprechung zu anderen Formen ins Unendliche verlaufen, oder man muß zu der Ansicht gelangen, die erste Teilung bestehe in Entsprechung zur Materie selbst.

75. Es kann aber nur deshalb eine der Materie entsprechende Teilung geben, weil die Materie an sich unterschieden ist und nicht aufgrund unterschiedlicher Anordnung, Form oder Größe – denn das würde bedeuten, die Materie der Größe, Form oder Anordnung nach zu unterscheiden. Deshalb gelangt man

diversas res instituere, attribuendo diversis partibus eius formas diversas. Poterat enim in illa communi materia, cum corporalis esset, intelligi divisio secundum quantitatem. Remota autem divisione quae est secundum quantitatem, non remanet nisi divisio secundum formam vel secundum materiam.

Si igitur ponatur universalis materia, quae est communis omnium substantia, non habens in sui ratione quantitatem, eius divisio non potest intelligi nisi vel secundum formam, vel secundum materiam ipsam. Cum autem dicitur quod materia incorporea communis partim recipit formam hanc, et partim recipit formam illam, divisio materiae praesupponitur diversitati formarum in materia receptarum. Non igitur illa divisio potest secundum has formas intelligi. Si ergo intelligatur secundum formas aliquas, oportet quod intelligatur secundum formas priores; quas neutra materia per totum recipit. Unde oportet iterum in materia praeintelligere divisionem vel distinctionem quamcumque. Erit igitur et haec secundum alias formas in infinitum, vel oportet devenire ad hoc quod prima divisio sit secundum ipsam materiam.

75. — Non est autem divisio secundum materiam nisi quia materia secundum se ipsam distinguitur, non propter diversam dispositionem vel formam aut quantitatem, quia hoc esset distingui materiam secun-

notwendigerweise zu der Anschauung, daß es nicht eine Materie von allem gibt, sondern daß viele und in sich selbst unterschiedene Materien existieren. Nun ist für die Materie das Sein in der Möglichkeit (potentia) charakteristisch. Also darf man diese Verschiedenheit der Materie nicht so auffassen, als sei die Materie mit unterschiedlichen Formen oder Anordnungen versehen – dies liegt nämlich außerhalb des Wesens der Materie; vielmehr muß man diese Verschiedenheit auf die Unterschiedenheit der Möglichkeit (potentia) im Hinblick auf die Verschiedenheit der Formen beziehen.

Weil nämlich Möglichkeit (potentia) genannt wird, was auf die Wirklichkeit (actus) ausgerichtet ist, muß die Möglichkeit im Hinblick darauf unterschieden werden, worauf sie als in erster Linie ausgerichtet gilt.[55] Ich sage, daß die Möglichkeit so in erster Linie als auf etwas ausgerichtet gilt,[56] wie man sagt, die Möglichkeit des Sehens sei auf die Farbe ausgerichtet, nicht aber auf das Weiße oder auf das Schwarze, weil dieselbe Möglichkeit [des Sehens] beides aufnimmt. Ganz ähnlich nimmt auch eine Oberfläche das Weiße und das Schwarze *einer* Möglichkeit nach auf, die in erster Linie im Hinblick auf die Farbe Möglichkeit genannt wird.

Daraus ergibt sich, daß der Grundsatz falsch ist, den Avicebron lehrte: Möglichkeit und Aufnahme würden bei allen Gegenständen in derselben Weise angetroffen.

---

dum quantitatem aut formam seu dispositionem. Oportet igitur quod finaliter deveniatur ad hoc quod non sit una omnium materia, sed sint multae et distinctae secundum se ipsas. Materiae autem proprium et in potentia esse. Hanc igitur materiae distinctionem accipere oportet, non secundum quod est vestita diversis formis aut dispositionibus (hoc enim est praeter essentiam materiae), sed secundum distinctionem potentiae respectu diversitatis formarum.

Cum enim potentia id quod est ad actum dicatur, necesse est ut potentia distinguatur secundum id quod potentia dicitur. Dico autem primo ad aliquid primo potentiam dici, sicut potentiam visivam ad colorem, non autem ad album aut nigrum, quia eadem est susceptiva utriusque; et similiter superficies est susceptiva albi et nigri secundum unam potentiam, quae primo dicitur respectu coloris.

Unde patet falsum esse principium quod supponebat, dicens potentiam et receptionem in omnibus eodem modo inveniri.

VII

ES GIBT NICHT
EINE MATERIE DER GEISTIGEN
UND DER KÖRPERLICHEN WESENHEIT

76. Aus dieser Überlegung kann ferner geschlossen werden, daß es nicht *eine* Materie der geistigen und der körperlichen Wesenheit geben kann.

Denn wenn die Materie *eine* und beiden gemeinsam ist, so muß in der Materie eine Verschiedenheit *vor* der Unterscheidung der Formen vorausgesetzt werden, d.h. vor der Unterscheidung der Geistigkeit und der Körperlichkeit. Eine solche Verschiedenheit kann jedoch keine quantitative Teilung sein, weil es bei geistigen Wesenheiten keine quantitativen Ausdehnungen gibt.[57] Deshalb bleibt nur übrig, daß die genannte Verschiedenheit entweder im Hinblick auf die Formen oder die Hinordnungen (dispositiones), oder aber hinsichtlich der Materie selbst besteht; und weil diese Verschiedenheit den Formen oder Hinordnungen nach nicht ins Unendliche bestehen kann, muß man schließlich doch darauf zurückkommen, daß die Unterscheidung in der Materie im Hinblick auf sie selbst besteht. Also wird die Materie der geistigen und der körperlichen Wesenheiten gänzlich verschieden sein.

77. Ebenso gilt: Weil das Aufnehmen [von Formen] für die Materie als solche charakteristisch ist, müßte im Körperlichen und Geistigen dieselbe Art der

---

Caput 7.

REPROBATIO OPINIONIS AVICEBRON DE MA-
TERIALITATE SUBSTANTIARUM SEPARA-
TARUM.

76. — Ex hac autem ratione ulterius concludi potest, quod spiritualis et corporalis substantiae non potest esse una materia.

Nam si est una materia et communis utrorumque, oportet in ipsa distinctionem praeintelligi ante differentiam formarum, scilicet spiritualitatis et corporeitatis: quae quidem non potest esse secundum quantitatis divisionem in substantiis spiritua-libus, in quibus quantitatis dimensiones non inveniuntur. Unde relinquitur quod ista distinctio sit vel secundum formas seu dispositiones, vel secundum ipsam materiam: et cum non possit esse secundum formas et dispositiones in infinitum, oportet tandem redire ad hoc quod sit distinctio in materia secundum se ipsam. Erit igitur omnino alia materia spiritualium et corporalium substantiarum.

77. — *Item* cum recipere sit proprium materiae inquantum huiusmodi, si sit eadem materia spiritualium et corporalium substantiarum, oportet quod in utrisque sit idem receptionis modus. Materia autem

Aufnahme sein, wenn die Materie der geistigen und der körperlichen Wesenheiten dieselbe wäre. Jedoch nimmt die Materie der körperlichen Dinge die Form teilweise auf, d. h. nicht dem umfassenden Wesen der Form entsprechend. Und dies kommt der körperlichen Materie nicht insofern zu, als sie Ausdehnungen oder einer körperlichen Form unterliegt, denn die körperliche Materie nimmt auch die materielle Form einzeln auf. Daraus wird deutlich, daß es sich bei einer solchen Materie aufgrund der Natur der Materie so verhält;[58] diese nimmt die Form auf die schwächste Art auf, weil sie das Niedrigste ist: Die Aufnahme geschieht nämlich der Art des Aufnehmenden entsprechend. Deshalb ist eine solche Materie, die die Form teilweise aufnimmt, am weitesten von einer vollständigen Aufnahme der Form entfernt; eine solche vollständige Aufnahme geschieht nämlich der Gesamtheit der Form entsprechend.[59] Es ist klar, daß jede geistige Wesenheit die gedachte Form ihrer Gesamtheit entsprechend aufnimmt; andernfalls wäre die geistige Wesenheit nicht in der Lage, die Form in ihrer Gesamtheit zu denken. Der Geist denkt nämlich einen Gegenstand insofern, als sich die Form des Gegenstandes in ihm befindet. Deshalb bleibt übrig, daß die Materie – falls es eine solche in geistigen Wesenheiten gibt – nicht dieselbe ist wie die Materie der körperlichen Dinge; vielmehr ist sie bei weitem höher und erhabener, da sie die Form ihrer Gesamtheit entsprechend aufnimmt.

78. Zudem wird im weiteren Fortgang deutlich, daß etwas unter den Seienden um so höher ist, je mehr es vom Wesen des Seins besitzt. Es ist aber klar – da das Seiende durch Möglichkeit (potentia) und Wirklichkeit (actus) geteilt wird –, daß die Wirklichkeit vollkommener als die Möglichkeit ist und mehr vom Wesen des Seins besitzt: Denn wir bezeichnen nicht etwas uneingeschränkt als seiend, das in der Möglichkeit ist, sondern allein etwas, das in der

---

corporalium rerum suscipit formam particulariter, idest non secundum communem rationem formae. Nec hoc habet materia corporalis inquantum dimensionibus subiicitur aut formae corporali, quia etiam ipsam formam corporalem individualiter materia corporalis recipit. Unde manifestum fit quod hoc convenit tali materiae, quae quia est infima, debilissimo modo recipit formam: fit enim receptio secundum recipientis naturam. Et per hoc maxime deficit a completa ratione formae, quae est secundum totalitatem ipsius particularitatis ipsam recipientis (¹). Manifestum est autem quod omnis substantia intellectualis recipit formam intellectam se-

cundum suam totalitatem; alioquin eam in sua totalitate intelligere non valeret. Sic enim intellectus intelligit rem secundum quod forma eius in ipso existit. Relinquitur igitur quod materia, si qua sit in spiritualibus substantiis, non est eadem cum materia corporalium rerum, sed multo altior et sublimior, utpote recipiens formam secundum eius totalitatem.

78. — *Adhuc* ultra procedentibus manifestum fit quod tanto aliquid in entibus est altius, quanto magis habet de ratione essendi. Manifestum est autem quod cum ens per potentiam et actum dividatur, actus est potentia perfectior, et magis habet de ratione essendi: non enim simpliciter esse

Wirklichkeit ist. Deshalb muß etwas, das unter den Seienden höher ist,[60] näher an die Wirklichkeit herankommen; was aber im Seienden das Niedrigste ist, muß näher bei der Möglichkeit liegen.

Weil also die Materie der geistigen Wesenheiten nicht dieselbe sein kann wie die Materie der körperlichen, sondern – wie gezeigt wurde – bei weitem höherstehend als diese ist:[61] deshalb muß sie von der Materie des Körperlichen dem Unterschied zwischen Möglichkeit und Wirklichkeit entsprechend entfernt sein. Die Materie des Körperlichen ist nun der Lehre des Aristoteles und Platons zufolge reine Möglichkeit. Daher bleibt übrig, daß die Materie der geistigen Wesenheiten nicht reine Möglichkeit, sondern ein in Wirklichkeit Seiendes ist, das in der Möglichkeit existiert.

Ich spreche aber nicht so von einem in Wirklichkeit Seienden, das in der Möglichkeit existiert[62], als sei es aus Möglichkeit und Wirklichkeit zusammengesetzt. Denn es gibt entweder ein Fortschreiten ins Unendliche, oder man muß zu etwas gelangen, das ausschließlich ein Seiendes in der Möglichkeit ist: dies kann nicht die erste Materie der geistigen und vernünftigen Wesenheiten sein, weil es im Seienden das Letzte ist und folglich [die Form] nur schwach und teilweise aufnehmen kann. Also bleibt übrig: Wenn die Materie der geistigen Wesenheit ein in Wirklichkeit Seiendes ist, so ist es eine unveränderlich bestehende (subsistens) Wirklichkeit oder Form. In ähnlicher Weise wird auch die Materie der körperlichen Dinge als ein Seiendes in der Möglichkeit bezeichnet, weil diese Materie der Möglichkeit nach Träger der Form ist.

79. Wo immer angenommen wird, die Materie sei ein in Wirklichkeit Seiendes, da macht es keinen Unterschied zu sagen, die Materie sei auch die Wesenheit (substantia) eines Dinges. So lehrten die alten Naturphilosophen, die

dicimus quod est in potentia, sed solum quod est in actu. Oportet igitur id quod semper est superius in entibus, magis accedere ad actum; quod autem est in entibus infimum, propinquius esse potentiae.

Quia igitur materia spiritualium substantiarum non potest esse eadem cum corporalium materia, sed longe distat ab ea utpote altior, ut ostensum est; necesse est ut longe distet a corporalium materia, secundum differentiam potentiae et actus. Corporalium autem materia est potentia pura, secundum sententiam Aristotelis et Platonis. Relinquitur igitur quod materia substantiarum spiritualium non sit potentia pura, sed sit aliquid ens actu, potentia existens.

Non autem sic dico ens actu, quasi ex potentia et actu compositum; quia vel esset procedere in infinitum, vel oporteret venire ad aliquid quod esset ens in potentia tantum: quod cum sit ultimum in entibus, et per consequens non potest recipere nisi debiliter et particulariter, non potest esse prima materia spiritualis et intellectualis substantiae. Relinquitur ergo quod si spiritualis substantiae materia sit ens actu, quod sit actus vel forma subsistens; sicut et materia corporalium rerum ita dicitur ens in potentia, quia est ipsa potentia formis subiecta.

79. — Ubicumque igitur ponitur materia ens actu, nihil differt dicere materiam et substantiam rei. Sic enim antiqui Naturales, qui ponebant primam materiam

annahmen, die erste Materie der körperlichen Dinge sei etwas in Wirklichkeit Seiendes, die Materie sei die Wesenheit aller Dinge: in der Weise, wie die Wesenheit der künstlichen Dinge nichts anderes sei als ihre Materie. Wenn also die Materie der geistigen Wesenheiten nicht etwas nur in der Möglichkeit Seiendes sein kann, sondern etwas in Wirklichkeit Seiendes ist, dann ist die Materie der geistigen Dinge ihre Wesenheit. Und demzufolge macht es keinen Unterschied, in den geistigen Wesenheiten Materie anzunehmen oder zu lehren, die geistigen Wesenheiten seien einfach und nicht aus Materie und Form zusammengesetzt.

80. Ferner: Weil die Wirklichkeit der Natur nach früher ist als die Möglichkeit und die Form früher ist als die Materie, hängt die Möglichkeit freilich in ihrem Sein von der Wirklichkeit ab und die Materie von der Form; die Form hängt dagegen ihrem eigentlichen Begriff zufolge in ihrem Sein ebensowenig wie die Wirklichkeit von der Materie ab:[63] Denn der Natur nach Früheres hängt nicht von Späterem ab. Wenn es also gewisse Formen gibt, die ohne Materie nicht sein können, so kommt ihnen dies nicht deswegen zu, weil sie Formen sind, sondern weil sie *so beschaffene* Formen sind, nämlich unvollkommene, die sich durch sich selbst nicht aufrechterhalten können, sondern die Grundlage der Materie benötigen.

81. Nun gibt es in allen Gattungen vor jedem Unvollkommenen ein Vollkommenes.[64] Wenn beispielsweise das Feuer in einer fremdartigen Materie ist, von der das Feuer seinem Begriff nach nicht abhängt, so erhält sich das Feuer in der fremdartigen Materie notwendigerweise nicht aufrecht. Es gibt also über den in die Materie[65] aufgenommenen Formen gewisse durch sich selbst bestehende Formen, die geistige Wesenheiten und nicht aus Materie und Form

---

corporalium rerum esse aliquid ens actu, dicebant materiam esse omnium rerum substantiam, per modum quo artificialium substantia nihil est aliud quam eorum materia. Sic igitur si materia spiritualium substantiarum non potest esse aliquid ens in potentia tantum, sed est aliquid ens actu, ipsa spiritualium rerum materia est eorum substantia. Et secundum hoc nihil differt ponere materiam in substantiis spiritualibus, et ponere substantias spirituales simplices, non compositas ex materia et forma.

80. — *Amplius*, cum actus naturaliter sit prior potentia et forma quam materia, potentia quidem dependet in suo esse ab actu, et materia a forma; forma autem in suo esse non dependet a materia secundum propriam rationem actus: non enim

priora naturaliter a posterioribus dependent. Si igitur aliquae sint formae quae sine materia esse non possunt, hoc non convenit eis ex hoc quod sunt formae, sed ex hoc quod sunt *tales* formae, scilicet imperfectae, quae per se sustentari non possunt, sed indigent materiae fundamento.

81. — Sed dicunt: In omni genere in quo invenitur aliquid imperfectum, invenitur etiam aliquid perfectum secundum naturam illius generis (¹); puta, si est ignis in materia aliena, a qua ignis secundum suam rationem non dependet, necesse est esse ignem non sustentatum in materia aliena. Sunt igitur supra formas in materiis receptas, aliquae formae per se subsistentes, quae sunt spirituales substantiae

zusammengesetzt sind. Dies wird auch an den untersten geistigen Wesenheiten, den Seelen, deutlich, sofern man annimmt, daß sie als Formen mit den Körpern vereinigt werden. Denn das aus Materie und Form Zusammengesetzte kann nicht Form eines Körpers sein: Form von etwas zu sein ist nämlich gleichbedeutend mit dessen Wirklichkeit zu sein.[66] Folglich kann kein Teil der Form irgendeines Dinges Materie sein, die reine Möglichkeit ist.[67]

ex materia et forma non compositae. Hoc etiam apparet in infimis substantiarum spiritualium, scilicet animabus, si quis eas ponit corporibus uniri ut formas. Impossibile est enim id quod ex materia et forma compositum est, esse alicuius corporis for-mam. Et similiter impossibile est id quod est materia alicuius, esse actum eiusdem. Nulla igitur pars eius quod est alicuius forma, potest esse in materia, quae est potentia pura, non actus.

VIII
WIDERLEGUNG DER ARGUMENTE
DES AVICEBRON

82. Nach diesen Betrachtungen ist es leicht, die Argumente zu widerlegen, die zum Erweis der entgegengesetzten Meinung angeführt werden.

Das erste Argument schien nämlich zu schließen, daß es keine Verschiedenheit unter den geistigen Wesenheiten geben könnte, wenn sie nicht aus Materie und Form zusammengesetzt wären. Doch dieses Argument ging in beiden Teilen seiner Ableitung fehl. Denn weder müssen Dinge, die ausschließlich Materie sind, ohne Verschiedenheit sein; noch muß dasselbe von den Wesenheiten gelten, die ausschließlich Formen sind. Es wurde nämlich ausgeführt, daß es der Verschiedenheit der Möglichkeit entsprechend unterschiedliche Materien geben muß, weil die Materie ihrer Natur nach ein in der Möglichkeit Seiendes ist. Und wir bezeichnen nichts anderes als die Wesenheit der Materie als eben die Möglichkeit, die in der Gattung der Wesenheit liegt. Denn die Gattung der Wesenheit wird – wie auch andere Gattungen – durch Möglichkeit und Wirklichkeit geteilt: demzufolge hindert nichts, daß gewisse Wesenheiten, die ausschließlich in der Möglichkeit sind, entsprechend ihrer Hinordnung zu unterschiedlichen Gattungen von Wirklichkeiten verschieden sind.

Caput 8.
SOLUTIO RATIONUM AVICEBRON OPINIONIS.

82. — His igitur visis, facile est rationes dissolvere in contrarium adductas. *Prima* enim ratio concludere videbatur quod non posset esse diversitas in spiritualibus substantiis, si non essent ex materia et forma compositae. Quae quidem ratio in utraque parte suae deductionis deficiebat. Neque enim oportet quod ea quae sunt materiae tantum, sint absque diversitate; neque etiam hoc oportet de substantiis quae sunt formae tantum. Dictum est enim, quod quia materia secundum id quod est, est in potentia ens, necesse est ut secundum potentiae diversitatem sint diversae materiae. Nec aliud dicimus materiae substantiam quam ipsam potentiam quae est in genere substantiae. Nam genus substantiae, sicut et alia genera, dividitur per potentiam et actum: et secundum hoc nihil prohibet aliquas substantias quae sunt in potentia tantum, esse diversas, secundum quod ad diversa genera actuum ordinantur: per quem modum caelestium corporum materia a materia elementorum distinguitur.

Nam materia caelestium corporum est in potentia ad actum perfectum, idest ad

61

Auf diese Weise unterscheidet sich die Materie der himmlischen Körper von der Materie der Elemente. Denn die Materie der himmlischen Körper ist in der Möglichkeit (potentia) zur vollkommenen Wirklichkeit, d. h. zu einer Form, die die gesamte Möglichkeit (possibilitas) der Materie erfüllt, so daß nun keine Möglichkeit (potentia) zu anderen Formen übrbigbleibt. Die Materie der Elemente ist dagegen in der Möglichkeit zu unvollendeten Formen, die nicht die gesamte Möglichkeit der Materie bestimmen können.[68] Aber über diesen Materien gibt es eine geistige Materie, d. h. eine geistige Wesenheit, die die Form in ihrer Gesamtheit aufnimmt, während die niedrigeren Materien die Form teilweise aufnehmen.

83. In ähnlicher Weise hält auch die Ableitung von seiten der Formen nicht stand. Es ist nämlich klar, daß sich die Formen als solche voneinander unterscheiden, wenn aus Materie und Form zusammengesetzte Gegenstände den Formen nach verschieden sind.[69] Aber man könnte sagen, daß unterschiedlichen Gegenständen nur aufgrund der Verschiedenheit der Materie unterschiedliche Formen zukommen, wie etwa unterschiedliche Farben aus *einem* Leuchten der Sonne in der Luft hervorgebracht werden, und zwar der Verschiedenheit der Dichte und der Lockerheit der Luft entsprechend – deshalb ist es notwendig, vor der Unterschiedlichkeit der Farben in der Luft eine Unterschiedlichkeit der Reinheit und der Dichte anzunehmen. Ebenso wird es auch notwendig sein, in der Materie vor der einen Form eine andere Form anzunehmen, wie auch bei Körpern vor der Farbe eine Oberfläche vorauszusetzen ist. Es gibt also bei den Formen eine Verschiedenheit, die einer Ordnung der Vollkommenheit und der Unvollkommenheit entspricht. Denn eine Form, die der Materie näher ist, ist unvollkommener und befindet sich im Hinblick auf eine dazukommende Form gleichsam in der Möglichkeit.

---

formam quae complet totam possibilitatem materiae, ut iam non remaneat potentia ad alias formas. Materia autem elementorum est potentia ad formam incompletam, quae totam terminare non potest materiae potentiam. Sed supra has materias, est(¹) spiritualis materia, idest ipsa substantia spiritualis, quae recipit formam secundum suam totalitatem, inferioribus materiis formam particulariter recipientibus.

83. — *Similiter* etiam non tenet deductio ex parte formarum. Manifestum est enim quod si res compositae ex materia et forma secundum formas differunt, quod ipsae formae secundum se ipsas differunt et diversae sunt. Sed si dicatur quod diversarum rerum non sunt formae diversae nisi propter materiae diversitatem, sicut diversi colores ex una solis illustratione causantur in aëre secundum differentiam spissitudinis et raritatis illius, unde necesse est quod ante colorum diversitatem praeintelligatur in aëre diversitas puritatis et spissitudinis: et sic etiam necesse erit quod in materia ante unam formam intelligatur alia forma, sicut etiam in corporibus ante colorem intelligatur superficies. Invenitur igitur in formis diversitas secundum quemdam ordinem perfectionis et imperfectionis. Nam quae materiae est propinquior, imperfectior est, et quasi in potentia respectu supervenientis formae.

Also spricht nichts dagegen, bei den geistigen Wesenheiten eine Vielzahl anzunehmen, obgleich sie ausschließlich Formen sind. [Diese Annahme ist möglich], weil eine von ihnen unvollkommener[70] ist als eine andere, so daß die unvollkommenere im Hinblick auf die vollkommenere in der Möglichkeit ist – bis zu der ersten Form, die ausschließlich Wirklichkeit und damit Gott ist. Somit können alle unteren geistigen Wesenheiten sowohl Materien – insofern sie in der Möglichkeit sind – als auch Formen – insofern sie in der Wirklichkeit sind – genannt werden.

84. Es ist deshalb klar, daß es albern ist, was Avicebron hiergegen einwendet, indem er schließt: Wenn eine geistige Wesenheit ihrer Vollkommenheit und Unvollkommenheit entsprechend verschieden ist, so muß sie Träger der Vollkommenheit und Unvollkommenheit sein; und so muß die geistige Wesenheit Materie besitzen, weil «Träger» (subiectum) zu dem Begriff der Materie gehört.[71] – In dieser Annahme liegt eine zweifache Täuschung:

Erstens, weil Avicebron meint, Vollkommenheit und Unvollkommenheit seien dazukommende Formen oder etwas Hinzutretendes (accidentia), das einen Träger (subiectum)[72] benötigt: das ist offensichtlich unrichtig. Denn es gibt eine Vollkommenheit eines Gegenstands seiner Art und Wesenheit (species et substantia) nach, die sich nicht zu dem Gegenstand verhält wie das Hinzutretende (accidens) zum Träger (subiectum) oder wie die Form zur Materie;[73] vielmehr bestimmt diese Vollkommenheit die dem betreffenden Gegenstand eigentümliche Art. Wie nämlich eine Zahl[74] ihrer Art (species) nach größer ist als eine andere (aus diesem Grunde sind ungleiche Zahlen der Art nach verschieden), so ist sowohl bei den materiellen als auch bei den von der Materie getrennten Formen eine vollkommener als eine andere, und zwar dem Wesen

---

Sic igitur nihil prohibet in spiritualibus substantiis ponere multitudinem, quamvis sint formae tantum, ex hoc quod una earum est alia perfectior; ita quod imperfectior est in potentia respectu perfectioris, usque ad primam earum, quae est actus tantum, quae Deus est; ut sic omnes inferiores spirituales substantiae, et materiae possint dici secundum hoc quod sunt in potentia, et formae secundum hoc quod sunt actu.

84. — Unde patet frivolum esse quod contra hoc obiicit concludens, si spiritualis substantia secundum perfectionem et imperfectionem differt, quod oportet ipsam esse perfectionis substitutum (²): et sic cum substitutum pertineat ad rationem materiae, oportet substantiam spiritualem habere materiam. In quo quidem *dupliciter* fallitur.

Primo quidem, quia aestimat perfectionem et imperfectionem esse quasdam formas supervenientes, vel accidentia quae subsistere indigeant: quod quidem manifeste falsum est. Est enim quaedam rei perfectio secundum suam speciem substituta, quae comparatur ad rem sicut accidens ad substitutum, vel sicut forma ad materiam, sed ipsa propriam speciem rei designat. Sicut enim in numeris unus est maior alio secundum propriam speciem (unde inaequales numeri secundum speciem differunt); ita in formis tam materialibus quam a materia separatis una est perfectior alia secundum rationem propriae

ihrer Natur entsprechend: insofern nämlich, als das für die Art eigentümliche Wesen auf einer solchen Abstufung der Vollkommenheit beruht.

Zweitens liegt in der Annahme des Avicebron eine Täuschung, weil sich das Trägersein nicht allein aus der Materie ergibt, die ein Teil der Wesenheit ist, sondern ganz allgemein aus jeder Möglichkeit (potentia) folgt. Denn alles, was sich zu etwas anderem wie die Möglichkeit zur Wirklichkeit (actus) verhält, ist dazu geeignet, sein Träger zu sein. Und auf diese Weise kann auch eine geistige Wesenheit Träger für geistige Formen (species) sein, insofern sie ein Seiendes ist, das in gewisser Hinsicht in der Möglichkeit ist – obgleich sie keine Materie als Teil ihrer selbst besitzt.

85. Daraus ergibt sich auch die Widerlegung von Avicebrons zweitem Argument. Wenn wir nämlich sagen, eine Wesenheit sei körperlich oder geistig, so beziehen wir die Geistigkeit oder Körperlichkeit nicht auf die Wesenheit wie Formen auf die Materie oder wie Hinzukommendes (accidentia) auf einen Träger (subiectum), sondern wie Artunterschiede auf eine Gattung: also ist die geistige Wesenheit nicht aufgrund einer Hinzufügung zur Wesenheit geistig, sondern ihrer eigenen Wesenheit nach; ebenso ist auch eine körperliche Wesenheit nicht durch eine Hinzufügung zur Wesenheit körperlich, sondern ihrer eigenen Wesenheit nach.[75] Denn die Form, durch die die Art die Bestimmung des Artunterschiedes empfängt, ist keine andere als diejenige, durch die sie die Bestimmung der Gattung empfängt, wie oben ausgeführt wurde. Deshalb ist es nicht notwendig, daß irgendetwas der Geistigkeit der geistigen Wesenheit als Materie oder als Träger[76] zugrunde liegt.

86. Das dritte Argument des Avicebron besitzt keine Gültigkeit. Weil nämlich das Sein nicht von allem in demselben Sinne ausgesagt wird, braucht nicht

---

naturae, inquantum scilicet propria ratio speciei in tali gradu perfectionis consistit.

Secundo, quia esse subiectum non consequitur solam materiam quae est pars substantiae, sed universaliter consequitur omnem potentiam. Omne enim quod se habet ad alterum ut potentia ad actum, ei natum est subiici. Et per hunc etiam modum spiritualis substantia, quamvis non habeat materiam partem sui, ipsa tamen prout est ens secundum aliquid in potentia, potest subiici intelligibilibus speciebus.

85. — Ex hoc etiam solutio *secundae* rationis apparet. Cum enim dicimus aliquam substantiam corporalem esse vel spiritualem, non comparamus spiritualitatem vel corporeitatem ad substantiam sicut formas ad materiam, vel accidentia ad subiectum, sed sicut differentias ad genus: ita quod sola substantia spiritualis non per aliquid additum substantiae suae est spiritualis, sed per suam substantiam; sicut et substantia corporalis non per aliquid additum substantiae est corporalis, sed secundum propriam substantiam. Non enim est alia forma per quam species differentiae praedicationem suscipit, ab ea per quam suscipit praedicationem generis, ut dictum est. Unde non oportet quod spiritualitati spiritualis substantiae subiiciatur aliquid sicut materia vel substitutum.

86. — *Tertia* vero ratio efficaciam non habet. Cum enim ens non univoce de omnibus praedicetur, non est requirendus

dieselbe Weise des Seins in allem zu sein, das als Sein bezeichnet wird; vielmehr hat einiges vollkommener, anderes weniger vollkommen am Sein teil. Denn das Hinzukommende (accidentia) wird nicht deshalb als Seiendes bezeichnet, weil es in sich selbst Sein hat, sondern weil sein Sein darin besteht, in einer Wesenheit (substantia) zu sein. Nun ist nicht in[77] allen Wesenheiten dieselbe Weise des Seins. Jene Wesenheiten, die am vollkommensten am Sein teilhaben, haben nämlich nichts in sich selbst, das nur ein in der Möglichkeit Seiendes ist; deshalb werden sie als nichtmaterielle Wesenheiten bezeichnet.

Unter (nach) ihnen gibt es jedoch Wesenheiten, die zwar in sich selbst eine solche Materie haben, die ihrem Wesen nach nur ein Seiendes in der Möglichkeit ist; dennoch wird die gesamte Möglichkeit dieser Wesenheiten durch die Form erfüllt, so daß in ihnen keine Möglichkeit zu einer anderen Form verbleibt. Daher sind sie unvergänglich – wie die himmlischen Körper, die notwendigerweise aus Materie und Form zusammengesetzt sind. Denn es ist deutlich, daß sie in Wirklichkeit (actus) existieren; andernfalls könnten sie nicht der Bewegung unterliegen, Gegenstand der sinnlichen Wahrnehmung oder Ursache irgendeiner Bewegung sein. Kein himmlischer Körper ist ausschließlich Form; wenn Himmelskörper nämlich Formen ohne Materie wären, so wären sie in Wirklichkeit erkennbare (denkbare) Wesenheiten und zugleich durch sich selbst erkennende (denkende) – das ist nicht möglich, weil das Denken keine Wirklichkeit (Tätigkeit: actus) des Körpers sein kann, wie in dem Buch des Aristoteles «Über die Seele» nachgewiesen wird. Es bleibt also übrig, daß sie aus Materie und Form zusammengesetzt sind; aber wie ein bestimmter Körper Träger (subiectum) einer bestimmten Größe und einer bestimmten Gestalt ist, so daß er nicht in der Möglichkeit zu einer anderen Größe oder

idem modus essendi in omnibus quae esse dicuntur; sed quaedam perfectius, quaedam imperfectius esse participant.

Accidentia enim entia dicuntur, non quia in se ipsis esse habeant, sed quia esse eorum est in hoc quod insunt substantiae. Rursumque substantiis omnibus non est idem modus essendi. Illae enim substantiae quae perfectissime esse participant, non habent in se ipsis aliquid quod sit ens in potentia solum: unde immateriales substantiae esse dicuntur.

Sub his sunt substantiae quae etiam in se ipsis huiusmodi materiam habent, quae secundum sui essentiam est ens in potentia tantum; tota tamen earum potentialitas completur per formam, ut in eis

non remaneat potentia ad aliam formam, unde et incorruptibiles sunt, sicut caelestia corpora, quae necesse est ex materia et forma composita esse. Manifestum est enim ea in actu existere; alioquin motus subiecta esse non possent, aut sensui subiacere, aut alicuius actionis esse principium. Nullum autem eorum est forma tantum: quia si essent formae absque materia, essent substantiae intelligibiles actu simul et intelligentes secundum se ipsas: quod esse non potest, cum intelligere actus corporis esse non possit, ut probatur in libro De Anima (¹). Relinquitur ergo quod sunt quidem ex materia et forma composita: sed sicut illud corpus ita est huic magnitudini et figurae determinatae subiectum, quod ta-

Gestalt ist: in derselben Weise ist die Materie der himmlischen Körper so Träger einer bestimmten Form, daß sie nicht in der Möglichkeit zu einer anderen Form ist.

Unter (nach) diesen Wesenheiten gibt es eine dritte Stufe von Wesenheiten, nämlich der vergänglichen Körper, die in sich selbst eine solche Materie haben, die nur ein Seiendes in der Möglichkeit ist. Jedoch wird nicht die gesamte Möglichkeit einer solchen Materie durch die *eine* Form erfüllt, deren Träger sie ist, so daß sie noch in der Möglichkeit zu anderen Formen bleibt.[78]

Dieser Verschiedenheit der Materie entsprechend ist bei den Körpern Feineres und Gröberes anzutreffen, wie denn die himmlischen Körper auch feiner und stärker formbezogen sind als die elementarischen. Und weil die Form der Materie entspricht, ist die Folge, daß die himmlischen Körper eine vortrefflichere und vollkommenere Form besitzen, da diese die gesamte Möglichkeit der Materie erfüllt. Deshalb wird bei den höheren Wesenheiten, denen die Möglichkeit der Materie gänzlich fremd ist, eine Verschiedenheit größerer und geringerer Feinheit angetroffen, die der Verschiedenheit bei der Vollkommenheit der Formen entspricht; jedoch gibt es bei den höheren Wesenheiten keine Zusammensetzung aus Materie und Form.

87. Das vierte Argument des Avicebron besitzt keine Gültigkeit. Denn es verhält sich nicht notwendigerweise so, daß sich die geistigen Wesenheiten nicht von Gott unterscheiden,[79] wenn sie frei von Materie sind. Obwohl nämlich bei ihnen die Möglichkeit der Materie aufgehoben ist, bleibt in ihnen eine gewisse Möglichkeit, insofern sie nicht das Sein selbst sind, sondern am Sein teilhaben. Denn[80] es kann nichts durch sich selbst Bestehendes (subsistens) geben, das das Sein selbst ist, außer allein dem Einen – wie auch eine Form nur

men non est in potentia ad aliam magnitudinem vel figuram: ita caelestium corporum materia est huic formae subiecta᷄ quod non est in potentia ad aliam formam.

Sub his vero substantiis est tertius substantiarum gradus, scilicet corruptibilium corporum, quae in se ipsis huiusmodi materiam habent, quae est ens in potentia tantum; nec tamen tota potentialitas huiusmodi materiae completur per formam unam cui subiicitur, quia remanet adhuc in potentia ad alias formas.

Et secundum hanc diversitatem materiae invenitur in corporibus subtilius et grossius prout caelestia corpora sunt subtiliora et magis formalia quam elementaria. Et quia forma proportionatur materiae, con-

sequens est quod caelestia corpora habeant nobiliorem formam et magis perfectam, utpote totam potentialitatem materiae adimplentem. In substantiis igitur superioribus, quibus est omnino potentia materiae aliena, invenitur quidem differentia maioris et minoris subtilitatis secundum differentiam perfectionis formarum, non tamen in eis est compositio materiae et formae.

87. — *Quarta* vero ratio efficaciam non habet. Non enim oportet ut si substantiae spirituales materia carent, quod ideo non distinguantur; sublata enim potentialitate materiae, remanet in eis potentia quaedam, inquantum non sunt ipsum esse, sed esse participant. Nihil autem per se subsistens, quod sit ipsum esse, poterit esse nisi unum

eine sein kann, wenn man sie [von der Materie] getrennt betrachtet. Daher verhält es sich so, daß das der Zahl nach Verschiedene der Art nach Eines ist, weil die Natur der Art – an sich betrachtet – *eine* ist.

Wie also die Art in der Betrachtung *eine* ist, wenn sie an sich betrachtet wird, so wäre sie dem Sein nach *eine*, sofern sie durch sich selbst existieren würde.[81] Dieselbe Begründung gilt für die Gattung im Verhältnis zur Art, bis man zu dem Sein selbst gelangt, das das Allgemeinste ist. Demnach ist das durch sich selbst bestehende Sein nur eines. Es ist also nicht möglich, daß es außer ihm ein Bestehendes gibt, das ausschließlich das Sein ist. Jedoch besitzt alles, was ist, das Sein. Also gibt es in allem außer dem Ersten sowohl das Sein selbst als Wirklichkeit (actus) als auch die Wesenheit des betreffenden Dinges, die als aufnehmende Möglichkeit dieser Seinswirklichkeit das Sein besitzt.[82]

88. Es könnte aber jemand einwenden: Was an etwas teilhat, besitzt dieses Etwas nicht an sich:[83] Beispielsweise ist die Oberfläche, die dazu veranlagt ist, an der Farbe teilzuhaben, an sich betrachtet weder Farbe noch gefärbt. Deshalb muß in ähnlicher Weise das am Sein Teilhabende ein Nichtseiendes sein. Was aber ein Seiendes in der Möglichkeit ist und am Seienden teilhat, nicht jedoch an sich Seiendes ist, das ist Materie,[84] wie oben dargestellt wurde. Also hat alles Materie, was nach dem ersten Seienden, dem Sein selbst, ist, weil es [lediglich] ein teilhabendes Seiendes ist.

Man muß aber beachten: Was vom ersten Seienden her am Sein teilhat, hat nicht einer *umfassenden* Weise des Seins entsprechend am Sein teil, wie dies in

solum; sicut nec aliqua forma, si separata consideretur, potest esse nisi una. Inde est enim quod ea quae sunt diversa numero, sunt unum specie, quia natura speciei secundum se considerata est una.

Sicut igitur est una secundum considerationem, dum per se consideratur, ita esset una secundum esse, si per se subsisteret vel existeret. Eademque ratio est de genere per comparationem ad species, quousque perveniatur ad ipsum esse quod est communissimum. Ipsum igitur esse per se subsistens est unum tantum. Impossibile est igitur quod praeter ipsum sit aliquid subsistens quod sit esse tantum. Omne autem quod est, esse habet. Est igitur in quocumque, praeter primum, et ipsum esse, tanquam actus; et substantia rei habens esse, tanquam rei potentia receptiva huius actus quod est esse.

88. — Potest autem quis dicere: Id quod participat esse secundum se, carens est illo; sicut superficies, quae nata est participare colorem, secundum se considerata, est non color et non colorata. Similiter igitur id quod participat esse, oportet esse non ens. Quod autem est in potentia eius, est participativum ipsius, non autem secundum se est ens. Sequitur ergo quod habeat materiam, quia ipsius esse receptiva est materia, ut supra dictum est. Sic igitur omne quod est post primum ens, quod est ipsum esse, cum sit participative ens, habet materiam.

Sed considerandum est, quod ea quae a primo ente esse participant, non participant esse secundum universalem modum essendi, secundum quod est in primo principio, sed particulariter secundum quem-

der ersten Ursache anzutreffen ist; vielmehr hat es entsprechend einer *bestimmten* Weise des Seins, die der betreffenden Gattung oder Art zukommt, ausschnitthaft am Sein teil. Ein jegliches Ding ist an *eine* bestimmte Weise des Seins angepaßt, entsprechend der Wesenheit (substantia) dieses Dinges. Die Weise einer jeglichen aus Materie und Form zusammengesetzten Wesenheit entspricht aber der Form, durch die sie zu einer bestimmten Art gehört. Also erhält ein aus Materie und Form zusammengesetztes Ding durch seine Form Anteil am Sein selbst, und zwar von Gott und entsprechend der für dieses Ding eigentümlichen Weise.

89. Bei einer aus Materie und Form zusammengesetzten Wesenheit ist demnach eine zweifache Hinordnung anzutreffen: zum einen diejenige der Materie zur Form, zum anderen diejenige des bereits [aus Materie und Form] zusammengesetzten Dinges zu dem Sein, an dem es teilhat. Das Sein des Dinges ist nämlich weder seine Form noch seine Materie, sondern etwas, das dem Ding durch die Form zukommt. Demnach hat die Materie – an sich betrachtet – bei aus Materie und Form zusammengesetzten Dingen ein Sein in der *Möglichkeit*, der Weise des Wesens (essentia) der Materie entsprechend; und dies ist der Materie infolge einer gewissen Teilhabe am ersten Seienden eigen. Ihr fehlt aber – an sich betrachtet – die Form, durch die sie in *Wirklichkeit* der ihr eigentümlichen Weise entsprechend am Sein teilhat. Das zusammengesetzte Ding – in seinem Wesen betrachtet – besitzt dagegen bereits eine Form[85]; aber es hat an dem ihm eigentümlichen Sein durch seine eigene Form teil.

Weil die Materie also das bestimmte wirkliche Sein durch die Form empfängt (und nicht umgekehrt), spricht nichts dagegen, daß es eine Form gibt, die das Sein in sich selbst und nicht in irgendeinem Träger (subiectum) empfängt: denn die Ursache hängt nicht von der Wirkung ab, sondern umgekehrt. Demnach

---

dam determinatum essendi modum qui convenit huic generi vel huic speciei. Unaquaeque autem res adaptatur ad unum determinatum modum essendi secundum modum suae substantiae. Modus autem uniuscuiusque substantiae compositae ex materia et forma, est secundum formam, per quam pertinet ad determinatam speciem. Sic igitur res composita ex materia et forma, per suam formam fit participativa ipsius esse a Deo secundum quemdam proprium modum.

89. — Invenitur igitur in substantia composita ex materia et forma *duplex* ordo: *unus* quidem ipsius materiae ad formam; *alius* autem ipsius rei iam compositae ad

esse participatum. Non enim est esse rei neque forma eius neque materia ipsius, sed aliquid adveniens rei per formam. Sic igitur in rebus ex materia et forma compositis, materia quidem secundum se considerata, secundum modum suae essentiae habet esse in potentia, et hoc ipsum est ei ex aliqua participatione primi entis; caret vero, secundum se considerata, forma, per quam participat esse in actu secundum proprium modum. Ipsa vero res composita in sui essentia considerata, iam habet formam esse; sed participat esse proprium sibi per formam suam.

Quia igitur materia recipit esse determinatum actuale per formam, et non e con-

hat eine durch sich selbst bestehende (subsistens) Form[86] in sich selbst am Sein
teil wie eine materielle Form an einem Träger. Wenn also dadurch, daß ich
«Nichtseiendes» sage, allein das Sein in der Wirklichkeit ausgeschlossen wird,
so ist die Form, an sich betrachtet, ein Nichtseiendes, aber sie hat am Sein teil.
Wenn der Begriff «Nichtseiendes» dagegen nicht allein das Sein in der Wirklichkeit, sondern auch die Wirklichkeit oder die Form ausschließt, durch die etwas
am Sein teilhat: in diesem Sinne ist die Materie kein Seiendes; die [in sich selbst]
bestehende Form aber ist dann *nicht* ein Nichtseiendes, sondern eine Wirklichkeit, die[87] eine an der letzten Wirklichkeit, dem Sein, teilhabende Form ist.

Somit wird deutlich, worin sich die Möglichkeit (potentia), die in den geistigen Wesenheiten besteht, von der Möglichkeit unterscheidet, die in der Materie
liegt. Denn die Möglichkeit der geistigen Wesenheit wird ausschließlich hinsichtlich ihrer Hinordnung auf das Sein in den Blick genommen, während die
Möglichkeit der Materie hinsichtlich der Hinordnung sowohl auf die Form als
auch auf das Sein betrachtet wird. Wenn aber jemand sagt, beide Möglichkei-
ten[88] seien Materie, so liegt auf der Hand, daß er in mehrdeutigem Sinn von
«Materie» spricht.

90. Die Widerlegung von Avicebrons fünftem Argument ergibt sich bereits
aus dem Dargelegten: Weil eine geistige Wesenheit nicht der Unendlichkeit
ihrer Allgemeinheit nach (wie es bei der ersten Ursache der Fall ist), sondern
der ihr eigentümlichen Art ihres Wesens nach am Sein teilhat, ist das Sein einer
geistigen Wesenheit ganz offenkundig nicht unbegrenzt, sondern begrenzt.
Gleichwohl wird diese Form nicht auf die Weise begrenzt, auf die die in der
Materie existierenden Formen begrenzt werden, denn die Form der geistigen
Wesenheit hat keinen Anteil an der Materie.

---

verso, nihil prohibet esse aliquam formam
quae recipiat esse in se ipsa, non in aliquo
subiecto: non enim causa dependet ab
effectu, sed potius e converso. Ipsa igitur
forma sic per se subsistens, esse participat
in se ipsa, sicut forma materialis in subiecto.
Si igitur per hoc quod dico: « non ens »,
removeatur solum esse in actu, ipsa forma
secundum se considerata, est non ens, sed
esse participans. Si autem « non ens » re-
moveat non solum ipsum esse in actu, sed
etiam actum seu formam, per quam aliquid
participat esse; sic materia est non ens,
forma vero subsistens non est non ens,
sed est actus, quae est forma participativa
ultimi actus, qui est esse.

Patet igitur in quo differt potentia quae
est in substantiis spiritualibus, a potentia
quae est in materia. Nam potentia substantiae spiritualis attenditur solum secundum
ordinem ipsius ad esse; potentia vero materiae secundum ordinem et ad formam et
ad esse. Si quis autem utrumque materiam
esse dicat, manifestum est quod aequivoce
materiam nominabit.

90. — *Quintae* vero rationis solutio iam
ex dictis apparet. Quia enim substantia
spiritualis esse participat non secundum
suae communitatis infinitatem, sicut est in
primo principio, sed secundum proprium
modum suae essentiae, manifestum est
quod esse eius non est infinitum, sed fi-
nitum. Quia tamen ipsa forma non est
participata in materia, ex hac parte non

91. Es zeigt sich also eine gewisse Abstufung der Unbegrenztheit in den Dingen. Denn die materiellen Wesenheiten sind in zweifacher Weise begrenzt: auf der Seite der Form, die in die Materie aufgenommen wird, und auf der Seite des Seins selbst, an dem eine Wesenheit auf die ihr eigentümliche Weise teilhat, und sie existiert gleichsam oben und unten begrenzt. Eine geistige Wesenheit ist dagegen oben begrenzt, insofern sie von der ersten Ursache her am Sein auf die ihr eigentümliche Weise teilhat; sie ist aber unten unbegrenzt,[89] insofern sich ihre Teilhabe nicht in einem Träger (subiectum) vollzieht. Die erste Ursache aber, also Gott, ist in jeder Hinsicht unbegrenzt.

finitur per modum quo finiuntur formae in materia existentes.

91. — Sic igitur apparet gradus quidam infinitatis in rebus. Nam materiales substantiae finitae quidem sunt *dupliciter:* scilicet *ex parte formae,* quae in materia recipitur, et *ex parte ipsius esse,* quod participat secundum proprium modum, quasi superius et inferius finita existens. Substantia vero spiritualis est quidem *finita superius,* inquantum a primo principio participat esse secundum proprium modum; est autem aliquo modo *infinita inferius,* inquantum non participatur in subiecto. Primum vero principium, quod Deus est, est *omnibus modis infinitum.*

IX

VOM IRRTUM DERER, DIE LEHREN, DIE ENGEL SEIEN NICHT GESCHAFFEN, UND SEINE WIDERLEGUNG[90]

92. Wie die geschilderte Ansicht des Avicebron im Hinblick auf die Beschaffenheit der geistigen Wesenheiten von der Lehre Platons und des Aristoteles abweicht, indem sie den geistigen Wesenheiten die Einfachheit des Nichtmateriellseins nimmt, so gibt es auch gewisse Autoren, die im Hinblick auf die Seinsweise[91] der geistigen Wesenheiten abgewichen sind, indem sie deren Herkunft vom ersten und höchsten Schöpfer aufhoben.

Dabei trifft man auf verschiedene Menschen, die in dreifacher Hinsicht irrten. Erstens[92] lehrten einige, die genannten Wesenheiten hätten überhaupt keine Ursache ihres Seins. Andere dagegen[93] lehrten, diese Wesenheiten hätten zwar eine Ursache des Seins, jedoch würden sie nicht alle unmittelbar aus der höchsten und ersten Ursache hervorgehen, sondern die niedrigeren von ihnen hätten den Ursprung des Seins in einer bestimmten geordneten Reihenfolge von den höheren. Wieder andere Denker gestehen allerdings zu, daß alle diese Wesenheiten den Ursprung des Seins unmittelbar von der ersten Ursache haben; aber bei dem übrigen, was von ihnen ausgesagt wird – beispielsweise daß sie lebendig sind, daß sie erkennen und ähnliches – verhalte es sich so, daß die höheren Wesenheiten die Ursachen für die niedrigeren seien.

Caput 9.

OPINIONES DICENTIUM SUBSTANTIAS IMMATERIALES CAUSAM SUI ESSE NON HABERE, ET EARUM REPROBATIO.

92. — Sicut autem praedicta positio circa conditionem spiritualium substantiarum a sententia Platonis et Aristotelis deviat, eis immaterialitatis simplicitatem auferens; ita et circa modum existendi ipsarum aliqui a veritate deviasse inveniuntur, auferentes earum originem a primo et summo auctore.

In quo inveniuntur diversi homines *tri-pliciter* errasse. *Quidam* enim posuerunt praedictas substantias omnino causam sui esse non habere. *Quidam* posuerunt eas quidem essendi causam habere, non tamen immediate omnes eas procedere a summo et primo principio, sed quadam serie ordinis inferiores earum a superioribus essendi originem habere. *Alii* vero confitentur omnes quidem huiusmodi substantias immediate essendi habere originem a primo principio, sed in ceteris quae de eis dicuntur, puta quod sunt viventes, intelligentes et alia huiusmodi, superiores inferioribus causas existere.

93. Erstens ist man also der Ansicht, die geistigen Wesenheiten seien gänzlich unerschaffen.[94] Diese Auffassung leiten solche Autoren von denjenigen Dingen ab, die der Materie entsprechend verursacht werden, wobei sie den allgemeinen physikalischen Grundsatz der Philosophen zum Prinzip erheben: Aus nichts ensteht[95] nichts. Es scheint dasjenige zu entstehen, das eine Ursache seines Seins hat. Was immer also eine Ursache seines Seins hat, das muß aus einem anderen entstehen. Dasjenige aber, aus dem etwas entsteht, ist die Materie. Wenn also die geistigen Wesenheiten keine Materie besitzen, so scheint daraus zu folgen, daß sie überhaupt keine Ursache ihres Seins haben.

Außerdem: Entstehen ist ein gewisses Bewegt– oder Verändertwerden. Es muß aber für jede Veränderung und Bewegung einen Träger (subiectum) geben; die Bewegung ist nämlich eine Tätigkeit (actus) von etwas in der Möglichkeit (potentia) Existierendem. Deshalb muß für jedes Entstehende ein Träger vorherexistieren. Also können die geistigen Wesenheiten nicht erschaffen sein, wenn sie nichtmateriell sind.

Ebenso: Bei jedem beliebigen Erschaffen bleibt nichts zu Erschaffendes übrig, wenn das letzte Erschaffenwordensein erreicht ist – wie auch nach dem letzten Bewegtwordensein kein Bewegtwerden übrigbleibt. Wir sehen aber bei Dingen, die hervorgebracht werden, daß jedes von ihnen dann als hergestellt bezeichnet wird – in dem Sinne, daß die Herstellung abgeschlossen ist –, wenn es die Form erhält: die Form ist nämlich der Abschluß des Hervorbringens. Nach der Annahme der Form bleibt also nichts übrig, das noch entstehen müßte. Wenn demnach ein Seiendes die Form hat, so *entsteht* es nicht, sondern es *ist* seiner Form entsprechend ein Seiendes.[96] Wenn also etwas durch sich selbst Form ist, so entsteht es nicht als Seiendes. Die geistigen Wesenheiten sind

---

93. — *Primum* quidem igitur spirituales substantias omnino incausatas esse existimant, huiusmodi opinionem sumentes ex his quae secundum materiam causantur, utentes communi suppositione naturali philosophorum pro principio: ex nihilo nihil fieri. Hoc autem videtur fieri quod habet causam sui esse. Quidquid igitur sui esse causam habet, oportet illud ex alio fieri. Hoc autem ex quo aliquid fit, est materia. Si igitur spirituales substantiae materiam non habent, consequens videtur eas omnino causam sui esse non habere.

Rursus. Fieri, moveri quoddam est, vel mutari. Mutationis autem omnis et motus subiectum aliquod esse oportet; est enim motus actus existentis in potentia. Oportet igitur omni ei quod fit subiectum, aliquid praeexistere. Spirituales igitur substantiae, si immateriales sunt, factae esse non possunt.

Item. In qualibet factione cum pervenitur ad factum esse ultimum, non remanet aliquid fieri: sicut nec post ultimum motum esse, remanet moveri. Videmus autem in his quae generantur, quod unumquodque eorum tunc factum esse dicitur quasi terminata factione, quando accipit formam: est enim forma generationis terminus. Adepta igitur forma, non restat aliquid fiendum. Habens igitur formam non fit ens secundum suam formam ([1]). Si igitur aliquid sit secundum se forma, hoc non fit ens. Spirituales autem substantiae sunt quaedam formae subsistentes, ut ex

aber gleichsam Formen, die Bestand haben (subsistentes), wie sich aus dem zuvor Dargelegten ergibt. Also haben die geistigen Wesenheiten keine Ursache ihres Seins in dem Sinne, als seien sie von einem anderen geschaffen.

Man könnte mit demselben Ziel auch von Aristoteles' und Platons Auffassungen ausgehend argumentieren; sie lehrten, daß solche Wesenheiten ewig seien. Kein Ewiges scheint aber geschaffen zu sein, weil ein Seiendes aus einem Nichtseienden entsteht, wie beispielsweise das Weiße aus dem Nichtweißen. Daraus scheint zu folgen, daß das, was entsteht, vorher nicht gewesen ist. Wenn die geistigen Wesenheiten ewig sind, scheint demnach zu folgen, daß sie nicht geschaffen sind und daß sie keinen Anfang und keine Ursache ihres Seins haben.

94. Wenn man jedoch richtig[97] überlegt, so wird man herausfinden, daß diese Auffassung und die zuvor beschriebene, die den geistigen Wesenheiten Materie zuschreibt, aus derselben Wurzel hervorgehen. Die weiter oben dargestellte Ansicht ist nämlich daraus hervorgegangen, daß Avicebron, unfähig, eine bildhafte Vorstellungsweise zu überschreiten, annahm, die geistigen Wesenheiten seien gleichen Wesens wie materielle Wesenheiten, die sinnlich wahrgenommen werden.[98] Ebenso scheint auch die zuletzt besprochene Auffassung daraus hervorzugehen, daß sich der Geist nicht dazu erheben kann, eine andere Weise der Verursachung zu betrachten als diejenige, die auf materielle Dinge zutrifft. Die menschlichen Fähigkeiten sind nämlich offenbar nur langsam bei der Erforschung des Ursprungs der Dinge vorangekommen.

Am Anfang meinten die Menschen, der Ursprung der Dinge bestehe nur in einer äußeren Veränderung; damit meine ich einen äußeren Ursprung, der durch hinzukommende (accidentales) Veränderungen entsteht. Denn die

---

praemissis manifestum est. Non igitur spirituales substantiae sui esse causam habent, quasi ab alio factae.

Posset *etiam* aliquis ad hoc argumentari ex opinionibus Aristotelis et Platonis, qui huiusmodi substantias ponunt esse sempiternas. Nullum autem sempiternum videtur esse factum, quia ens fit ex non ente, sicut album ex non albo; unde videtur consequens ut quod fit, prius non fuerit. Sic igitur consequens est, si spirituales substantiae sunt sempiternae, quod non sint factae, nec habeant sui esse principium et causam.

94. — Sed si quis diligenter consideret, ab eadem radice inveniet hanc opinionem procedere, et praedictam, quae materiam spiritualibus substantiis adhibet. Processit enim supradicta opinio ex hoc quidem quod spirituales substantias eiusdem rationis esse existimavit cum materialibus substantiis, quae sensu percipiuntur: quod est eorum qui imaginationem transcendere non valent. Sic et ista opinio ex hoc videtur procedere quod elevari non potest intellectus ad intuendum alium modum causandi quam istum qui convenit materialibus rebus. Paulatim enim humana ingenia processisse videntur ad investigandam rerum originem.

Primo namque in sola exteriori mutatione, rerum originem consistere homines aestimaverunt. Dico autem exteriorem originem, quae fit secundum accidentales transmutationes. *Primi* enim *philosophantes*

ersten, die über die Natur der Dinge philosophierten,[99] lehrten, das Entstehen sei nichts anderes als ein Verändertwerden – so daß die Wesenheit (substantia) der Dinge, die sie als Materie bezeichneten, der gänzlich unverursachte erste Ursprung ist. Sie waren nämlich nicht in der Lage, im Geiste zu der Unterscheidung zwischen Wesenheit und Hinzukommendem (substantia et accidens) überzugehen.

Andere drangen dagegen ein wenig weiter vor und forschten auch nach dem Ursprung von Wesenheiten; sie lehrten, daß einige Wesenheiten (substantiae) eine Ursache ihres Seins besäßen. Weil sie aber außer Körpern nichts mit dem Geist wahrnehmen konnten, führten sie zwar körperliche Wesenheiten auf bestimmte Ursachen zurück, aber auf körperliche, und sie lehrten, aus der Vereinigung von Körpern würde anderes entstehen, als würde der Ursprung der Dinge allein aus Vereinigung und Trennung bestehen.

Spätere Philosophen gingen so vor,[100] daß sie die sinnlich wahrnehmbaren Wesenheiten (substantiae) auf die Bestandteile des Wesens (essentia), nämlich Materie und Form, zurückführten. Und so verlegten sie das Entstehen der natürlichen Dinge in eine gewisse Veränderung, da die Materie abwechselnd Träger unterschiedlicher Formen ist.

Jedoch ist es der Lehre Platons und Aristoteles' zufolge notwendig, über diese Weise des Entstehens hinaus noch eine andere und höhere anzunehmen. Weil nämlich die erste Ursache notwendigerweise das Einfachste ist, muß man annehmen, daß sie nicht als ein teilhabendes Sein existiert, sondern als das Sein selbst. Weil aber das beständige (subsistens) Sein nichts anderes sein kann als Eines, wie oben dargelegt wurde, so muß alles, was unter ihm existiert, als teilhabendes Sein existieren. Deshalb muß es eine gemeinsame Lösung bei allen

de naturis, fieri rerum statuerunt non esse aliud quam alterari; ita quod id quod est rerum substantia, quam materiam nominabant, sit principium primum penitus non causatum. Non enim distinctionem substantiae et accidentis intellectu transcendere poterant.

Alii vero aliquantulum ulterius procedentes, etiam ipsarum substantiarum originem investigaverunt, ponentes aliquas substantias causam sui esse habere. Sed quia nihil praeter corpora mente percipere poterant, resolvebant quidem substantias in aliqua principia, sed corporalia, ponentes ex quibusdam corporibus congregatis alia fieri, ac si rerum origo in sola congregatione et segregatione consisteret.

Posteriores vero philosophi ulterius processerunt, resolventes sensibiles substantias in partes essentiae, quae sunt materia et forma: et sic fieri rerum naturalium in quadam transmutatione posuerunt, secundum quod materia alternatim diversis formis subiicitur.

Sed ultra hunc modum fiendi necesse est, secundum sententiam Platonis et Aristotelis, ponere alium altiorem. Cum enim necesse sit primum principium simplicissimum esse, necesse est quod non hoc modo esse ponatur quasi esse participans, sed quasi ipsum esse existens. Quia vero esse subsistens non potest esse nisi unum, sicut supra habitum est, necesse est omnia alia quae sub ipso sunt, sic esse quasi esse

solchen Dingen geben, weil ja ein jedes Ding geistig auf das zurückgeführt wird, was es ist, und in sein Sein. Daher muß man über der Weise des Entstehens, in der etwas entsteht, indem zur Materie die Form hinzukommt, einen anderen Ursprung der Dinge denken, da das Sein dem gesamten Universum der Dinge von einem ersten Sein her zugeschrieben wird, das sein eigenes Sein ist.

95. Ferner: In jeder Ordnung von Ursachen existiert die allgemeine Ursache notwendigerweise vor der besonderen, denn die besonderen Ursachen sind ausschließlich in der Kraft der allgemeinen Ursachen tätig. Es ist aber deutlich, daß jede Ursache, die etwas durch eine Bewegung bewirkt, eine besondere Ursache ist, denn sie hat eine besondere Wirkung. Jede Bewegung verläuft nämlich von etwas Bestimmtem zu etwas Bestimmtem hin, und jede Veränderung ist das Ende einer Bewegung. Deshalb muß es über der Weise des Entstehens, in der etwas durch eine Veränderung oder Bewegung entsteht, eine Weise des Entstehens oder einen Ursprung der Dinge ohne jegliche Veränderung und ohne Bewegung, sondern durch Einfließen des Seins geben.

96. Ebenso: Man muß das durch Hinzukommendes (per accidens) Seiende auf das durch sich selbst Seiende zurückführen. In allem durch Veränderung oder Bewegung Entstehenden[101] entsteht aber dieses oder jenes durch sich Seiende. Dagegen entsteht das Sein, insgesamt betrachtet, durch Hinkommendes (per accidens); denn es entsteht nicht aus dem Nichtseienden, sondern aus dem nicht *dieses* Seienden. Um das Beispiel des Aristoteles zu verwenden: Wenn ein Hund aus einem Pferd entsteht, so entsteht ein Hund durch sich selbst, aber es entsteht nicht ein Tier durch sich selbst, sondern durch Hinzu-

participantia. Oportet igitur communem quamdam resolutionem in omnibus huiusmodi fieri, secundum quod unumquodque eorum intellectu resolvitur in id quod est, et in suum esse. Oportet igitur supra modum fiendi quo aliquid fit, forma materiae adveniente, praeintelligere aliam rerum originem, secundum quod esse attribuitur toti universitati rerum a primo ente, quod est suum esse.

95. — *Rursus.* In omni causarum ordine necesse est universalem causam particulari praeexistere. Nam causae particulares non agunt nisi in universalium causarum virtute. Manifestum est autem quod omnis causa per motum aliquid faciens, particularis causa est, habet enim particularem effectum; est enim omnis motus ex hoc de-

terminato in illud determinatum, omnisque mutatio motus cuiusdam terminus est. Oportet igitur supra modum fiendi quo aliquid fit per mutationem vel motum, esse aliquem modum fiendi seu originem rerum absque omni mutatione vel motu per influentiam essendi.

96. — *Item.* Necesse est quod per accidens est, in id reduci quod per se est. In omni autem factione quae fit per motum vel mutationem, fit quidem hoc vel illud ens per se, ens autem communiter sumptum per accidens fit; non enim fit ex « non-ente » sed ex « non-ente-hoc »; ut si canis ex equo fiat, ut Aristotelis exemplo utamur, fit quidem canis per se, non autem fit animal per se, sed per accidens, quia animal erat prius. Oportet igitur ori-

kommendes (per accidens), weil das Tier bereits vorher existierte. Man muß daher einen Ursprung in den Dingen annehmen, dem entsprechend das Sein, insgesamt betrachtet, durch sich selbst den Dingen zugeteilt wird – das übertrifft jede Veränderung und Bewegung.

97. Zudem: Wer die Ordnung der Dinge betrachtet, wird stets finden, daß das im höchsten Maß[102] Seiende die Ursache derjenigen Dinge ist, die nach ihm kommen. So ist beispielsweise das Feuer als das wärmste [Element] die Ursache der Wärme in den übrigen Elementarkörpern. Nun ist der erste Ursprung, den wir als Gott bezeichnen, das im höchsten Maß Seiende. In der Ordnung der Dinge darf man nämlich nicht ins Unendliche fortschreiten[103], sondern man muß zu etwas Höchstem gelangen, weil[104] es besser ist, Eines zu sein als mehrere. Was aber im Universum besser ist, muß notwendigerweise sein, denn das Universum hängt vom Wesen der Gutheit Gottes ab. Also muß das erste Seiende die Ursache des Seins für alle Dinge sein.

98. Nach dieser Betrachtung können die genannten Argumente[105] leicht widerlegt werden. Was die alten Naturphilosophen als Grundsatz annahmen – aus Nichts entstehe nichts –, das ergab sich, weil sie nur zu einer einseitigen Weise des Entstehens gelangen konnten: zu derjenigen durch Veränderung oder Bewegung.

Von dieser Art des Entstehens ging auch das zweite Argument aus. Bei Dingen, die durch Veränderung oder Bewegung entstehen, wird nämlich dem Werden ein Träger (subiectum) vorangestellt; dagegen wird bei der höchsten Weise des Entstehens, die sich durch das Einfließen des Seienden vollzieht, dem Werden kein Träger vorangestellt. Denn dieser Weise des Werdens entsprechend ist das Werden für den Träger die Teilhabe des Trägers am Sein durch das Einfließen eines höheren Seienden.

---

ginem quamdam in rebus considerari, secundum quam ipsum esse communiter sumptum per se attribuitur rebus, quod omnem mutationem et motum transcendat.

97. — *Adhuc.* Si quis ordinem rerum consideret, semper inveniet id quod est maximum causam esse eorum quae sunt post ipsum; sicut ignis, qui est calidissimus, causa est caliditatis in ceteris elementatis corporibus. Primum autem principium, quod Deum dicimus, est maxime ens. Non enim est ire in infinitum in rerum ordine, sed ad aliquid summum devenire, quod melius est esse unum quam plura. Quod autem in universo melius est, ne-

cesse est esse, quia universum dependet ex essentia bonitatis eius. Necesse est igitur primum ens esse causam essendi omnibus.

98. — His autem visis, facile est solvere rationes.

Quod enim antiqui Naturales quasi principium supposuerunt, ex nihilo nihil fieri, ex hoc processit quia solum ad particularem fiendi modum pervenire potuerunt, qui est per mutationem vel motum.

De quo etiam fiendi modo *secunda* ratio procedebat. In his enim quae fiunt per mutationem vel motum, subiectum factioni praesupponitur; sed in supremo modo fiendi, qui est per essendi influxum, nullum

In ähnlicher Weise geht auch das dritte Argument von der Weise des Entstehens aus, die sich durch Veränderung oder [106] Bewegung vollzieht. Wenn nämlich die Form erreicht ist, bleibt nichts von der Bewegung übrig. Dennoch muß man verstehen, daß das hervorgebrachte Ding durch die Form von der allgemeinen Ursache des Seins her am Sein teilhat. Die Ursachen, die zu bestimmten Formen führen, sind nämlich nur insofern Ursachen des Seins, als sie in der Kraft der ersten und allgemeinen Ursache des Seins wirken.

99. Auch das vierte Argument geht auf dieselbe Weise von Dingen aus, die durch Bewegung oder Veränderung entstehen und bei denen es sich notwendigerweise so verhält, daß das Nichtsein dem Sein der entstehenden Dinge vorangeht, weil ihr Sein das Ende der Veränderung oder Bewegung ist. Dagegen kann bei Dingen, die ohne Veränderung oder Bewegung durch einfaches Ausströmen (emanatio) oder Einfließen (influxus) entstehen, angenommen werden, daß etwas entstanden ist, ohne daß es einmal nicht war. Hebt man nämlich die Veränderung oder Bewegung auf, so findet sich in der Tätigkeit der einfließenden Ursache (principium) keine Abfolge des Früheren und Späteren. Daher verhält sich die durch ein Einfließen verursachte Wirkung zu der einfließenden Ursache, solange sie tätig ist, notwendigerweise so, wie sich bei Dingen, die durch eine Bewegung entstehen, die Wirkung am Ende der mit der Bewegung bestehenden Tätigkeit zu der tätigen Ursache verhält. Dann ist die Wirkung bereits vorhanden. Deshalb wird bei Dingen, die ohne Bewegung entstehen, notwendigerweise zugleich mit dem Einfließen der tätigen Ursache[107] die Wirkung selbst hervorgebracht.

Wenn aber die Tätigkeit der einfließenden [Ursache] ohne Bewegung

---

subiectum factioni praesupponitur, quia hoc ipsum est subiectum fieri secundum hunc factionis modum, quod est subiectum esse participare per influentiam superioris entis.

Similiter etiam *tertia* ratio de hoc modo fiendi procedit qui est per mutationem et motum. Cum enim ad formam perventum fuerit, nihil de motu restabit. Oportet enim intelligere quod per formam res generata esse participet ab universali essendi principio. Non enim causae agentes ad determinatas formas sunt causae essendi nisi inquantum agunt in virtute primi et universalis principii essendi.

99. — *Quarta* etiam ratio eodem modo procedit de his quae fiunt per motum vel mutationem, in quibus necesse est ut non esse praecedat esse eorum quae fiunt, quia

eorum esse est terminus mutationis vel motus. In his autem quae fiunt absque mutatione vel motu per simplicem emanationem seu influxum, potest intelligi aliquid esse factum praeter hoc quod quandoque non fuerit. Sublata enim mutatione vel motu non invenitur in actione influentis principii, prioris et posterioris successio. Unde necesse est ut sic se habeat effectus per influxum causatus ad causam influentem quamdiu agit, sicut in rebus quae per motum fiunt, se habet effectus ad causam agentem in termino actionis cum motu existentis. Tunc autem effectus iam est. Necesse est igitur ut in his quae absque motu fiunt, simul cum agentis influxu sit ipse effectus productus.

Si autem actio influentis sine motu exti-terit, non accedit agenti dispositio ut post-

geschieht, so kommt der tätigen [Ursache dadurch] keine Veranlagung zu, so daß sie daraufhin tätig sein könnte, während sie vorher dazu nicht in der Lage war – denn dies wäre bereits eine Veränderung. Sie konnte deshalb in dem Einfließen stets tätig sein – daher kann auch die hervorgebrachte Wirkung als immer schon vorhanden betrachtet werden. Dies wird in gewisser Weise an körperlichen Dingen deutlich. In der Luft wird nämlich Licht ohne irgendeine vorangehende Veränderung der Luft hervorgebracht, wenn ein leuchtender Körper vorhanden ist. Wenn daher der leuchtende Körper immer in der Luft vorhanden gewesen wäre, so würde die Luft immer schon von ihm Licht erhalten.

100. Deutlicher tritt dies jedoch an geistigen Dingen zutage, die weiter von der Bewegung entfernt sind. So ist etwa die Wahrheit der Begründungen (principii) die Ursache der Wahrheit in stets wahren Schlußfolgerungen. Denn es gibt Notwendiges, das die Ursache seiner Notwendigkeit in sich enthält, wie Aristoteles im fünften Buch der «Metaphysik» und im achten Buch der «Physik» sagt. Man darf also nicht annehmen, Platon und Aristoteles hätten den nichtmateriellen Wesenheiten[108] oder auch den Himmelskörpern eine Ursache des Seins abgesprochen, weil sie lehrten, diese hätten immer schon existiert. Denn Platon und Aristoteles weichen nicht darin von der Lehre des katholischen Glaubens ab, daß sie diese Wesenheiten für unerschaffen halten, sondern weil sie lehren,[109] diese Wesenheiten hätten immer schon existiert – davon nimmt der katholische Glaube das Gegenteil an.

Denn obgleich der Ursprung solcher Wesenheiten[110] ohne Bewegung von einer unbeweglichen Ursache herstammt, so ist ihr Sein dennoch nicht notwendigerweise ewig. Aus einem jeglichen Tätigen geht nämlich die Wirkung in Entsprechung zur Weise seines Seins hervor. Das Sein der ersten Ursache ist

---

modum possit agere, cum prius non potuerit, quia iam haec mutatio quaedam esset. Potuit igitur semper agere influendo; unde et effectus productus intelligi potest semper fuisse.

Et hoc quidem aliqualiter apparet in corporalibus rebus. Ad praesentiam enim corporis illuminantis producitur lumen in aëre absque aliqua aëris transmutatione praecedente: unde si (¹) corpus illuminans aëri praesens semper fuisset, semper ab ipso aër lumen haberet.

100. — Sed expressius (²) hoc videtur i ι intellectualibus rebus, quae sunt magis remotae a motu. Est enim principiorum veritas causa veritatis in conclusionibus semper veris. Sunt enim quaedam necessaria quae causam suae necessitatis habent, ut etiam Aristoteles dicit in quinto Metaphysicae (³), et in octavo Physicorum (⁴). Non ergo aestimandum est quod Plato et Aristoteles, propter hoc quod posuerunt substantias materiales seu etiam caelestia corpora semper fuisse, eis subtraxerint causam essendi.

Non enim in hoc a sententia catholicae fidei deviat, quod huiusmodi posuerunt ea semper fuisse, cuius contrarium fides catholica tenet. Non enim est necessarium quod quamvis origo sit ab immobili principio absque motu, quod eorum esse sit sempiternum. A quolibet enim agente pro-

aber ihr Denken und Wollen. Also geht die Gesamtheit der Dinge aus der ersten Ursache als einem Denkenden und Wollenden hervor. Einem Denkenden und Wollenden aber kommt es zu, etwas nicht aus Notwendigkeit hervorzubringen, wie es selbst ist, sondern wie es will und auch denkt. Im Geist des ersten Denkenden ist aber jede Weise des Seins inbegriffen, ebenso jedes Maß der Ausdehnung und der Dauer. Wie [die erste Ursache] also den Dingen nicht dieselbe Weise des Seins verliehen hat, in der sie selbst existiert, und die Ausdehnung der Körper in ein bestimmtes Maß einschloß,[111] während in ihrer Macht, wie auch in ihrem Geist, alle Maße enthalten sind – so hat sie den Dingen auch ein solches Maß der Dauer gegeben, wie sie wollte, nicht aber wie sie selbst hat.

Deshalb wird die Ausdehnung der Körper in ein solches bestimmtes Maß eingeschlossen: nicht weil die Tätigkeit der ersten Ursache auf dieses Maß der Ausdehnung beschränkt wäre, sondern weil sich ein *solches* Maß der Ausdehnung in der Wirkung ergibt, wie es der ursächliche Geist vorgeschrieben hat. Ebenso ergibt sich aus der Tätigkeit des ersten Tätigen auch ein bestimmtes Maß der Dauer, weil es der göttliche Geist so vorschreibt: nicht etwa weil [die erste Ursache] selbst aufeinanderfolgender Dauer unterliegen würde, so daß sie jetzt etwas wollte oder täte, das sie zuvor nicht gewollt hätte, sondern weil die gesamte Dauer der Dinge in ihrem Geist und ihre Kraft einbegriffen ist, so daß sie den Dingen dasjenige Maß der Dauer von Ewigkeit her bestimmt, das sie will.

cedit effectus secundum modum sui esse. Esse autem primi principii est eius intelligere et velle. Procedit igitur universitas rerum a primo principio sicut ab intelligente et volente. Intelligentis autem et volentis est producere aliquid non quidem ex necessitate, sicut ipsum est, sed sicut vult et etiam intelligit. In intellectu autem prim: intelligentis comprehenditur omnis modus essendi, et omnis mensura quantitatis et durationis. Sicut igitur non eumdem modum essendi rebus indidit quo ipsum existit, corporumque quantitatem sub determinata mensura conclusit, cum in eius potestate, sicut et in intellectu, omnes mensurae contineantur; ita etiam dedit rebus talem durationis mensuram qualem voluit, non qualem ipsum habet.

Sicut igitur corporum quantitas sub tali determinata mensura concluditur, non quia actio primi principii ad hanc mensuram quantitatis determinetur, sed quia talis mensura quantitatis sequitur in effectu, qualem intellectus primae causae praescripsit: ita etiam ex actione primi agentis consequitur determinata durationis mensura ex intellectu divino eam praescribente: non quasi ipse subiaceat successivae durationi, ut nunc velit aut agat aliquid quod prius noluerit, sed quia tota rerum duratio sub eius intellectu et virtute concluditur, ut determinet rebus ab aeterno mensuram durationis quam velit.

X

DIE LEHRE DES AVICENNA
VOM AUSFLIESSEN DER DINGE
AUS DER ERSTEN URSACHE
UND IHRE WIDERLEGUNG

101. Andere Philosophen, die dies und ähnliches in Erwägung ziehen, gestehen zwar zu, daß alles den Ursprung des Seins von der ersten und höchsten Ursache der Dinge erhalte, die wir als Gott bezeichnen – jedoch nicht unmittelbar, sondern in einer bestimmten Reihenfolge. Diese Denker sind der Ansicht, daß aus der ersten Ursache der Dinge nur Eines hervorgehe, weil die erste Ursache gänzlich Eines und einfach ist. Obgleich dieses [hervorgehende Eine] einfacher und in höherem Maße Eines ist als die übrigen, niedrigeren Dinge, so fällt es doch gegenüber der Einfachheit der ersten Ursache ab, insofern es nicht sein eigenes Sein *ist;* vielmehr ist es eine Wesenheit, die das Sein hat. Diese Wesenheit bezeichneten sie als *erstes Geistwesen* (intelligentia prima), und sie lehren, aus diesem könne bereits mehreres hervorgehen.

Sie meinen, aus diesem ersten Geistwesen gehe das *zweite Geistwesen* (intelligentia secunda) hervor, insofern sich das erste Geistwesen der Erkenntnis seiner einfachen und ersten Ursache zuwendet. Wenn es sich aber selbst im Hinblick darauf erkennt, was als Geistigkeit (intellectualitas) in ihm ist, bringt es die *Seele der ersten Himmelsphäre* hervor. Wenn es dagegen sich selbst im Hinblick darauf erkennt, was der Möglichkeit (potentia) nach in ihm ist, so geht der *erste*

Caput 10.

<small>Opinio Avicennae de fluxu rerum a primo principio mediantibus angelis, cum sua reprobatione.</small>

101. — Hoc igitur et huiusmodi alii considerantes asserunt quidem omnia essendi originem trahere a primo et summo rerum principio, quem dicimus Deum; non tamen immediate, sed ordine quodam.

Cum enim primum rerum principium sit penitus unum et simplex, non aestimaverunt quod ab eo procederet nisi unum.

Quod quidem etsi ceteris rebus inferioribus simplicius sit et magis unum, deficit tamen a primi simplicitate, inquantum ipsum non est suum esse, sed est substantia habens esse: et hanc nominant *intelligentiam primam,* a qua quidem iam dicunt plura posse procedere.

Nam secundum quod convertitur ad intelligendum suum simplex et primum principium, dicunt quod ab ea procedit *intelligentia secunda.* Prout vero se ipsam intelligit, secundum id quod est intellectualitatis in ea, producit *animam primi orbis.* Prout vero intelligit se ipsam quantum ad

Körper aus ihm hervor. Auf diese Weise bestimmen einige Philosophen das Hervorgehen aus der ersten Ursache durch eine Reihenfolge bis zu den letzten Körpern der Dinge.[112] – Dies ist die Auffassung des Avicenna, und sie wird offenbar auch in dem Buch «Über die Ursachen»[113] vorausgesetzt.

102. Es ist klar, daß dieser Auffassung schon auf den ersten Blick widersprochen werden kann.[114] Denn das Gute des Gesamten (bonum universi) ist vorzüglicher als das Gute einer jeglichen einzelnen Natur. Wenn jemand die Vollkommenheit der Wirkung nicht der Absicht des Handelnden zuschreibt, so zerstört er das Wesen des Guten in den einzelnen Wirkungen der Natur und der Kunst, da das Wesen des Guten und des Zweckes dasselbe ist. Deshalb widersprach Aristoteles der Meinung der alten Naturphilosophen, die lehrten, die natürlicherweise hervorgebrachten Formen der Dinge und anderes natürliches Gutes seien nicht von der Natur beabsichtigt; vielmehr würden sie aus der Notwendigkeit der Materie hervorgehen. Und es ist noch viel weniger sinnvoll [anzunehmen], das Gute des Gesamten gehe nicht aus der Absicht des allesumfassenden Handelnden, sondern aus irgendeiner Notwendigkeit in der Reihenfolge (Ordnung) der Dinge hervor.

Wenn aber das Gute des Gesamten, das in der Unterscheidung und Reihenfolge (Ordnung) der Teile besteht, aus der Absicht des ersten und allesumfassenden Handelnden hervorgeht, so muß diese Unterscheidung und Reihenfolge der Teile des Ganzen auch im Geist der ersten Ursache vorherexistieren. Und weil die Dinge aus der ersten Ursache als einer geistigen Ursache hervorgehen, die in Entsprechung zu geistig vorgefaßten Formen handelt, so ist es nicht notwendig anzunehmen, aus der ersten Ursache gehe nur Eines hervor, sofern[115] sie in ihrem Wesen (essentia) einfach ist. Und [es besteht keine

---

id quod est in ea de potentia, procedit ab ea *corpus primum:* et sic per ordinem usque ad ultima corporum hunc processum a primo principio determinant.

Et haec est positio Avicennae (¹), quae etiam videtur supponi in libro *De Causis* (²).

102. — Haec autem positio etiam primo aspectu reprobabilis videtur. Bonum enim universi potius esse quam bonum cuiusque particularis naturae invenitur. Destruit autem rationem boni in particularibus effectibus naturae vel artis, si quis perfectionem effectus non attribuat intentioni agentis, cum eadem sit ratio boni et finis: et ideo Aristoteles reprobavit antiquorum Naturalium opinionem, qui posuerunt formas rerum quae naturaliter generantur et alia

naturalia bona non esse intenta a natura, sed provenire ex necessitate materiae. Multo igitur magis inconveniens est ut bonum universi non proveniat ex intentione universalis agentis, sed quadam necessitate ordinis rerum.

Si autem bonum universi, quod in distinctione et ordine consistit partium, ex intentione primi et universalis agentis procedit, necesse est quod ipsa distinctio et ordo partium universi etiam in intellectu primi principii praeexistat. Et quia res procedunt ab eo sicut ab intellectivo principio quod agit secundum formas conceptas, non oportet ponere quod a primo principio, etsi in essentia sua sit simplex, procedat unum tantum: et quod ab illo

Notwendigkeit anzunehmen], aus einer *anderen*[116] [Ursache] gehe der Art ihrer Zusammensetzung und Kraft entsprechend eine Vielheit hervor usw. Das würde nämlich bedeuten, daß eine solche Unterscheidung und Reihenfolge nicht infolge der Absicht des ersten Handelnden, sondern infolge einer Notwendigkeit der Dinge in den Dingen ist.

103. Man könnte jedoch entgegnen, daß die Unterscheidung und Reihenfolge (Ordnung) der Dinge zwar aus der Absicht der ersten Ursache hervorgehe, deren Absicht nicht allein darin bestehe, ein erstes Verursachtes hervorzubringen, sondern das ganze Weltall zu erzeugen; allerdings geschehe dies in einer bestimmten Reihenfolge,[117] so daß die erste Ursache das erste Verursachte unmittelbar hervorbringe, während sie das Übrige durch Vermittlung des ersten Verursachten in einer bestimmten Reihenfolge ins Sein überführe. Weil aber die Dinge auf zweifache Weise hervorgebracht werden – zum einen durch Veränderung und Bewegung, zum anderen ohne Veränderung und Bewegung, wie wir oben bereits dargelegt haben: an der Weise des Hervorbringens, die durch Bewegung geschieht, sehen wir deutlich, daß aus der ersten Ursache etwas[118] durch Vermittlung von zweiten Ursachen hervorgeht. Wir sehen nämlich, daß Pflanzen und Tiere durch eine Bewegung ins Sein überführt werden, die den Kräften der höheren Ursachen entspricht, und zwar in einer Reihenfolge[119], die bis zu der ersten Ursache zurückreicht. Aber in der Weise des Hervorbringens, die sich ohne Bewegung durch ein einfaches Einfließen des Seins vollzieht, kann dies nicht geschehen. Das ins Sein Überführte wird nämlich der [zuletzt beschriebenen] Weise des Hervorbringens entsprechend durch sich selbst nicht nur *dieses* Seiende, sondern es wird durch sich selbst auch ein Seiendes schlechthin (simpliciter), wie ausgeführt wurde.

Die Wirkung muß jedoch den Ursachen entsprechen, so daß eine einzelne

secundum modum suae compositionis et virtutis procedant plura, et sic inde. Hoc enim esset distinctionem et ordinem talem in rebus esse, non ex intentione primi agentis, sed ex quadam rerum necessitate.

103. — Potest tamen dici, quod rerum distinctio et ordo procedit quidem ex intentione primi principii, cuius intentio est non solum ad producendum primum causatum, sed ad producendum totum universum: tamen quodam ordine, ut ipse immediate producat primum causatum, quo mediante alia per ordinem producat in esse. Sed cum sit *duplex* modus productionis rerum: *unus* quidem secundum mutationem et motum; *alius* autem absque mutatione et motu, ut supra iam diximus: in eo quidem productionis modo qui per motum est, hoc manifeste videmus accidere quod a primo principio alia procedunt mediantibus causis secundis: videmus enim et plantas et animalia produci in esse per motum secundum virtutes superiorum causarum ordinatarum usque ad primum principium. Sed in eo modo producendi qui est absque motu, per simplicem influxum ipsius esse, hoc accidere impossibile est. Secundum enim hunc productionis modum, quod in esse producitur, non solum fit per se hoc ens, sed etiam per se fit ens simpliciter, ut dictum est.

10c bis. — Oportet autem effectus propor-

Wirkung einer Einzelursache, eine umfassende Wirkung dagegen einer umfassenden Ursache entspricht. Wenn also durch eine Bewegung etwas durch sich selbst dieses Seiende wird, so führt man eine solche Wirkung auf eine Einzelursache zurück, die zu einer bestimmten Form hinbewegt; dergleichen muß man die Wirkung auf eine umfassende Ursache des Seins zurückführen, wenn etwas durch sich selbst und nicht durch ein Hinzukommendes (per accidens) ein Seiendes schlechthin wird.[120] Diese umfassende Ursache aber ist die erste Ursache, also Gott.

Demnach kann etwas von der ersten Ursache durch Veränderung der Bewegung und vermittels von Zweitursachen ins Sein überführt werden; im Hinblick auf diese Weise des Hervorbringens, die ohne Bewegung geschieht und die man Schöpfung nennt, wird dagegen [das Hervorgebrachte] allein auf Gott als Urheber zurückgeführt.[121] Ausschließlich auf diese Weise können die nichtmateriellen Wesenheiten ins Sein überführt werden. Ebenso kann die Materie bestimmter Körper nicht *vor* der Form sein,[122] wie von der Materie der himmlischen Körper ausgeführt wurde, die nicht in der Möglichkeit (potentia) zu anderen Formen[123] ist. Es ergibt sich also, daß alle nichtmateriellen Wesenheiten und himmlischen Körper, die nicht durch Bewegung ins Sein überführt werden können, allein Gott als Urheber ihres Seins haben.[124] Folglich sind die früher Seienden unter ihnen *nicht* die Ursache des Seins für die Späteren.

104. Zudem gilt: Je höher eine Ursache ist, desto allgemeiner ist sie, und ihre Kraft erstreckt sich auf um so mehr. Was aber als das Erste in einem jeden Seienden angetroffen wird, ist allem im höchsten Maße gemeinsam. Ein jegliches Hinzugeführtes begrenzt nämlich das früher Anzutreffende. Denn was in

---

tionaliter causis respondere: ut scilicet effectus particularis causae particulari respondeat, effectus autem universalis universali causae. Sicut igitur cum per motum aliquid fit per se hoc ens, effectus huiusmodi in particularem causam reducitur, quae ad determinatam formam movet; ita etiam cum simpliciter fit ens, et per se et non per accidens, oportet hunc effectum reduci in universalem essendi causam. Hoc autem est primum principium, quod Deus est.

Praeter igitur illum modum producendi qui est per mutationem vel motum est alius modus quo res producuntur in esse a primo principio (¹) non mediantibus causis secundis, sed eo productionis modo qui fit absque motu, qui creatio nominatur,

et qui in solum Deum refertur ut in auctorem. Solo autem hoc modo produci possunt in esse immateriales substantiae, et caelestia corpora, et corporum quorumcumque materia ante formam esse non potuit, sicut dictum est de materia caelestium corporum, quae non est in potentia ad aliam formam. Relinquitur igitur quod omnes immateriales substantiae et caelestia corpora, quae per motum produci non possunt in esse, solum Deum sui esse habeant auctorem. Non ergo id quod est prius in eis est posterioribus causa essendi.

104. — *Adhuc.* Quanto aliqua causa est superior, tanto est universalior, et virtus eius ad plura se extendit. Sed id quod primum invenitur in unoquoque ente,

einem Ding als später gedacht wird, verhält sich zu dem Früheren wie Wirklichkeit zu Möglichkeit (actus ad potentiam). Durch die Wirklichkeit wird aber die Möglichkeit begrenzt. Also muß das als Erstes in allem Bestehende eine Wirkung der höchsten Kraft sein; je später nämlich etwas[125] ist, desto mehr wird es auf die Kraft einer niedrigeren Ursache zurückgeführt.[126]

Deshalb muß das als Erstes in allem Bestehende – wie etwa in den Körpern die Materie und bei den nichtmateriellen Wesenheiten das Entsprechende – eine Wirkung der ersten Kraft des allesumfassenden Handelnden sein.[127] Daher ist es unmöglich, daß etwas von irgendwelchen zweiten Ursachen ins Sein überführt wird, ohne daß eine Wirkung des höheren Handelnden vorausgesetzt wäre. Also überführt kein Handelnder nach dem ersten ein Ding als ganzes ins Sein, als würde er ein Seiendes schlechthin durch dieses selbst und nicht durch ein Hinzukommendes[128] hervorbringen – dies wäre ein Erschaffen, wie dargelegt wurde.

105. Ebenso gilt: Es gibt eine zweifache Ursache einer Natur oder Form: eine, die durch sich und schlechthin Ursache einer solchen Natur oder Form ist, und eine andere, die in *diesem* [bestimmten Sein] Ursache *dieser* Natur oder Form ist. Die Notwendigkeit dieser Unterscheidung wird deutlich, wenn man die Ursachen des Hervorgebrachten betrachtet:

Wenn ein Pferd hervorgebracht wird, so ist das hervorbringende Pferd zwar die Ursache dafür, daß die Natur des Pferdes in diesem [hervorgebrachten Pferd] zu sein beginnt, aber es ist nicht durch sich die Ursache der Pferd–Natur. Denn was durch sich der Art [oder Form: species] nach Ursache einer Natur ist, muß deren Ursache in allen Gegenständen sein, die diese Art [oder

---

maxime est commune omnibus. Quaecumque enim superadduntur, contrahunt id quod prius inveniunt. Nam quod posterius in re intelligitur, comparatur ad prius ut actus ad potentiam. Per actum autem potentia determinatur. Sic igitur oportet ut id quod primum subsistit in unoquoque, sit effectus supremae virtutis: quanto autem aliquod est posterius, tanto reducatur ad inferioris causae virtutem (²).

Oportet igitur quod id quod primum subsistit in unoquoque, sicut in corporalibus materia et in immaterialibus substantiis quod potentiale est, sit proprius effectus primae virtutis, et universalis effectus agentis. Impossibile est igitur quod ab aliquibus causis secundis aliqua producantur in esse non praesupposito aliquo effectu superioris agentis. Et sic nullum agens post primum rem totam in esse producit, quasi producens ens simpliciter per se, et non per accidens, quod est creare, ut dictum est.

105. — *Item.* Alicuius naturae vel formae *duplex* causa invenitur: *una* quidem quae est per se et simpliciter causa talis naturae vel formae; *alia* vero quae est causa huius naturae vel formae in hoc. Cuius quidem distinctionis necessitas apparet, si quis causas consideret eorum quae generantur.

Cum enim equus generatur, equus generans est quidem causa quod natura equi in hoc esse incipiat, non tamen est per se causa naturae equinae. Quod enim est per se alicuius causa naturae secundum speciem, oportet quod sit causa eius in

Form] besitzen. Wenn das hervorbringende Pferd also ebendiese Natur besäße,[129] so müßte es Ursache seiner selbst sein – das aber ist nicht möglich. Also bleibt übrig, daß es über allem, das an der Pferd–Natur teilhat, eine umfassende Ursache der gesamten Art [oder Form] geben muß. Diese Ursache faßten die Platoniker als eine von der Materie getrennte Form [oder Art: species] auf: in der Weise, wie die Ursache alles Künstlerischen die Form der Kunst ist und nicht in der Materie existiert. Der Lehre des Aristoteles zufolge[130] muß diese umfassende Ursache in einem der himmlischen Körper angenommen werden; daher unterschied Aristoteles diese beiden Ursachen [im zweiten Buch der «Physik»] und sagte, daß der Mensch und die Sonne den Menschen hervorbringen.

Wenn aber etwas durch eine Bewegung verursacht wird, so kommt die gemeinsame Natur zu einem Vorherexistierenden hinzu, und zwar durch eine Form, die zur Materie oder zur Wesenheit[131] hinzukommt. Wer jene Natur teilweise besitzt, kann auf diese Weise durch die Bewegung die Ursache von etwas sein, wie beispielsweise der Mensch des Menschen und das Pferd des Pferdes [Ursache ist]. Wenn etwas dagegen nicht durch eine Bewegung verursacht wird, so handelt es sich dabei um eine Hervorbringung der Natur selbst, ihr selbst entsprechend. Deshalb muß [dieses Verursachte] auf dasjenige zurückgeführt werden, das durch sich Ursache jener Natur ist, nicht aber auf etwas, das teilweise an jener[132] Natur teilhat.

Eine solche Hervorbringung gleicht nämlich dem Hervorgehen oder der Verursachung bei geistigen Dingen, bei denen die Natur eines Dinges, ihr selbst entsprechend, ausschließlich von einem Ersten abhängt; so hängen die Natur der Sechszahl und ihr Wesen nicht von der Drei oder der Zwei ab, sondern von

omnibus habentibus illam speciem. Cum igitur equus generans habeat eamdem naturam secundum speciem, oporteret quod esset sui ipsius causa; quod esse non potest. Relinquitur igitur quod oporet super omnes participantes naturam equinam esse aliquam universalem causam totius speciei: quam quidem causam Platonici posuerunt speciem separatam a materia, ad modum quo omnium artificialium principium est forma artis, non in materia existens. Secundum Aristotelem autem hanc universalem causam oportet ponere in aliquo caelestium corporum: unde et ipse has duas causas distinguens, dixit, quod homo generat hominem, et sol.

Cum autem aliquid per motum causatur, natura communis alicui praeexistenti advenit per formam materiae advenientem vel subiecto (¹). Potest igitur sic per motum esse alicuius causa id quod particulariter naturam illam habet, ut homo hominis, aut equus equi; cum vero non per motum causatur, talis productio est ipsius naturae secundum se ipsam. Oportet igitur quod reducatur in id quod est per se causa illius naturae, non autem in aliquid quod particulariter naturam participet.

Assimilatur enim talis productio processui vel causalitati qui in intelligibilibus invenitur, in quibus natura rei secundum se ipsam non dependet nisi a primo, sicut natura senarii et eius ratio non dependet a ternario vel binario, sed ab ipsa unitate.

der Einheit [Einszahl] selbst. Denn die Sechs ist ihrer eigentlichen Natur und Art [Form] entsprechend nicht zwei mal drei, sondern einmal sechs.[133] Andernfalls müßte es mehrere Wesenheiten (substantiae) eines einzigen Dinges geben.

Wenn ein Sein ohne Bewegung verursacht ist, kann seine Verursachung also nicht einem teilweise Seienden zugeschrieben werden, das am Sein teilhat; vielmehr muß seine Verursachung auf die umfassende und erste Ursache des Seienden selbst, d.h. auf Gott zurückgeführt werden, der das Sein selbst ist.

106. Ferner gilt: Je weiter eine Möglichkeit (potentia) von der Wirklichkeit (actus) entfernt ist, desto größer[134] ist die Kraft, die sie benötigt, um auf die Wirklichkeit zurückgeführt zu werden. Denn es bedarf einer größeren Kraft des Feuers, um einen Stein zu schmelzen, als Wachs zu schmelzen. Aber die Beziehung von keiner Möglichkeit zu einer wie auch immer unbestimmten und entfernten Möglichkeit ist ohne ein Verhältnis;[135] denn es besteht kein Verhältnis zwischen einem Nichtseienden und einem Seienden. Die Kraft, die aus keiner vorhergehenden[136] Möglichkeit eine Wirkung hervorbringt, übertrifft nämlich die Kraft ins Unendliche, die eine Wirkung aus einer wie weit auch immer entfernten Möglichkeit hervorbringt.

Zwar können andere [Wesen] *in bestimmter Hinsicht* unbegrenzte Kraft besitzen, aber *schlechthin* und im Hinblick auf das gesamte Sein kann unbegrenzte Kraft nur dem ersten Handelnden zukommen, der sein Sein und dadurch in jeder Hinsicht unbegrenzt ist, wie oben dargestellt wurde. Deshalb kann allein die Kraft des ersten Handelnden eine Wirkung hervorbringen, ohne daß irgendeine Möglichkeit (potentia) vorausgesetzt wird. So muß die Hervorbringung alles Unerschaffenen und Unvergänglichen, das ohne Bewegung hervorgebracht wird, beschaffen sein. Deshalb muß alles von dieser Art allein von Gott hervorgebracht werden.

Non enim sex secundum primam (¹) rationem speciei sunt bis tria, sed sex solum. Alioquin oporteret unius rei multas substantias esse.

Sic igitur cum esse alicuius causatur absque motu, eius causalitas attribui non potest alicui particularium entium, quod participat esse, sed oportet quod reducatur in ipsam universalem et primam causam essendi, scilicet Deum, qui est ipsum esse.

106. — *Amplius.* Quanto aliqua potentia magis distat ab actu, maiori virtute indiget ad hoc quod in actum reducatur; maiori enim virtute ignis opus est ad resolvendum lapidem quam ceram. Sed nullius potentiae ad aliam potentiam quantumcumque indispositam et remotam est comparatio aut proportio: non entis enim ad ens nulla est proportio. Virtus igitur quae ex nulla potentia praeexistente aliquem effectum producit, in infinitum excedit virtutem quae producit effectum ex aliqua potentia quantumcumque remota.

Infinita autem virtus aliorum quidem potest esse secundum quid, sed simpliciter respectu totius esse infinita virtus non est nisi primi agentis, quod est suum esse et per hoc est modis omnibus infinitum, ut supra dictum est. Sola igitur virtus primi agentis potest effectum producere nulla potentia praesupposita. Talem autem oportet esse productionem omnium ingenerabilium et incorruptibilium, quae absque motu producuntur. Oportet igitur omnia

Also ist es unmöglich, daß die nichtmateriellen Wesenheiten von Gott ins Sein der Reihenfolge entsprechend hervorgehen, die die genannte Auffassung angibt.

huiusmodi a solo Deo esse producta.
  Sic igitur impossibile est ut immateriales substantiae a Deo procedant in esse secundum ordinem quem dicta positio assignabat.

XI

DIE LEHRE DER PLATONIKER
VON DEN IDEEN
UND IHRE WIDERLEGUNG

107. Die Platoniker berücksichtigten diese Überlegungen und lehrten, Gott sei unmittelbare Seinsursache aller nichtmateriellen Wesenheiten und alles Existierenden insgesamt, entsprechend der geschilderten Weise des Hervorbringens, die ohne Veränderung oder Bewegung geschieht. Jedoch lehrten sie eine bestimmte Reihenfolge (Ordnung) der Ursächlichkeit bei den genannten Wesenheiten; [diese Reihenfolge] entspricht anderen Teilhaben an der göttlichen Gutheit.

Die Platoniker nahmen nämlich – wie oben dargelegt wurde – [von der Materie] getrennte Ursachen an, die der Ordnung der geistigen Gedanken entsprechen: Wie beispielsweise das Eine und das Seiende das Allgemeinste sind und als Erstes im [menschlichen] Geist erscheinen; darunter gibt es das Leben; unter diesem wiederum ist der Geist und so weiter – ebenso ist auch unter den [von der Materie] getrennten [Wesenheiten] das Erste und Höchste das Seiende und Eine selbst,[137] und dies ist die erste Ursache, also Gott selbst, von dem bereits gesagt wurde, daß er sein Sein ist. Darunter nahmen sie[138] eine weitere [von der Materie] getrennte Ursache an, nämlich das Leben; und dann wiederum eine andere, den Geist.

Caput 11.

OPINIO PLATONICORUM DE EFFLUXU RERUM A PRIMO PRINCIPIO PER IDEAS, CUM REPROBATIONE.

107. — His autem rationibus moti Platonici posuerunt quidem omnium immaterialium substantiarum et universaliter omnium existentium Deum esse immediate causam essendi secundum praedictum productionis modum, qui est absque mutatione vel motu; posuerunt tamen secundum alias participationes bonitatis divinae ordinem quemdam causalitatis in praedictis substantiis.

Ut enim supra dictum est, posuerunt abstracta principia secundum ordinem intelligibilium conceptionum: ut scilicet sicut unum et ens sunt communissima, et primo cadunt in intellectu, sub hoc autem est vita, sub qua iterum est intellectus, et sic inde; ita etiam primum et supremum inter separata est id quod est ipsum unum (¹), et hoc est primum principium, quod est Deus, de quo iam dictum est, quod est suum esse. Sub hoc autem posuit (²) aliud principium separatum, quod est vita; et iterum aliud, quod est intellectus.

Gäbe es also eine nichtmaterielle Wesenheit (substantia), die denkend, lebendig und seiend ist, so wäre sie seiend durch die Teilhabe an der ersten Ursache, dem Sein selbst; sie wäre lebendig durch die Teilhabe an der zweiten [von der Materie] getrennten Ursache, dem Leben; und sie wäre denkend durch die Teilhabe an einer weiteren [von der Materie] getrennten Ursache, dem Geist. In diesem Sinne könnte man auch annehmen, der Mensch sei ein Seelenwesen durch die Teilhabe an der [von der Materie] getrennten Ursache, die «Seelenwesen» ist, und er sei zweibeinig durch die Teilhabe an einer zweiten Ursache, die «Zweibeiner» ist.

108. Diese Auffassung kann zwar in bestimmter Hinsicht Wahrheit enthalten, aber sie kann nicht schlechthin wahr sein. Denn es spricht nichts dagegen, daß das Frühere des zu etwas zufälligerweise (accidentaliter) Hinzukommenden aus einer umfassenderen Ursache hervorgeht, während das Spätere von einer untergeordneten Ursache ausgeht. In diesem Sinne haben etwa die Tiere und Pflanzen von den Elementen her an Wärme und Kälte teil, während sie die festgelegte Weise der Zusammensetzung, die auf die ihnen jeweils eigene Gestalt [oder Art: species] abzielt, aus der Kraft des Samens erhalten, durch die sie hervorgebracht werden. Und es ist auch nicht abwegig, daß etwas jeweils von einer anderen Ursache[139] her eine bestimmte Größe hat und[140] heiß oder warm ist. Aber es ist völlig unmöglich, daß dies auf etwas zutrifft, das wesenhaft [von einem Gegenstand] ausgesagt wird.

Denn alles, was wesenhaft von einem Gegenstand ausgesagt wird, ist durch sich und schlechthin Eines. *Eine* Wirkung wird aber demselben Begriff der Ursache zufolge nicht auf mehrere erste Ursachen zurückgeführt, weil die Wirkung nicht einfacher als die Ursache sein kann. Daher verwendet Aristote-

Si igitur sit aliqua immaterialis substantia quae sit intelligens, vivens et ens, erit quidem ens per participationem primi principii, quod est ipsum esse; erit quidem vivens per participationem alterius principii separati, quod est vita; et erit intelligens per participationem alterius separati principii, quod est ipse intellectus: sicut si ponatur quod homo sit animal per participationem huius principii separati quod est animal, sit autem bipes per participationem secundi principii, quod est bipes.

108. — Haec autem positio quantum ad aliquid quidem veritatem habere potest; simpliciter autem vera esse non potest.

Eorum enim quae accidentaliter alicui adveniunt, nihil prohibet id quidem quod est prius, ab aliqua universaliori causa procedere; quod vero est posterius ab aliquo posteriori principio; sicut animalia et plantae calidum quidem et frigidum ab elementis participant, sed determinatum complexionis modum ad speciem propriam pertinentem obtinent ex virtute seminali per quam generantur (³). Nec est inconveniens quod ab aliquo principio aliquid sit quantum vel album seu calidum. Sed in his quae substantialiter praedicantur, hoc contingere penitus impossibile est.

Nam omnia quae substantialiter de aliquo praedicantur sunt per se et simpliciter unum. Unus autem effectus non reducitur in plura prima principia secundum eamdem rationem principii, quia effectus non potest

les dieselbe Begründung gegen die Platoniker: Wenn «Seelenwesen» und «Zweibeiner» in den [von der Materie getrennten] Ursachen etwas Verschiedenes wären, so wäre das zweibeinige Seelenwesen nicht schlechthin Eines. Wenn also das Sein bei den nichtmateriellen Wesenheiten etwas anderes wäre als das Leben und das denkende Sein wiederum etwas anderes, so daß das Lebendige zu dem Seienden oder das Denkende zu dem Lebendigen hinzukäme wie das Hinzukommende (accidens) zu einem Träger (subiectum) oder die Form zur Materie, dann wäre das Dargestellte richtig. Wir sehen nämlich, daß etwas zwar Ursache des Hinzukommenden, nicht aber Ursache des Trägers ist, und daß etwas Ursache der wesenhaften Form, nicht aber Ursache der Materie ist. Jedoch ist bei den nichtmateriellen Wesenheiten deren Sein dasselbe wie ihr Leben, und ihr Leben[141] ist nichts anderes als das denkende Sein. Daher haben sie ihr Leben und ihren Geist von keinem anderen als von dem, von dem sie auch ihr Sein haben.

Wenn alle nichtmateriellen Wesenheiten also unmittelbar von Gott haben, daß sie sind, so haben sie auch unmittelbar von ihm, daß sie leben und denken. Wenn ihnen aber etwas zukommt, das über ihrem Wesen (essentia) steht – etwa geistige Erkenntnisbilder oder dergleichen –, so kann die Auffassung der Platoniker durchaus darauf eingehen: [Sie würden sagen,] daß sich so etwas bei den niedrigeren geistigen Wesenheiten in einer bestimmten Reihenfolge (Ordnung) von den höheren herleitet.

---

esse (causa simpliciter, vel) simplicior prima causa (⁴). Unde et Aristoteles hac ratione utitur contra Platonicos: quod si esset aliud animal, et aliud bipes in principiis separatis, non esset simpliciter unum animal bipes. Si igitur in immaterialibus substantiis aliud esset id quod est esse et aliud quod est vivere, et aliud quod est intellectivum esse, ita quod vivens adveniret enti, vel intelligens viventi, sicut accidens subiecto, vel forma materiae, haberet rationem quod dicitur. Videmus enim aliquid esse causam accidentis quod non est causa subiecti, et aliquid esse causam substantialis formae quod non est causa materiae. Sed in immaterialibus substantiis id ipsum quod est eorum esse est vivere eorum (¹). Nec est in eis aliud vivere quam intellectivum esse: unde a nullo alio habent quod vivant et intellectiva sint, quam a quo habent quod sint.

Si igitur omnes immateriales substantiae a Deo habent immediate quod sint, ab eo immediate habent quod vivant et intellectivae sint. Si quid autem advenit eis supra eorum essentiam, puta intelligibiles species, vel aliquid huiusmodi, quantum ad talia potest Platonicorum opinio procedere: ut scilicet huiusmodi in inferioribus immaterialium substantiarum inveniantur ordine quodam a superioribus derivata.

XII

DIE LEHRE DES ORIGENES, ALLE GEISTIGEN WESENHEITEN SEIEN GLEICH ERSCHAFFEN, UND IHRE WIDERLEGUNG

109. Wie die dargestellten Auffassungen bei der Untersuchung der Ordnung der nichtmateriellen Wesenheiten lehrten, deren Hervorgehen[142] aus der ersten Ursache geschehe nicht unmittelbar, sondern in einer bestimmten Reihenfolge: so wollten einige Autoren umgekehrt das unmittelbare Hervorgehen der geistigen Wesenheiten aus der ersten Ursache[143] retten, und sie nahmen den nichtmateriellen Wesenheiten gänzlich eine Reihenfolge (Ordnung) der Natur. Der Urheber dieser Auffassung war Origenes.

Origenes war der Ansicht, aus dem einen und gerechten Schöpfer[144] könnten nicht unterschiedliche und ungleiche Dinge hervorgehen – es sei denn, es gehe irgendeine Verschiedenheit voraus. Dem ersten Erschaffen der Dinge durch Gott, das nichts voraussetzt, konnte aber keine Verschiedenheit vorausgehen. Daher lehrte Origenes, alle von Gott zuerst hervorgebrachten Dinge seien gleich. Und so nahm er an – weil Körper den nichtkörperlichen Wesenheiten nicht gleichgeschaffen sein können –, daß es bei dem ersten Erschaffen der Dinge keine Körper gegeben habe. Vielmehr sei die Verschiedenheit später in die von Gott hervorgebrachten Dinge hineingekommen, und zwar aus der Verschiedenheit der Willensbewegungen der nichtmateriellen Wesenheiten, die

Caput 12.

OPINIO ORIGENIS PONENTIS OMNES SUB-
STANTIAS SPIRITUALES AEQUALES ESSE
CREATAS, ET EIUS REPROBATIO.

109. — Sicut autem praedictae positiones, immaterialium substantiarum ordinem considerantes, non immediate, sed ordine quodam processum a primo principio tradiderunt; ita aliqui e converso, volentes salvare immediatum earum processum a principio, totaliter ab eis naturae ordinem sustulerunt; cuius positionis auctor invenitur Origenes fuisse.

Consideravit enim (²) quod ab uno iusto auctore res diversae et inaequales non possent procedere nisi aliqua diversitate praecedente. Nulla autem diversitas praecedere potuit primam productionem rerum a Deo, quae nihil praesupponit: unde ponebat omnes res a Deo primo productas esse aequales. Unde, quia corpora incorporalibus substantiis aequari non possunt, posuit in prima rerum productione corpora non fuisse, sed quod postmodum rebus a Deo productis diversitas intervenit ex diversitate motuum voluntatis immaterialium substantiarum, quae ex sua natura habent

von ihrer Natur her Willensfreiheit besitzen. Aus diesem Grund sind einige von ihnen durch eine geordnete Willensbewegung zu ihrer Ursache gewandt, und sie haben Fortschritte zum Besseren gemacht, und dies, der Verschiedenheit der Willensbewegung entsprechend, in unterschiedlicher Weise. Daher sind einige unter ihnen höherstehend als andere geworden.

Andere nichtmaterielle Wesenheiten sind dagegen durch eine ungeordnete Willensbewegung von ihrer Ursache abgewandt. Sie fielen ins Schlechtere hinab, die einen mehr, die anderen weniger – so daß dies die Gelegenheit zum Hervorbringen von Körpern war: das heißt, daß nichtmaterielle Wesenheiten, die von der Ordnung des Guten abgewandt waren, als bis zur niedrigeren Natur Herabgefallene mit Körpern verbunden wurden. Daher – so lehrte Origenes – gehe auch die gesamte Unterschiedlichkeit der Körper aus der Verschiedenheit der ungeordneten Willensbewegung nichtmaterieller Wesenheit hervor, so daß[145] diejenigen geistigen Wesenheiten, die weniger von Gott abgewandt waren, mit vortrefflicheren Körpern verbunden wurden, die mehr Abgewandten dagegen mit weniger vortrefflichen.

110. Die Begründung dieser Auffassung ist fadenscheinig und die Auffassung selbst nicht zu halten; der Grund dafür, daß sie nicht zu halten ist, kann dem oben[146] bereits Gesagten entnommen werden.

Oben wurde ausgeführt, daß geistige Wesenheiten nichtmateriell sind. Wenn es also bei ihnen irgendeine Verschiedenheit gibt, so muß dies aufgrund eines Unterschieds in der Form der Fall sein. Nun kann es bei Dingen, die sich durch einen Unterschied in der Form unterscheiden, keine Gleichheit geben. Denn jeder Unterschied in der Form muß auf den ersten Gegensatz zurückgeführt werden, d. h. auf den Gegensatz von Mangel (privatio) und Form. Daher verhält sich bei allen Dingen, die sich in der Form unterscheiden, die Natur des

arbitrii libertatem.

Quaedam igitur earum in suum principium ordinato motu voluntatis conversae, in melius profecerunt, et hoc diversimode secundum voluntarii motus diversitatem. Unde et inter eas quaedam sunt aliis superiores effectae.

Aliae vero inordinato motu voluntatis a suo principio sunt aversae: et haec in deterius defecerunt, quaedam plus, quaedam minus; ita ut haec fuerit corporum producendorum occasio, ut eis immateriales substantiae ab ordine boni aversae alligarentur quasi usque ad inferiorem naturam prolapsae. Unde et totam diversitatem corporum dicebat procedere ex diversitate inordinationis voluntarii motus immaterialis substantiae; et quae minus a Deo aversae fuerant, nobilioribus corporibus alligarentur, quae autem magis, ignobilioribus.

110. — Huius autem positionis *ratio vana est*, et ipsa positio impossibilis: cuius quidem impossibilitatis ratio accipi potest ex his quae iam diximus.

Dictum est enim supra, spirituales substantias immateriales esse. Si igitur in eis sit aliqua diversitas, oportet quod hoc sit secundum formalem differentiam. In his autem quae formali differentia differunt, aequalitas inveniri non potest. Oportet enim omnem formalem differentiam ad

einen Dinges, das im Hinblick auf ein anderes unvollkommen ist, zu diesem anderen im Verhältnis von Mangel und Form.[147] Dies wird an der Verschiedenheit der uns bekannten Arten [Formen: species] deutlich. Man kann nämlich beobachten, daß der Unterschied der Arten [Formen] bei Tieren, Pflanzen, Metallen und bei den Elementen einer Ordnung der Natur entsprechend so fortschreitet, daß sich die Natur allmählich vom Niedrigeren[148] zum Vollkommensten erhebt; das wird auch an den Arten der Farben, des Geschmacks und anderer[149] sinnlicher Eigenschaften deutlich.

Bei Dingen dagegen, die sich in der Materie unterscheiden und dieselbe Form besitzen, kann man durchaus Gleichheit beobachten. Unterschiedliche Subjekte (subiecta) können nämlich an derselben Form teilhaben: entweder in gleicher Weise oder indem [das eine das andere in der Teilhabe] übertrifft oder hinter ihm zurückbleibt. Demnach wäre es möglich, daß alle geistigen Wesenheiten gleich sind, wenn sie sich nur der Materie nach unterscheiden, aber der Art nach dieselbe Form besitzen. Und vielleicht war Origenes der Ansicht, daß es sich bei den geistigen Wesenheiten so verhalte, weil er nicht angemessen zwischen geistigen und körperlichen Naturen unterschied. Da aber die geistigen Wesenheiten nichtmateriell sind, muß es bei ihnen eine Reihenfolge (Ordnung) der Natur geben.

111. Zudem gilt: Aus dieser Auffassung des Origenes folgt notwendigerweise, daß geistige Wesenheiten entweder unvollkommen oder überflüssig sind. Denn mehrere gleiche Dinge gibt es auf *einer* Stufe der Natur nur wegen der Unvollkommenheit eines jeden von ihnen oder wegen der Notwendigkeit des Fortdauerns – so daß Dinge, die nicht in ein und derselben Anzahl[150] fortdauern können, in der Vervielfachung fortdauern; beispielsweise findet man

---

primam oppositionem reduci, quae est privationis ad formam. Unde omnium formaliter differentiam natura unius (¹) imperfecta existens respectu alterius, se habet ad ipsum secundum habitudinem privationis ad formam. Hoc autem in diversitate specierum nobis notarum apparet. Sic igitur specierum differentiam in animalibus et plantis et metallis et elementis invenimus secundum ordinem naturae procedere, ut paulatim ab imperfectiori ad perfectissimum natura consurgat: quod etiam apparet in speciebus colorum et saporum et aliorum sensibilium qualitatum. In his vero quae materialiter differunt, eamdem formam habentibus, nihil prohibet aequalitatem inveniri. Possunt enim subie-cta diversa eamdem formam participare aut secundum aequalitatem, aut secundum excessum et defectum. Sic igitur possibile esset spirituales substantias omnes aequales esse, si solum secundum materiam differrent, eamdem formam secundum speciem habentes. Et forte tales eas esse Origenes opinabatur, non multum discernens inter naturas spirituales et corporales. Quia vero spirituales substantiae immateriales sunt, necesse est in eis ordinem naturae esse.

111. — *Adhuc.* Secundum hanc positionem necesse est spirituales substantias aut imperfectas esse, aut superfluas esse. Non enim inveniuntur multa aequalia in uno gradu naturae nisi propter imperfectionem cuiuslibet eorum, vel propter permanendi

bei den vergänglichen Dingen viele Einzelwesen, die der Natur ihrer Art nach gleich sind. Oder [es gibt mehrere gleiche Dinge auf *einer* Stufe der Natur,] weil eine Handlung notwendig ist, zu der die Kraft eines einzelnen nicht ausreicht, sondern die Kräfte vieler zusammengeführt werden müssen, um eine vollkommene Kraft entstehen zu lassen; dies wird etwa an einer Menge von Kriegern und an einer Vielzahl von Menschen deutlich, die ein Schiff ziehen.[151]

Dagegen werden Dinge, deren Kraft vollkommen ist und[152] die in der Ordnung ihrer Natur fortdauern, nicht der Anzahl nach vervielfacht, während die Art dieselbe bleibt: Es gibt nur *eine* Sonne, die genügt, um immer fortzudauern und um alle Wirkungen hervorzubringen,[153] die ihr der Stufe ihrer Natur entsprechend zukommen; dasselbe wird auch an den übrigen himmlischen Körpern deutlich.

Geistige Wesenheiten aber sind viel vollkommener selbst als himmlische Körper. Deshalb gibt es bei den geistigen Wesenheiten nicht mehrere auf derselben Stufe der Natur – denn *eine* genügt, und so wären die anderen überflüssig.

112. Ebenso gilt: Die beschriebene Auffassung des Origenes spricht der Gesamtheit der von Gott hervorgebrachten Dinge[154] die Vollkommenheit des Gutseins ab. Denn die Vollkommenheit einer jeden Wirkung besteht darin, daß sie ihrer Ursache ähnlich wird. Was seiner Natur entsprechend hervorgebracht wird, ist dann vollkommen, wenn es zur Ähnlichkeit mit dem Hervorbringenden gelangt. Auch künstlerische Gegenstände werden vollkommen, wenn sie der Form der Kunst angeglichen werden. Bei der ersten Ursache muß aber nicht nur ins Auge gefaßt werden, daß sie gut und seiend und Eines ist, sondern auch,

necessitatem, ut quae numero permanere non possunt, multiplicata permaneant; sicut inveniuntur in corruptibilibus rebus multa individua aequalia secundum naturam speciei: aut propter necessitatem alicuius operationis, ad quam virtus unius non sufficit, sed oportet aggregari virtutem multorum quasi ad unam perfectam virtutem constituendam, ut patet in multitudine bellatorum et in multitudine trahentium navim.

Illa vero quorum est virtus perfecta, quae sunt permanentia in ordine suae naturae, non multiplicantur secundum numerum in aequalitate eiusdem speciei. Est enim unus sol tantum, qui sufficit ad semper permanendum ad omnes effectus producendos qui sibi conveniunt secundum gradum suae naturae: et idem apparet in ce-

teris caelestibus corporibus.

Substantiae autem spirituales sunt multo perfectiores corporibus etiam caelestibus. Non igitur in eis inveniuntur multae in eodem gradu naturae: una enim sufficiente, aliae superfluerent.

112. — *Item.* Praedicta positio universitati rerum producendarum a Deo subtrahit boni perfectionem.

Uniuscuiusque enim effectus perfectio in hoc consistit quod suae causae assimiletur. Quod enim secundum naturam generatur, tunc perfectum est quando contingit ad similitudinem generantis. Artificialia etiam per hoc perfecta redduntur quod artis formam consequuntur. In primo autem principio non solum consideratur quod ipsum est bonum et ens et unum,

daß sie dies in hervorragenderer Weise als andere besitzt und daß sie andere zur Teilhabe an ihrem eigenen Gutsein führt. Deshalb ist für eine vollkommene Verähnlichung der von Gott hervorgebrachten Gesamtheit nicht nur nötig, daß ein jedes Ding gut und seiend ist, sondern auch, daß das eine das andere übertrifft und daß das eine das andere zu dessen Zweck hinbewegt. Daher ist das Gute der Gesamtheit – ähnlich wie das Gute eines Heeres – das Gute der Ordnung.

Dieses Gute also spricht[155] die dargestellte Auffassung des Origenes der Gesamtheit der Dinge ab, indem sie eine allesumfassende Gleichheit bei der Erschaffung der Dinge behauptet.

113. Ferner gilt: Es ist unangemessen, das Beste im Universum dem Zufall zuzuschreiben. Denn das Beste besitzt das Wesen des beabsichtigten Zweckes im höchsten Maße.[156] In der Gesamtheit der Dinge aber ist das Gute der Ordnung das Beste; dies nämlich ist das allgemeine Gute, während das Übrige lediglich jeweils einzelnes Gutes ist. Diese Ordnung, die gegenwärtig in den Dingen begegnet, schreibt die dargestellte Auffassung des Origenes jedoch dem Zufall zu, und zwar in diesem Sinne: Es geschieht einfach, daß eine geistige Wesenheit[157] ihrem Willen entsprechend so bewegt wird und eine andere anders. Deshalb muß die beschriebene Auffassung gänzlich zurückgewiesen werden.

114. Zudem enthält die Begründung dieser Auffassung offensichtlich Nichtiges. Denn die Bedeutung der Gerechtigkeit ist bei der *Erschaffung eines Ganzen* aus mehreren und unterschiedlichen Bestandteilen nicht dieselbe wie bei der *Verteilung* von etwas Gemeinsamem unter Einzeldingen:

Wer ein Ganzes zu schaffen beabsichtigt, der achtet darauf, daß das Ganze

---

sed etiam quod hoc eminentius prae ceteris habet, et alia ad sui bonitatem participandam adducit. Requirit igitur assimilatio perfecta universitatis a Deo productae non solum quod unumquodque sit bonum et ens, sed et unum superemineat alteri, et unum moveat alterum ad suum finem: unde et bonum universi est bonum ordinis, sicut bonum exercitus.

Hoc igitur bonum universitati rerum subtraxit praedicta positio, omnimodam aequalitatem in rerum productione constituens.

113. — *Amplius.* Inconveniens est id quod est optimum in universo, attribuere casui. Nam id quod est optimum, maximam habet rationem finis intenti. Optimum

autem in rerum universitate est bonum ordinis: hoc enim est bonum commune, cetera vero sunt singularia bona. Hunc autem ordinem qui in rebus nunc invenitur, praedicta positio attribuit casui, secundum scilicet quod accidit unam immaterialium substantiarum sic moveri secundum voluntatem, et aliam aliter. Est igitur praedicta positio omnino abiicienda.

114. — *Ratio* etiam positionis manifeste *continet vanitatem.* Non enim est eadem ratio iustitiae in constitutione alicuius totius ex pluribus partibus et diversis, et in distributione alicuius communis per singularia.

Qui enim aliquod totum constituere intendit, ad hoc respicit quod totum perfe-

vollkommen ist, und dementsprechend fügt er die unterschiedlichen und ungleichen Bestandteile zur Erschaffung des Ganzen zusammen. Wenn alle Bestandteile gleich wären, so wäre das Ganze nicht schon vollkommen; dies wird ebenso an einem natürlichen Ganzen wie an einem sozialen Ganzen deutlich: Der Körper des Menschen wäre nicht vollkommen, wenn er nicht unterschiedliche Glieder von ungleichem Rang besäße; und eine soziale Gemeinschaft wäre nicht vollkommen, wenn es nicht ungleiche Bedingungen und verschiedene Aufgaben in dem Gemeinwesen gäbe.

Dagegen richtet man die Aufmerksamkeit bei einer *Verteilung* auf das Gute eines jeden Einzelnen, und deshalb wird den Verschiedenen Unterschiedliches zugeteilt; dies richtet sich nach der vorhergehenden Verschiedenheit unter ihnen, der entsprechend ihnen Unterschiedliches zukommt.

Also hat Gott bei der ersten Erschaffung der Dinge Unterschiedliches und Ungleiches ins Sein überführt; dabei sorgte er für das, was für die Vollkommenheit des Ganzen des Universums notwendig war – er achtete aber nicht auf irgendeine vorherbestehende Verschiedenheit unter den Dingen. Auf diese richtet er seine Aufmerksamkeit vielmehr bei der Vergeltung des letzten Gerichtes, wenn er jedem das ihm Gebührende zuteilt.

ctum sit et secundum hoc diversas partes et inaequales ad eius constitutionem conducit (¹). Si enim omnes essent aequales, iam non esset totum perfectum: quod patet tam in toto naturali, quam in toto civili. Non enim esset corpus hominis perfectum nisi membra diversa et inaequalis dignitatis haberet; neque esset civitas perfecta nisi inaequales conditiones et officia diversa in civitate existerent. In distributione vero attenditur bonum uniuscuiusque, et ideo diversis diversa assignantur secundum diversitatem in eis praecedentem, secundum quam competunt eis diversa.

In prima igitur rerum productione Deus diversa et inaequalia in esse produxit, attendens ad id quod requirit perfectio universi, non ad aliquam diversitatem in rebus praeexistentem; sed hoc attendit in remuneratione finalis iudicii, unicuique retribuens secundum quod meruit.

XIII

VOM IRRTUM DERER,
DIE GOTT UND DEN ENGELN
DIE ERKENNTNIS DER EINZELDINGE
ABSPRECHEN

115. Aber nicht allein im Hinblick auf die Wesenheit und Ordnung der geistigen Wesenheiten irrten einige Denker, indem sie nach Maßgabe niedrigerer Dinge über sie urteilten; vielmehr passierte dies anderen Autoren auch im Hinblick auf die Erkenntnis[158] und das Vorhersehen der geistigen Wesenheiten. Weil sie den Geist (intelligentia) und die Tätigkeit geistiger Wesenheiten nach Maßgabe des menschlichen Geistes und menschlicher Tätigkeit beurteilen wollten, behaupteten sie, Gott und die anderen nichtmateriellen Wesenheiten besäßen keine Erkenntnis der Einzeldinge, und sie würden auch kein Vorhersehen niedrigerer und insbesondere menschlicher Handlungen ausüben.

Diese Denker waren der Überzeugung: Weil bei uns die Sinneswahrnehmung [zur Erkenntnis] der Einzeldinge da ist, während der Geist (intellectus) aufgrund seines Nichtmateriellseins nicht für die Einzeldinge, sondern für die Allgemeinbegriffe (universalia) zuständig ist, so folge daraus, daß die Geister (intellectus) der geistigen Wesenheiten, die sehr viel einfacher als unser Geist sind, die Einzeldinge nicht erkennen[159] können. Weil geistige Wesenheiten gänzlich unkörperlich sind, gibt es bei ihnen keine Sinneswahrnehmung – denn

Caput 13.

OPINIO AUFERENTIUM RERUM PROVIDENTIAM A DEO ET SUBSTANTIIS SEPARATIS, ET EIUS REPROBATIO.

115. Non solum autem in substantia et ordine spiritualium substantiarum aliqui erraverunt, ad modum inferiorum rerum de eis existimantes, sed hoc etiam quibusdam accidit circa signationem et providentiam earumdem. Dum enim spiritualium substantiarum intelligentiam et operationem ad modum humanae intelligentiae et operationis diiudicare voluerunt, posuerunt Deum et alias substantias immateriales singularium cognitionem non habere, nec inferiorum et praecipue humanorum actuum providentiam gerere.

Quia enim in nobis singularium quidem sensus est, intellectus autem propter sui immaterialitatem non singularium sed universalium est; consequens esse existimaverunt ut intellectus substantiarum spiritualium, qui sunt multo simpliciores nostro intellectu, singularia cognoscere non possint. Non est autem in substantiis spiritualibus, cum sint omnino incorporeae, aliquis sensus, cuius operatio sine corpore

deren Tätigkeit ist ohne Körper nicht möglich. Daher erschien es diesen Denkern ausgeschlossen, daß geistige Wesenheiten irgendeine Kenntnis von Einzeldingen besitzen.

116. Zudem: Diese Leute versteigen sich in eine noch größere Tollheit[160] und meinen, Gott erkenne geistig nichts anderes als sich selbst. So sehen wir bei uns selbst, daß das Erkennen die Vollkommenheit des Erkennenden und seine Wirklichkeit [Tätigkeit: actus] ist;[161] denn durch das Erkennen wird der Geist (intellectus) in Wirklichkeit erkennend [bzw. denkend: intelligens]. Es ist aber nichts außer Gott vortrefflicher als Gott,[162] das seine Vollkommenheit sein könnte. Daraus folge mit Notwendigkeit – so meinen diese Denker –, daß nichts anderes von Gott erkannt werde als sein eigenes Wesen.

Ferner: Was aus dem Vorhersehen von irgendjemandem hervorgeht, kann nicht dem Zufall unterworfen sein. Wenn also alles, was in dieser Welt geschieht, aus göttlichem Vorhersehen hervorgeht, so gibt es in den Dingen nichts Schicksalhaftes und Zufälliges.

117. Diese Autoren verwenden auch das Argument des Aristoteles, der im sechsten Buch der «Metaphysik» nachweist: Wenn wir annehmen, daß jede Wirkung eine durch sich selbst seiende Ursache hat und daß jeder beliebigen Ursache notwendigerweise eine Wirkung zugeschrieben werden muß, so folgt daraus, daß alles Zukünftige aus Notwendigkeit geschehen wird.[163] Denn jedwede zukünftige Wirkung wird auf eine vorhergehende Ursache zurückzuführen sein,[164] und diese auf eine andere und so weiter, bis man zu einer Ursache gelangt, die bereits existiert oder existiert hat. Diese Ursache gilt jetzt deshalb als gegeben, weil sie in der Gegenwart existiert oder in der Vergangenheit existiert hat. Wenn also mit einer angenommenen Ursache notwendigerweise

---

esse non potest: unde videtur eis impossibile quod spirituales substantiae aliquam de singularibus notitiam habeant.

116. — *Adhuc.* In maiorem insaniam inde procedentes, aestimant Deum nihil nisi se ipsum intellectu cognoscere. Sic enim videmus in nobis quod intellectum est intelligentis perfectio et actus: per hoc enim intellectus fit actu intelligens. Nihil autem aliud Deo est nobilius, quod possit esse eius perfectio. Unde ex necessitate consequi arbitrantur quod nihil aliud sit a Deo intellectum nisi eius essentia (¹).

Amplius. Ea quae ex alicuius providentia procedunt, casualia esse non possunt. Si igitur omnia quae in hoc mundo accidunt ex divina providentia procedunt, nihil in rebus erit fortuitum et casuale.

117. — *Item.* Utuntur ratione Aristotelis in sexto *Metaphysicorum* (²) probantis, quod si omnem effectum ponamus habere causam per se, et quod qualibet causa posita necesse sit effectum poni, sequeretur quod omnia futura ex necessitate contingerent (³): quia erit inducere (⁴) quemlibet effectum futurum in aliquam praecedentem causam, et illam in aliam, et sic inde quousque veniatur ad causam quae iam est vel quae fuit. Haec autem iam posita est ex quo in praesenti est vel in praeterito fuit. Si igitur posita causa necesse est effectum poni, ex necessitate consequuntur omnes futuri effectus.

Sed si omnia quae in mundo sunt di-

auch die Wirkung angenommen werden muß, so folgen alle zukünftigen Wirkungen aus Notwendigkeit.

Wenn aber alles in der Welt Existierende dem göttlichen Vorhersehen unterliegt, so existiert die Ursache von allem nicht nur in der Gegenwart oder Vergangenheit, sondern sie ging von Ewigkeit her voran. Es ist nun nicht möglich, daß[165] die Wirkungen nicht folgen, wenn diese Ursache angenommen wird. Denn das göttliche Vorhersehen, das fehlerlos ist,[166] wird nicht durch die Unkenntnis oder die Unfähigkeit des Vorhersehenden nichtiggemacht. Es ergibt sich also,[167] daß alles aus Notwendigkeit entsteht.

118. Weiter [lehren diese Denker]: Wenn Gott das Gute selbst ist, so muß die Ordnung seines Vorhersehens dem Wesen des Guten entsprechend verlaufen. Deshalb ist das göttliche Vorhersehen entweder unwirksam, oder es schließt das Übel von den Dingen gänzlich aus. Wir sehen aber, daß bei den einzelnen hervorgebrachten und vergänglichen Dingen viele Übel geschehen – und insbesondere unter den Menschen; bei ihnen werden außer den natürlichen Übeln, die als natürliche Mängel und Zerstörungen ihnen und anderen vergänglichen Dingen gemeinsam zukommen, obendrein noch die Übel der Laster und der Ordnung widerstrebender Ereignisse hinzugefügt: etwa wenn den Gerechten oftmals viele Übel geschehen, während den Ungerechten Gutes zukommt.

Aus diesem Grunde meinten also einige Denker, das göttliche Vorhersehen erstrecke sich auf die nichtmateriellen Wesenheiten, auf das Unvergängliche und die himmlischen Körper, bei denen sie kein Übel sahen. Vom Niedrigeren aber behaupteten sie, es unterliege dem Vorhersehen Gottes oder anderer geistiger Wesenheiten im Hinblick auf die Gattungen, nicht jedoch hinsichtlich der Einzeldinge.

---

vinae providentiae subduntur, omnium causa non solum est praesens vel praeterita, sed ab aeterno praecessit. Non est autem possibile quin ea posita causa effectus non sequantur (¹): non enim cassatur divina providentia neque per ignorantiam neque per impotentiam providentis, in quem nullus cadit defectus. Sequeretur igitur omnia ex necessitate procedere.

118. — *Adhuc*. Si Deus est ipsum bonum, oportet quod ordo providentiae eius secundum rationem boni procedat. Aut igitur inefficax est divina providentia, aut universaliter malum a rebus excludit. Videmus autem in singularibus generabilium et corruptibilium multa mala contingere;

et praecipue inter homines, in quibus praeter naturalia mala, quae sunt naturales defectus et corruptiones communes eis et aliis corruptibilibus rebus, superadduntur insuper mala vitiorum et inordinatorum eventuum: puta, cum iustis multoties multa mala veniunt, iniustis autem bona.

Propter hoc igitur aliqui aestimaverunt divinam providentiam se extendere usque ad substantias immateriales et incorruptibilia, et caelestia corpora, in quibus nullum malum videbant: inferiora autem providentiae subdi dicebant divinae vel aliarum spiritualium substantiarum quantum ad genera, non autem quantum ad individua.

XIV
GOTTES ERKENNTNIS
UND VORHERSEHEN

119. Weil die dargestellte Auffassung der allgemeinen Anschauung der Menschen widerspricht – nicht allein der Mehrheit,[168] sondern auch der Weisen –, ist mit sicheren Begründungen nachzuweisen, daß die wiedergegebene Meinung keine Wahrheit besitzt und daß die voranstehenden Argumente nicht die Schlußfolgerungen zulassen, zu denen sie führen sollen. Das soll erstens für die Erkenntnis Gottes und zweitens für sein Vorhersehen gezeigt werden.

1.
Gott besitzt die Erkenntnis aller Dinge

120. Man muß mit Notwendigkeit daran festhalten, daß Gott die sicherste Erkenntnis von allem besitzt, das zu irgendeiner Zeit oder von irgendeinem Erkennenden erkennbar ist. Denn die Wesenheit Gottes ist, wie oben festgestellt wurde, sein Sein. Ferner sind in ihm Sein und Erkennen (Denken: intelligere) nichts Verschiedenes – wäre dies nicht der Fall, so wäre er nicht das vollkommen Einfache und daher auch nicht das schlechthin Erste. Wie deshalb

Caput 14.

OPINIONIS REPROBATIO.

119. — Et quia ea quae praedicta sunt, communi opinioni hominum repugnant, non solum plebis, sed etiam sapientum; certis rationibus ostendendum est praedicta veritatem non habere, et rationes praemissas non hoc concludere quod intendunt.

Et *primo* quidem quantum ad divinam cognitionem; *secundo* quantum ad eius providentiam.

I.

Quod Deus habet omnium cognitionem.

120. — Oportet autem ex necessitate hoc firmiter tenere quod Deus omnium cognoscibilium quocumque tempore vel a quocumque cognoscente, certissimam cognitionem habeat. Ut enim supra habitum est, Dei substantia est ipsum eius esse. Non est autem in eo aliud esse, atque aliud intelligere: sic enim non esset perfecte simplex, unde nec simpliciter primum. Oportet igitur quod sicut eius substantia

seine Wesenheit sein Sein ist, so muß seine Wesenheit auch sein Erkennen (Denken: intelligere) oder sein Geist (intelligentia)[169] sein, wie der Philosoph Aristoteles im zwölften Buch der «Metaphysik» nachweist. Wie also Gottes Wesenheit sein [von der Materie] getrenntes Sein ist, so ist seine Wesenheit auch sein [von der Materie] getrenntes Erkennen (Denken).[170] Wenn es nun eine [von der Materie] getrennte Form gibt, so fehlt ihr nichts, was zum Wesen dieser Form gehören könnte: Wenn beispielsweise das Weiße [von der Materie] getrennt wäre, so würde ihm nichts von dem fehlen, was man unter dem Wesen des Weißen versteht.[171] Die Erkenntnis eines jeglichen Erkennbaren ist aber in dem umfassenden Wesen der Erkenntnis enthalten. Deshalb kann Gott nicht die Erkenntnis irgendeines Erkennbaren fehlen.

Ferner entspricht die Erkenntnis eines jeglichen Erkennenden der Beschaffenheit seiner Wesenheit, wie auch eine jegliche Handlung der Beschaffenheit des Handelnden entspricht. Um so mehr entspricht also die Erkenntnis Gottes, die seine Wesenheit ist, der Beschaffenheit seines Seins. Sein Sein aber ist Eines, einfach, feststehend und ewig. Es folgt deshalb, daß Gott mit einer einfachen Anschauung eine ewige und feststehende Kenntnis von allen Dingen besitzt.

121. Zudem gilt:[172] Was [von der Materie] getrennt ist, kann nur Eines in einer jeglichen Natur sein. Wenn das Weiße [von der Materie] getrennt sein könnte, so gäbe es nur *ein* Weißes, das [von der Materie] getrennt wäre; alle anderen Weißen wären an ihm Teilhabende. Wie also die einzige Wesenheit Gottes sein [von der Materie] getrenntes Sein ist, so ist seine einzige Wesenheit sein gänzlich [von der Materie] getrenntes Erkennen (Denken: intelligere). Wie deshalb alle anderen Wesen ein teilhabendes Sein besitzen, so verstehen (denken) oder erkennen sie auch teilhabend – auf welche Weise auch immer.

est suum esse, ita etiam eius substantia sit suum intelligere, seu intelligentia, ut etiam Philosophus concludit in decimosecundo *Metaphysicae* (¹). Sicut igitur eius substantia est ipsum esse separatum, ita et eius substantia est ipsum intelligere separatum. Si autem sit aliqua forma separata, nihil quod ad rationem illius formae pertinere posset, ei deesset; sicut si albedo separata esset, nihil quod sub ratione albedinis comprehenditur, ei deficeret. Cuiuslibet autem cognoscibilis cognitio sub universali ratione cognitionis continetur. Oportet igitur Deo nullius cognoscibilis cognitionem deesse.

Cognitio autem cuiuslibet cognoscentis est secundum modum substantiae eius, sicut et quaelibet operatio est secundum modum operantis. Multo igitur magis divina cognitio, quae est eius substantia, est secundum modum esse ipsius. Esse autem eius est unum, simplex, fixum et aeternum. Sequitur ergo quod Deus uno simplici intuitu aeternam et fixam de omnibus notitiam habeat.

121. — *Adhuc* autem, id quod abstractum est, non potest esse nisi unum in unaquaque natura. Si enim albedo posset esse abstracta, sola una esset albedo, quae abstracta esset; omnes autem aliae albedines essent eam participantes. Sic igitur sicut sola Dei substantia est ipsum abstractum esse, ita sola eius substantia est ipsum intelligere omnino abstractum. Omnia igi-

Aber alles, was jemandem durch Teilhabe zukommt, begegnet vollkommener in dem durch das eigene Wesen Seienden, von dem aus es auf andere Wesen übergeht.[173] Also muß Gott die Erkenntnis von allem besitzen, was – von wem auch immer[174] – erkannt wird. Aus diesem Grunde hält es der Philosoph Aristoteles für unstimmig, daß etwas von uns erkannt wird, während Gott es nicht kennt: das wird im ersten Buch der Schrift «Über die Seele» und im dritten Buch der «Metaphysik» deutlich.

122. Ebenso gilt: Wenn Gott sich selbst erkennt, so muß er sich vollkommen erkennen; wenn nämlich[175] sein Erkennen (Denken: intelligere) seine Wesenheit ist, so muß in seiner Erkenntnis begriffen sein, was immer in seiner Wesenheit ist. Sofern aber die Wesenheit von etwas vollkommen erkannt wird, muß auch seine Kraft vollkommen erkannt werden. Also erkennt Gott seine Kraft vollkommen.[176] Deshalb muß er alles erkennen, worauf sich seine Kraft erstreckt.

Seine Kraft erstreckt sich aber auf alles, was – in welcher Weise auch immer – in den Dingen ist oder sein kann, gleichgültig, ob es etwas Besonderes oder Allgemeines ist, ob es von Gott unmittelbar oder durch die Vermittlung von Zweitursachen hervorgebracht wurde: denn die Kraft der ersten Ursache kommt in der Wirkung stärker zum Ausdruck als die Kraft der Zweitursache. Also muß Gott von allem Erkenntnis besitzen, was – auf welche Weise auch immer – in den Dingen ist.

123. Ferner gilt: Wie die Ursache durch ihre Ähnlichkeit,[177] [an der die Wirkung] teilhat, in gewisser Weise in der Wirkung existiert, so existiert jede Wirkung in einer vorzüglicheren Weise in ihrer Ursache: der Kraft der Ursache entsprechend. Deshalb muß in der ersten Ursache von allem, nämlich in Gott,

---

tur alia sicut habent esse participatum, ita participative intelligunt seu qualitercumque cognoscunt.

Omne autem quod convenit alicui per participationem, perfectius invenitur in eo quod est tale per essentiam, a quo alia derivantur. Oportet igitur Deum omnium (²), a quibuscumque cognoscuntur, cognitionem habere. Unde et Philosophus pro inconvenienti habet ut aliquid a nobis cognitum sit Deo ignotum; ut patet in primo *De anima* (³) et in tertio *Metaphysicae* (⁴).

122. — *Item.* Si Deus se ipsum cognoscit, oportet quod perfecte cognoscat se: praesertim quia si eius intelligere est eius substantia, necesse est ut quidquid est in eius substantia ipsius cognitione comprehendatur. Cuiuscumque autem rei per-

fecte substantia cognoscitur, necesse etiam est ut etiam virtus perfecte cognoscatur. Cognoscit igitur perfecte suam virtutem. Oportet igitur quod cognoscat omnia ad quae sua virtus extenditur.

Sua autem virtus extenditur ad omne quod est quocumque modo in rebus vel esse potest, sive sit proprium, sive commune, sive immediate ab eo productum, sive mediantibus causis secundis: quia causae primae virtus magis imprimit in effectum quam virtus causae secundae. Oportet igitur Deum cognitionem habere de omnibus quae sunt quocumque modo in rebus.

123. — *Amplius.* Sicut causa est quodammodo in effectu per sui similitudinem participatam, ita omnis effectus est in sua causa excellentiori modo secundum vir-

alles in einem höheren Sinne existent sein als in sich selbst.[178] Was aber in einem anderen existiert, muß der Art der Wesenheit des anderen entsprechend in ihm sein. Die Wesenheit Gottes aber ist sein Erkennen (Denken). Also muß alles – auf welche Weise es auch in den Dingen existiert – in Gott geistig existent sein,[179] der Vorzüglichkeit der Wesenheit Gottes entsprechend. Deshalb muß Gott alles in der vollkommensten Weise erkennen.

124. Weil [die Averroisten] in der Beweisführung des Aristoteles im zwölften Buch der «Metaphysik» eine Gelegenheit zum Irrtum fanden, ergibt sich die Notwendigkeit aufzuzeigen,[180] daß sie die Absicht des Philosophen Aristoteles nicht verstehen:

Man muß wissen, daß den Platonikern zufolge vor der Ordnung der Geister (intellectus) eine Ordnung des Geistigen (intelligibilia) existierte, so daß der Geist durch Teilhabe am Geistigen in Wirklichkeit erkennend (denkend) wurde; dies haben wir oben bereits ausgeführt.

Auf dieselbe Weise macht Aristoteles in dem genannten Buch zunächst deutlich,[181] daß es über dem Geist und dem geistigen Begehren, durch das der Himmel bewegt wird, ein Geistiges gibt, an dem der Geist teilhat, der den Himmel bewegt. Aristoteles bringt dies so zum Ausdruck: «Was die geistige Wesenheit und den Geist aufnimmt, ist tätig als etwas, das sie besitzt»[182] – als würde er sagen: es erkennt (denkt) in Wirklichkeit in dem Maße, in dem es sein höheres Geistiges, an dem es teilhat, bereits besitzt. Und daraus schließt Aristoteles weiter, daß dieses Geistige göttlicher [als der teilhabende Geist] ist.

Nach der Einschaltung von anderem bewegt Aristoteles dann die Frage nach dem Geist dieses höchsten Göttlichen – durch die Teilhabe an ihm erkennt der

---

tutem ipsius. In causa igitur prima omnium, quae Deus est, oportet omnia eminentius existere ex natura (¹) quam etiam in seipsis. Quod autem est in aliquo, oportet quod in eo sit secundum modum substantiae eius. Substantia autem Dei est ipsum intelligere eius. Oportet igitur omnia quae quocumque modo sunt in rebus, in Deo intelligibiliter existere secundum eminentiam substantiae eius. Necesse est igitur Deum perfectissime omnia cognoscere.

124. — Sed occasionem errandi sumpserunt ex demonstratione Aristotelis in decimosecundo *Metaphysicae* (²). Oportet autem ostendere, quod Philosophi intentionem non assequuntur.

Sciendum est igitur quod secundum Platonicos ordo intelligibilium praeexistebat ordini intellectuum, ita quod intellectus participando intelligibile fieret intelligens actu, ut supra iam diximus.

Et per hunc modum etiam Aristoteles ostenderat prius in eodem libro quod supra intellectum et appetitum intellectualem quo caelum movetur est quoddam intelligibile participatum ab ipso intellectu caelum movente, sic dicens: « Susceptivum intelligibilis et substantiae et intellectus agit ut agens »; quasi dicat: actu intelligit secundum quod habet iam participatum suum intelligibile superius; et ex hoc ulterius concludit, quod illud intelligibile sit magis divinum.

Et interpositis quibusdam, movet quaestionem de intellectu huius divinissimi, cuius participatione motor caeli est intel-

Beweger des Himmels in Wirklichkeit: Falls dieses[183] höchste Göttliche nicht erkennt (denkt), so ist es nichts Hervorragendes, sondern es verhält sich so[184] wie jemand, der schläft. Falls es jedoch erkennt, so lautet die erste Frage, auf welche Weise es erkennt. Denn falls es erkennt, indem es an einem anderen teilhat, das höher ist – wie der niedrigere Geist durch Teilhabe an diesem höchsten Göttlichen erkennt –, so folgt, daß es ein anderes gibt, das im Hinblick auf das höchste Göttliche das Ursprüngliche ist. Weil es nämlich durch Teilhabe an einem anderen erkennt, ist es nicht durch sein eigenes Wesen erkennend, so daß seine Wesenheit sein Erkennen wäre – vielmehr ist seine Wesenheit im Hinblick auf die Erkenntnis (intelligentia) in der Möglichkeit: denn so verhält sich die Wesenheit eines Teilhabenden zu dem, was ihm durch Teilhabe zukommt. Und so folgt ferner, daß dieses Göttliche nicht die höchste Wesenheit ist – das aber widerspricht der Voraussetzung, [es handele sich um das höchste Göttliche].[185]

125. Anschließend behandelt Aristoteles ein anderes Problem: *was* von der höchsten Wesenheit erkannt wird. Ob man nun annimmt, die erste Wesenheit[186] sei ihr Erkennen selbst oder ihre Wesenheit sei ein Geist (intellectus), der sich zum Erkennen als Möglichkeit verhält – [in beiden Fällen] ergibt sich die Frage, was der Gegenstand ist, den die erste Wesenheit erkennt. Sie erkennt nämlich entweder sich selbst oder etwas von ihr Verschiedenes. Und falls man annimmt, daß sie etwas von ihr Verschiedenes erkennt, so ist ferner fraglich, ob sie stets dasselbe erkennt oder zuweilen das eine und manchmal das andere.

Weil jemand sagen könnte, daß es keinen Unterschied mache, *was* die erste Wesenheit erkennt, wirft Aristoteles dazu die Frage auf: Macht es einen Unter-

---

ligens actu. Quia si illud divinissimum non intelligit, non erit insigne aliquid, sed se habebit ut dormiens. Si autem intelligit, erit primo dubitatio quomodo intelligit. Quia si intelligit participando aliquid aliud superius, sicut per participationem eius inferior intellectus intelligit, sequetur quod erit aliquid aliud principale respectu ipsius: quia ex quo per participationem alterius intelligit, non est intelligens per suam essentiam, ita quod sua substantia sit suum intelligere, sed magis sua substantia erit in potentia respectu intelligentiae: sic enim se habet substantia cuiuslibet participantis ad id quod per participationem obtinet: et ita ulterius sequetur quod illud divinissimum non erit optima substantia; quod est contra positum.

125. — Movet etiam *consequenter* aliam dubitationem de eo quod intelligitur ab optima substantia. Sive enim detur quod substantia primi sit ipsum eius intelligere, sive substantia eius sit intellectus qui comparatur ad intelligere ut potentia, dubium erit quid sit illud quod intelligit prima substantia. Aut enim intelligit se ipsam (¹), aut aliquid diversum a se. Et si detur quod aliquid diversum a se intelligat, erit ulterius dubitabile utrum semper idem intelligat, aut quandoque unum, quandoque aliud.

Et quia posset aliquis dicere quod nihil differt quid intelligat, movet super hoc dubitationem utrum aliquid differat vel nihil, in quocumque intelligente, intelligere aliquid bonum vel intelligere quodcumque

schied oder nicht, in einem Gegenstand etwas Gutes[187]oder etwas Nichtnotwendiges zu erkennen? Und er sagt als Antwort auf diese Frage, daß es sinnlos sei, von bestimmten Dingen zu wissen. Die Bedeutung dieser Aussage kann zweifach sein: zum einen, daß es sinnlos ist, im Hinblick auf bestimmte Dinge zu wissen, ob sie zu erkennen ebenso gut ist wie andere Dinge zu erkennen, oder ob es viel weniger wichtig oder viel bedeutender ist.[188] Der andere Sinn lautet: Wir bemerken, daß es für uns offenbar sinnlos ist, gewisse Dinge in Wirklichkeit zu erkennen. Daher findet sich [in derselben Schrift des Aristoteles] auch die andere Stelle: «oder es ist unangemessen, über bestimmte Dinge nachzudenken».

Nachdem Aristoteles also festgestellt hat, daß es besser ist, etwas Gutes als etwas weniger Gutes zu erkennen, zieht er den Schluß: Was die erste Wesenheit erkennt, ist das Beste; und sie verändert sich beim Erkennen nicht, indem sie in diesem Moment das eine und in einem anderen Moment etwas anderes erkennen würde. Dies beweist Aristoteles zweifach. Erstens: Weil die erste Wesenheit das Vortrefflichste erkennt, so würde – wie gesagt – folgen,[189] daß es sich um eine Veränderung zu etwas weniger Edlem handeln würde, wenn sie sich einem anderen Erkenntnisgegenstand zuwenden würde. Zweitens wäre ein solcher Wechsel der Erkenntnisgegenstände bereits eine gewisse Bewegung – die erste Ursache muß aber in jeder Hinsicht ohne Bewegung sein.

126. Anschließend kehrt Aristoteles zur Beantwortung der ersten Frage zurück, nämlich ob die Wesenheit Gottes sein Erkennen ist.[190] Dies weist Aristoteles zweifach nach, und zwar folgendermaßen:

Erstens [ist Gottes Wesenheit sein Erkennen], weil es wahrscheinlich ist, daß fortwährendes Erkennen (Denken: intelligere) für Gott beschwerlich wäre,

contingens. Et respondet satisfaciens huic dubitationi, quod de quibusdam absurdum est intelligere: cuius potest esse sensus *duplex*. *Vel* quia absurdum est intelligere de quibusdam, utrum ea intelligere sit ita bonum sicut quaedam alia, cum quaedam respectu aliorum sint vel multo priora, vel multo meliora. *Alius* autem sensus est, quia videmus quod intelligere quaedam in actu, apud nos videtur esse absurdum: unde et alia littera habet (²): « Aut inconveniens meditari de quibusdam ».

Habito igitur quod melius est intelligere aliquod bonum quam intelligere minus bonum, concludit quod id quod intelligit prima substantia est optimum, et quod intelligendo non mutatur, ut nunc intelligat unum nunc aliud. Et hoc probat *dupliciter*. *Primo* quidem, quia cum intelligat id quod est nobilissimum, ut dictum est, sequeretur, si mutaretur ad aliud intelligibile, quod mutatio esset in aliquid indignius. *Secundo*, quia talis vicissitudo intelligibilium iam est motus quidam. Primum autem principium oportet esse omnibus modis immobile.

126. — *Deinde* redit ad determinandam primam quaestionem, an scilicet Dei substantia sit suum intelligere, et an esse Dei sit suum intelligere: quod sic *dupliciter* probatur.

Primo quidem probat, quod si prima substantia non est suum intelligere, sed est sicut potentia, adhuc sit probabile (¹)

wenn seine Wesenheit nicht sein Erkennen wäre, sondern wie eine Möglichkeit zu ihm stehen würde.[191] Aristoteles weist darauf hin, daß dies wahrscheinlich ist, weil es sich bei uns [Menschen] so verhält. Da es aber bei uns nicht aufgrund der Natur des Geistes, sondern wegen der niedrigeren Kräfte, die wir beim Erkennen benutzen, geschehen kann, [daß fortwährendes Denken mühsam ist], deshalb sagt Aristoteles nicht, es verhalte sich notwendigerweise in allen Fällen so. Wenn das Wahrscheinliche dennoch als wahr angenommen wird, so ergibt sich, daß fortwährendes Erkennen für die erste Wesenheit beschwerlich ist und daß sie deshalb nicht immer erkennen kann – das aber widerspricht der Voraussetzung, [daß Gott stets erkennt].

Zweitens weist Aristoteles wie folgt nach, [daß Gottes Wesenheit sein Erkennen ist]: Wenn seine Wesenheit nicht sein Erkennen wäre, so würde folgen,[192] daß etwas anderes würdiger wäre als der Geist (intellectus) Gottes, nämlich der erkannte Gegenstand; denn durch Teilhabe an ihm würde dann der Geist Gottes erkennend. Wann immer eine Wesenheit nicht ihr Erkennen ist,[193] muß die Wesenheit des Geistes veredelt und vervollkommnet werden, indem sie ‚etwas Erkennbares in Wirklichkeit erkennt, auch wenn es das Unwürdigste wäre. Alles aber, durch das etwas in Wirklichkeit wird,[194] ist würdiger als dieses. Daraus würde sich ergeben,[195] daß etwas sehr unwürdiges Erkennbares vortrefflicher wäre als der Geist, der nicht durch sein Wesen erkennend ist. Aus diesem Grunde muß dies verneint werden: daß irgendein Erkanntes, das sich vom göttlichen Geist unterscheidet, dessen Vollkommenheit ist; denn zur Vollkommenheit des göttlichen Erkennens gehört auch die Vortrefflichkeit des von ihm Erkannten. Dies wird daran deutlich, daß es bei uns [Menschen], bei denen sich die Wesenheit des Erkennenden von der wirklichen Erkenntnis unterscheidet, würdiger ist, bestimmte Dinge nicht zu sehen als sie zu sehen.

quod continue intelligere esset ei laboriosum. Hoc autem dicit esse probabile ex eo quod in nobis sic accidit. Sed quia in nobis potest accidere non ex natura intellectus sed ex viribus inferioribus quibus utimur in intelligendo, ideo non dixit esse hoc necessarium in omnibus. Si tamen hoc probabile accipiatur ut verum, sequetur quod continue intelligere sit laboriosum primae substantiae, et ita non poterit semper intelligere; quod est contra praemissa.
Secundo probat per hoc, quia si substantia sua non esset suum intelligere, sequetur quod aliquid aliud erit dignius quam eius intellectus, scilicet res intellecta, per cuius participationem fit intel-

ligens. Quandocumque enim substantia intelligentis non est suum intelligere, oportet quod substantia intellectus nobilitetur et perficiatur per hoc quod actu intelligit aliquod intelligibile, etiam si illud sit indignissimum. Omne enim illud per quod aliquid fit actu, nobilius est. Unde sequetur quod aliquod indignissimum intelligibile sit dignius quam intellectus qui non est intelligens per suam essentiam. Quare negandum est hoc, scilicet quod aliquid intellectum aliud ab ipso sit perfectio intellectus divini, quia ad perfectionem ipsius intelligere pertinet nobilitas ipsius intellecti: quod patet ex hoc quod in nobis, in quibus differt substantia cognoscentis

Falls es sich demnach bei Gott so verhält, daß sein Geist nicht sein Erkennen (intelligentia) ist und er etwas von ihm Unterschiedenes erkennt, so wäre sein Erkennen nicht das bestmögliche, da es nicht das bestmögliche Erkennbare zum Gegenstand hat. Es bleibt also übrig, daß Gott sich selbst erkennt, weil er das vortrefflichste Seiende ist.

127. Es ist daher für den sorgfältigen Betrachter der erwähnten Ausführungen des Aristoteles offenkundig, daß Aristoteles nicht beabsichtigt, die Erkenntnis anderer Gegenstände von Gott schlechthin auszuschließen; vielmehr [will Aristoteles zum Ausdruck bringen], daß Gott anderes nicht durch[196] das andere selbst erkennt, indem er daran teilhat. Auf diese Weise würde Gott durch das andere erkennend werden, wie es bei jedem Geist der Fall ist, dessen Wesenheit nicht sein Erkennen ist. Gott erkennt vielmehr alles von ihm Verschiedene, indem er sich selbst erkennt – insofern sein Sein die allumfassende und ursprüngliche Ursache allen Seins und sein Erkennen die allumfassende Wurzel des Erkennens ist,[197] die jede Geistestätigkeit (intelligentia) in sich begreift.

Dagegen erkennen die niedrigeren [von der Materie] getrennten Geister (intellectus), die wir als Engel bezeichnen, sich selbst als Einzelne durch ihr Wesen (essentia), während sie anderes – den Auffassungen der Platoniker zufolge – durch Teilhabe an geistigen, [von der Materie] getrennten Formen erkennen, die die Platoniker als Götter bezeichnen, wie oben dargestellt wurde. Demgegenüber [erkennen die Engel] den Grundsätzen des Aristoteles zufolge teilweise durch ihr Wesen und teilweise durch Teilhabe an dem ersten Geistigen selbst, also an Gott[198], von dem her sie sowohl am Sein als auch am Erkennen teilhaben.

---

a cognitione actuali, dignius est quaedam non videre quam videre. Et ita, si sic sit in Deo quod eius intellectus non sit sua intelligentia, et aliquid aliud intelligat; non erit sua intelligentia optima, quia non erit optimi intelligibilis. Relinquitur ergo quod se ipsum intelligat, cum ipse sit nobilissimum entium.

127. — Patet igitur praedicta verba Philosophi diligenter consideranti, quod non est intentio eius excludere a Deo simpliciter aliarum rerum cognitionem, sed quod non intelligit alia a se quasi participando ea, ut per ea fiat intelligens, sicut fit in quocumque intellectu cuius substantia non est suum intelligere. Intelligit autem omnia alia a se intelligendo se ipsum, inquantum ipsius esse est universale et fontale principium omnis esse, et suum intelligere quaedam universalis radix intelligendi, omnem intelligentiam comprehendens.

Inferiores vero intellectus separati, quos Angelos dicimus, intelligunt quidem se ipsos singuli per suam essentiam, alia vero intelligunt secundum platonicas positiones per participationem formarum intelligibilium separatarum, quas deos vocabant, ut supra dictum est; secundum Aristotelem vero partim per species, partim quidem per suam essentiam, partim vero per participationem formarum intelligibilium separatarum ipsius primi intelligibilis, quod est Deus, a quo et esse et intelligere participant.

2.
Das göttliche Vorhersehen erstreckt sich bis auf die kleinsten Dinge

128. Wie sich die göttliche Erkenntnis dem Vorangegangenen zufolge notwendigerweise bis auf das kleinste unter den Dingen erstreckt, so muß auch die Fürsorge des göttlichen Vorhersehens alles umfassen.[199]

Es gibt nämlich in allen Dingen ein Gutes in einer bestimmten Ordnung; dementsprechend dienen sich die Dinge gegenseitig, und sie sind auf einen Zweck hingeordnet. Wie sich jedes Sein von dem ersten Seienden herleitet, das das Sein selbst ist, so muß sich jedes Gute von einem Ersten herleiten, das die Gutheit selbst ist.[200] Deshalb muß sich die Ordnung der Einzeldinge von der ersten und reinen Wahrheit herleiten; von dieser Wahrheit leitet sich ein Einzelding seiner inneren Natur nach her, nämlich auf geistige Weise. Das Wesen des Vorhersehens besteht nun darin, daß von einem Erkennenden eine Ordnung unter den Dingen begründet wird, die seinem Vorhersehen unterstehen. Deshalb muß alles dem göttlichen Vorhersehen unterliegen.

129. Zudem gilt: Das erste unbewegte Bewegende, also Gott, ist die Ursache aller Bewegungen, wie auch das erste Seiende die Ursache jeden Seins ist. Unter den durch sich selbst geordneten Ursachen ist aber etwas in um so höherem Maße Ursache, je höher es in der Ordnung der Ursachen steht – weil es den anderen zukommen läßt, daß sie Ursachen sind. Demzufolge ist Gott in höherem Maße Ursache aller Bewegungen als die einzelnen bewegenden Ursachen. Gott ist aber ausschließlich als Erkennender Ursache von irgendetwas, weil

II.
Quod divina providentia
ad minima se extendit.

128. — Sicut autem divinam cognitionem necesse est secundum praemissa usque ad minima rerum se extendere, ita necesse est sub divinae providentiae cura universa concludere.

Invenitur enim in rebus omnibus bonum esse in ordine quodam, secundum quod res sibi invicem subserviunt et ordinantur ad finem. Necesse est autem, sicut omne esse derivatur a primo ente, quod est ipsum esse, ita omne bonum derivetur a primo bono, quod est ipsa bonitas. Oportet igitur singulorum ordinem a prima et pura veritate derivari: a qua quidem aliquid derivatur secundum quod in eo est, per intelligibilem scilicet modum. In hoc autem ratio providentiae consistit quod ab aliquo intelligente statuatur ordo in rebus quae eius providentiae subsunt. Necesse est igitur omnia divinae providentiae subiacere.

129. — *Adhuc.* Primum movens immobile, quod Deus est, omnium motionum principium est, sicut et primum ens est omnis esse principium. In causis autem per se ordinatis tanto aliquid magis est causa, quanto in ordine causarum prior (¹) est, cum ipsa aliis conferat quod causae sint. Deus igitur secundum hoc omnium motionum vehementius causa est quam etiam singulares causae moventes. Non est autem alicuius causa Deus nisi sicut (²) intelli-

seine Wesenheit sein Erkennen ist, wie aus den oben wiedergegebenen Ausführungen des Aristoteles deutlich wird. Nun ist alles durch die Art seiner Wesenheit tätig: Also bewegt Gott alles durch seinen Geist (intellectus) zu den jeweils entsprechenden Zwecken – das aber ist Vorhersehen.[201] Also unterliegt alles dem göttlichen Vorhersehen.

130. Ferner gilt: Die Dinge sind so im Universum veranlagt, wie es für sie am besten ist zu sein, weil alles von der höchsten Gutheit abhängt. Nun ist es besser, die Dinge sind durch sich selbst geordnet, als daß sie durch ein Hinzukommendes (per accidens) geordnet werden: Deshalb besteht die Ordnung des ganzen Universums nicht durch ein Hinzukommendes, sondern durch sich selbst. Damit etwas durch sich selbst geordnet wird, ist aber erforderlich, daß die Absicht des Ersten bis zu dem Letzten getragen wird. Wenn nämlich das Erste beabsichtigt, das Zweite zu bewegen,[202] und seine Absicht nicht weitergetragen wird, das Zweite aber ein Drittes bewegen würde, so läge diese Bewegung nicht in der Absicht des ersten Bewegenden; eine solche Ordnung würde deshalb durch ein Hinzukommendes (per accidens) bestehen. Die Absicht des ersten Bewegenden und Ordnenden, also Gottes, muß sich daher nicht nur bis zu bestimmten Seienden ausbreiten, sondern bis zu den letzten. Also unterliegt alles dem göttlichen Vorhersehen.

131. Ebenso gilt: Die Eigenschaften von Ursache und Wirkung sind deutlicher in der Ursache anzutreffen als in der Wirkung, denn sie gehen von der Ursache in die Wirkung über. Was immer also in den niedrigeren Ursachen existiert und der ersten Ursache von allem zugeschrieben wird: es kommt der ersten Ursache in der höchsten Weise zu. Nun muß man Gott ein Vorhersehen zuschreiben – andernfalls würde das Universum vom Zufall regiert. Also muß das göttliche Vorhersehen höchst vollkommen sein.

---

gens, cum sua substantia sit suum intelligere, ut per supra posita Aristotelis verba patet. Unumquodque autem agit per modum suae substantiae. Deus igitur per suum intellectum omnia movet ad proprios fines. Hoc autem providere est. Omnia igitur divinae providentiae subsunt.

130. — *Amplius.* Sic (³) sunt res in universo dispositae sicut optimum est eas esse, eo quod omnia ex summa bonitate dependent. Melius est autem aliqua esse ordinata per se quam per accidens ordinentur: est igitur totius universi ordo non per accidens, sed per se. Hoc autem requiritur ad hoc quod aliqua per se ordinentur, quod primi intentio feratur usque ad ultimum. Si enim primum moveret secundum (⁴), et eius intentio ulterius non feratur, secundum vero tertium moveat, hoc erit praeter intentionem primi moventis. Erit igitur talis ordo per accidens. Oportet igitur quod primi moventis et ordinantis intentio, scilicet Dei, non solum usque ad quaedam entium procedat, sed usque ad ultima. Omnia igitur eius providentiae subsunt.

131. — *Item.* Quod causae et effectui convenit, eminentius invenitur in causa quam in effectu; a causa enim in effectum derivatur. Quidquid igitur in inferioribus causis existens, primae omnium causae attribuitur, excellentissime convenit ei. Oportet autem aliquam providentiam attribuere

132. Es sind bei dem Vorhersehen zwei Aspekte zu betrachten: die *Hinord-nung* und die *Ausführung* des Hingeordneten;[203] in ihnen begegnet in bestimm-ter Hinsicht ein unterschiedlicher Grad der Vollkommenheit. In der *Hinord-nung* ist das Vorhersehen um so vollkommener, je umfassender der Vorherse-hende in seinem Geist das Einzelne betrachten und ordnen kann. Aus diesem Grunde gelten die praktischen Künste als um so vollkommener, je mehr eine von ihnen Einzelnes zu verbinden[204] vermag. Dagegen ist das Vorhersehen bei der *Ausführung* offenbar desto vollkommener, je umfassender der Vorherse-hende bewegt, indem er durch möglichst viele Vermittelnde und Instrumente wirkt.[205]

Das göttliche Vorhersehen beinhaltet also eine geistige Hinordnung von allem und auch des Einzelnen; es führt das Hingeordnete aber durch viele und verschiedene Ursachen aus. Unter diesen Ursachen existieren die geistigen Wesenheiten, die wir als Engel bezeichnen, näher [als andere Ursachen] an der ersten Ursache, und sie führen das göttliche Vorhersehen in umfassenderer Weise aus. Die Engel sind also universelle Vollzieher des göttlichen Vorherse-hens; deshalb werden sie auch bezeichnenderweise «angeli», d.h. Boten, genannt. Die Aufgabe von Boten besteht nämlich darin, auszuführen, was von Gott angeordnet wurde.[206]

Deo; alioquin universum casu ageretur. Oportet ergo divinam providentiam perfe-ctissimam esse.

132. — Sunt autem in providentia *duo* consideranda: scilicet *dispositio*, et *dispo-sitorum executio:* in quibus quodammodo diversa ratio perfectionis invenitur.

Nam in *dispositione* tanto perfectior est providentia, quanto providens magis sin-gula mente considerare et ordinare potest: unde et omnes operativae artes tanto per-fectius habentur, quanto quisque singula potest magis coniectari. Circa *executionem* vero tanto videtur esse providentia perfe-ctior, quanto providens per plura media et diversa agentia universalius movet.

Divina igitur providentia habet disposi-tionem intelligibilem omnium et singulo-rum; exequitur vero disposita per plurimas et varias causas: inter quas spirituales sub-stantiae, quas Angelos dicimus, primae causae propinquiores existentes, universa-lius divinam providentiam exequuntur. Sunt igitur Angeli universales executores divinae providentiae: unde et signanter Angeli, idest nuntii, nominantur. Nuntiorum enim est exequi ea quae a domino (¹) dispo-nuntur.

XV
WIDERLEGUNG DER ARGUMENTE
FÜR DIE OBEN DARGESTELLTE AUFFASSUNG

133. Nach diesen Betrachtungen fällt es leicht, auf die oben [in Kapitel XIII] wiedergegebenen Einwände zu antworten:

Was das erste Argument vorgab, verhält sich nicht notwendigerweise so:[207] daß der Geist (intellectus) Gottes und der Engel das Einzelne nicht erkennen könne, wenn der menschliche Geist es nicht erkennen kann. Damit der Grund dieses Unterschieds[208] [zwischen dem Geist Gottes bzw. des Engels und dem Menschengeist] deutlicher wird, muß man bedenken, daß die Ordnung der Erkenntnis dem Verhältnis (proportio) der Ordnung entspricht, die bei den Dingen hinsichtlich ihres Seins begegnet. Denn die Vollkommenheit und die Wahrheit der Erkenntnis besteht darin, daß sie eine Gleichheit (similitudo) mit den erkannten Dingen besitzt. In den Dingen begegnet nun folgende Ordnung: Was unter den Seienden höher ist, besitzt das Sein und die Gutheit in umfassenderer (allgemeinerer) Weise; aber nicht so, daß es das Sein und die Gutheit nur ihrem allgemeinen Wesen nach besitzt – in dem Sinne, in dem man als umfassend (allgemein) bezeichnet, was von mehreren Dingen ausgesagt wird –, sondern weil alles, was im Niedrigeren begegnet, im Höheren hervorragender besteht. Dies ergibt sich, wenn man die wirkende Kraft in den Dingen betrachtet.

Caput 15.
SOLUTIO RATIONUM PRAEDICTARUM PRO PRAEDICTA OPINIONE.

133. — His igitur visis, facile est iam ad obiectiones supra positas respondere.

Non est enim verum quod *prima* ratio praetendebat, intellectum Dei et Angelorum singularia non posse cognoscere, si intellectus humanus ea cognoscere non potest.

Et ut eius differentiae evidentius appareat ratio, considerandum est quod cognitionis ordo est secundum proportionem ordinis qui invenitur in rebus secundum esse ipsarum. In hoc enim perfectio et veritas cognitionis existit, quod rerum cognitarum similitudinem habeat. In rebus autem talis ordo invenitur quod superiora in entibus universalius esse et bonitatem habent: non quidem ita quod obtineant esse et bonitatem solum secundum rationem communem, prout universale dicitur quod de pluribus praedicatur, sed quia quicquid in inferioribus invenitur, in superioribus eminentius existit. Et hoc ex virtute operativa quae est in rebus, apparet.

Denn das Niedrigere unter den Seienden besitzt Kräfte, die auf festgelegte Wirkungen beschränkt sind;[209] dagegen besitzt das Höhere Kräfte, die sich in umfassender Weise auf viele Wirkungen erstrecken. Zudem ist eine höhere Kraft auch in Teilwirkungen stärker als eine niedrigere Kraft tätig – dies wird vor allem an den Körpern deutlich. Das Feuer wärmt nämlich bei den niedrigeren Körpern durch seine eigene Wärme, und der Same eines bestimmten Tieres oder einer bestimmten Pflanze bringt auf festgelegte Weise ein Individuum dieser bestimmten [Tier– oder Pflanzen–]Art hervor, so daß er kein Individuum einer anderen Art entstehen läßt. Daran zeigt sich: Eine Kraft in den höheren Seienden wird nicht deshalb als umfassender (allgemeiner) bezeichnet, weil sie sich nicht auf Teilwirkungen erstreckt, sondern weil sie sich auf mehr Wirkungen ausdehnt als eine niedrigere Kraft und weil sie in den Einzelwirkungen nachhaltiger tätig ist.

134. Deshalb ist die Erkenntniskraft um so höher, je umfassender (allgemeiner) sie ist – aber nicht so, daß sie etwa ausschließlich die allgemeine Natur [des Erkenntnisgegenstandes] erkennt: Auf diese Weise wäre sie nämlich um so unvollkommener, je höher sie ist. Denn etwas nur im allgemeinen zu erkennen ist ein unvollkommenes Erkennen und eine mittlere Beschaffenheit zwischen Möglichkeit und Wirklichkeit (potentia et actus). Vielmehr wird die höhere Erkenntnis deshalb als umfassender (allgemeiner) bezeichnet, weil sie sich auf mehr [Gegenstände] erstreckt und das Einzelne besser erkennt [als eine niedrigere Erkenntnis].

In der Ordnung der Erkenntniskräfte ist die Kraft der Sinneswahrnehmung niedriger, und deshalb kann sie das Einzelne nur durch die Erkenntnisformen erkennen, die für das Einzelne charakteristisch sind. Und weil bei materiellen

---

Nam inferiora in entibus habent contractas seu determinatas virtutes effectivas ad determinatos effectus; superiora vero habent virtutes universaliter ad multos effectus se extendentes; et tamen virtus superior etiam in particularibus effectibus plus operatur quam inferior: et hoc maxime in corporibus apparet. Nam in inferioribus corporibus ignis quidem per suum calorem calefacit (²), et semen huius animalis vel plantae ita determinate producit individuum huius speciei, quod non producit alterius speciei individuum: ex quo patet quod virtus universalis in superioribus entibus dicitur non ex hoc quod non se extendat ad particulares effectus, sed quia se extendit ad plures effectus, quam virtus

inferior, et (¹) in singulis eorum vehementius operatur.

134. — Per hunc igitur modum quanto virtus cognoscitiva est altior, tanto est universalior: non quidem sic quod cognoscat solum universalem naturam: sic enim quanto esset superior, tanto esset imperfectior. Cognoscere enim aliquid solum in universali est cognoscere imperfecte, et medio modo inter potentiam et actum. Sed ob hoc superior cognitio universalior dicitur quia ad plura se extendit et singula magis cognoscit.

In ordine autem cognoscitivarum virtutum est virtus sensitiva inferior, et ideo non potest cognoscere singula nisi per species proprias singulorum. Et quia indi-

Dingen die Materie Ursache der Individualisierung ist, erkennt die Kraft der Sinneswahrnehmung das Einzelne durch individuelle Erkenntnisformen, die in körperlichen Organen aufgenommen wurden.

Unter den geistigen Erkenntnissen ist die Erkenntnis des menschlichen Geistes die niedrigste. Daher werden die geistigen Erkenntnisformen im menschlichen Geist durch die schwächste Art der geistigen Erkenntnis aufgenommen, so daß der menschliche Geist durch ihre Kraft die Dinge nur der allgemeinen Natur der Gattung oder der Art nach erkennen kann. Um diese Natur in ihrer außerordentlichen Allgemeinheit darzustellen, sind die geistigen Erkenntnisformen bestimmt und in gewisser Hinsicht begrenzt, indem sie von den Vorstellungen der Einzeldinge abstrahiert werden. So erkennt der Mensch das Einzelne durch die Sinneswahrnehmung, das Allgemeine aber durch den Geist.

Dagegen besitzen die höheren Geister (intellectus) beim Erkennen eine umfassendere Kraft, so daß sie durch die geistige Erkenntnisform beides erkennen: sowohl das Allgemeine als auch das Einzelne.

135. Auch das zweite der genannten Argumente ist wirkungslos. Wenn es nämlich heißt, daß das Erkannte die Vollkommenheit des Erkennenden sei, so ist dies allerdings wahr im Hinblick auf die geistige Erkenntnisform, die die Form des Geistes ist, insofern er in Wirklichkeit erkennt. Denn nicht die Natur des Steines, die in der Materie existiert,[210] ist die Vollkommenheit des menschlichen Geistes, sondern die von den Vorstellungen abstrahierte geistige Erkenntnisform, durch die der Geist die Natur des Steines erkennt (denkt: intelligere). Daraus folgt: Weil jede Form, die durch Ableitung in etwas ist, von einem Tätigen ausgeht, das Tätige aber ausgezeichneter ist als das Erleidende oder Aufnehmende, muß das Tätige, von dem der Geist die geistige Erkenntnisform

viduationis principium est materia in rebus materialibus, inde est quod per species individuales in organis corporeis receptas vis sensitiva singularia cognoscit.

Inter cognitiones autem intellectuales cognitio intellectus humani est infima: unde species intelligibiles in intellectu humano recipiuntur secundum debilissimum modum intellectualis cognitionis, ita quod earum virtute intellectus humanus cognoscere non potest res nisi secundum universalem naturam generis vel speciei: ad quam repraesentandam in sola sui universalitate sunt determinatae et quodammodo contractae ex hoc ipso quod a singularium phantasmatibus abstrahuntur; et sic homo singularia quidem cognoscit per sensum, universalia vero per intellectum.

Sed superiores intellectus sunt universalioris virtutis in cognoscendo, ut scilicet per intelligibilem speciem utrumque cognoscant, et universale et singulare.

135. — Secunda etiam ratio efficaciam non habet ([2]).

Cum enim dicitur quod intellectum est perfectio intelligentis, hoc quidem veritatem habet secundum speciem intelligibilem, quae est forma intellectus inquantum est actu intelligens. Non enim natura lapidis, quae est materialis ([3]), est perfectio intellectus humani, sed species intelligibilis abstracta a phantasmatibus, per quam intellectus intelligit lapidis naturam. Oportet autem quod cum omnis forma derivata ab aliquo agente procedat, agens autem sit honorabilius patiente, seu recipiente, quod

erhält, vollkommener sein als der Geist.[211] So zeigt sich am menschlichen Geist, daß der tätige Geist vortrefflicher ist als der mögliche Geist,[212] der die vom tätigen Geist wirklich (actu) erkennbar (denkbar) gemachten Erkenntnisformen aufnimmt. Nicht aber sind die natürlichen Dinge selbst, die erkannt werden, vortrefflicher als der mögliche Geist.[213]

Dagegen haben die höheren Geister (intellectus) der Engel an den geistigen Erkenntnisformen teil, entweder – den Platonikern zufolge – von den Ideen her, oder von der ersten Wesenheit, d.h. von Gott her; letzteres folgt aus der Auffassung des Aristoteles, und so verhält sich die Wirklichkeit in dieser Sache.

Die Erkenntnisform des göttlichen Geistes, durch die er alles erkennt, ist aber nichts anderes als seine Wesenheit, die sein Erkennen (Denken) ist, wie oben anhand von Aussagen des Philosophen Aristoteles nachgewiesen wurde. Daraus ergibt sich, daß im göttlichen Geist[214] kein höheres Anderes ist, durch das er vollendet würde; vielmehr gehen die geistigen Erkenntnisformen von diesem göttlichen Geist als dem Höheren auf die Geister (intellectus) der Engel über. Auf den menschlichen Geist gehen sie dagegen von den sinnlich wahrnehmbaren Dingen durch die Tätigkeit des tätigen Geistes über.

136. Es ist leicht, das dritte Argument zu widerlegen. Denn es spricht nichts dagegen, daß etwas, auf die Absicht eines niedrigeren Handelnden bezogen, schicksalhaft und zufällig ist, während es im Hinblick auf die Absicht eines höheren Handelnden geordnet ist. Dies wird an folgendem Beispiel deutlich: Wenn jemand einen anderen Menschen hinterlistig an einen Ort sendet, von dem er weiß, daß sich dort Räuber oder Feinde aufhalten, so ist die Begegnung mit ihnen für den Gesandten schicksalhaft, da sie nicht in seiner Absicht liegt; aber sie ist nicht zufällig für den Sendenden,[215] der im voraus darum wußte.

---

omne illud agens a quo intellectus intelligibilem habet formam, sit perfectius intellectu: sicut in intellectu humano apparet, quod intellectus agens est nobilior intellectu passibili, qui recipit species intelligibiles actu ab intellectu agente factas, non autem ipsae res naturales cognitae sunt intellectu passibili nobiliores.

Superiores autem intellectus Angelorum, species intelligibiles participant vel ab ideis secundum Platonicos, vel a prima substantia, quae Deus est, secundum quod consequens est ad positiones Aristotelis, et sicut se rei veritas habet.

Species autem intelligibilis intellectus divini, per quam omnia cognoscit, non est aliud quam eius substantia, quae est suum intelligere, ut supra probatum est per verba Philosophi. Unde relinquitur quod intellectu divino nihil aliud sit altius, per quod perficiatur; sed ab ipso intellectu divino tanquam ab altiori proveniunt species intelligibiles ad intellectus Angelorum; ad intellectum autem humanum a sensibilibus rebus per actionem intellectus agentis.

136. — Tertiam vero rationem solvere facile est.

Nihil enim prohibet aliquid esse fortuitum et casuale dum refertur ad inferioris agentis intentionem, quod tamen secundum superioris agentis intentionem est ordinatum: sicut patet si aliquis insidiose aliquem mittat ad locum ubi sciat esse latrones vel hostes, quorum occursus est casualis ei qui mittitur, utpote praeter intentionem eius existens, non est autem

Also spricht nichts dagegen, daß etwas, bezogen auf die menschliche Erkenntnis, schicksalhaft und zufällig geschieht, während es im Hinblick auf das göttliche Vorhersehen geordnet ist.

137. Die Widerlegung des vierten Argumentes können wir dem folgenden entnehmen: Die notwendige Ordnung der Abfolge von Ursache und Wirkung muß dem Wesen der Ursache entsprechend verstanden werden. Denn nicht jede Ursache bringt auf dieselbe Weise eine Wirkung hervor. Vielmehr läßt eine natürliche Ursache eine Wirkung durch die natürliche Form entstehen, durch die sie in Wirklichkeit ist. Daher muß das natürliche Tätige ein Anderes so beschaffen hervorbringen, wie es auch selber ist. Eine vernünftige Ursache[216] bringt dagegen eine Wirkung hervor, die dem Wesen der erkannten (gedachten) Form entspricht, und die sie ins Sein zu überführen beabsichtigt. So[217] bringt das durch den Geist Tätige etwas in derjenigen Beschaffenheit hervor, von der es erkennt, daß dieses Etwas so hervorgebracht werden soll,[218] sofern nicht die tätige Kraft nachläßt.

Ferner gilt notwendigerweise von jeder jeglichen Kraft, der das Hervorbringen irgendeiner Gattung obliegt, daß zu dieser Kraft auch das Hervorbringen der Gattungsunterschiede gehört, die für die betreffende Gattung charakteristisch sind. Wenn jemand beispielsweise damit befaßt ist, ein Dreieck zu entwerfen, so ist er ebenso damit befaßt, ein gleichseitiges oder ein gleichschenkliges Dreieck zu entwerfen. Für das Seiende charakteristische Unterschiede sind nun das Notwendige und das Mögliche. Daher kommt es Gott zu, für den die das Seiende hervorbringende Kraft eigentümlich ist, den von ihm hervorgebrachten Dingen entweder die Notwendigkeit oder die Möglichkeit des Seins entsprechend seiner Vorauserkenntnis zuzuteilen.

Deshalb muß man zugestehen, daß das göttliche Vorhersehen, das von

casualis ei qui hoc praecogitavit. Sic igitur nihil prohibet aliqua fortuito vel casualiter agi secundum ea quae pertinent ad humanam cognitionem, quae tamen sunt secundum divinam providentiam ordinata.

137. — *Quartae* vero rationis solutionem ex hoc accipere possumus quod necessarius consecutionis ordo effectus ad causam accipiendus est secundum rationem causae. Non enim omnis causa eadem ratione producit effectum; sed causa naturalis per formam naturalem, per quam est actu: unde oportet quod agens naturale, quale ipsum est, tale producat et alterum. Agens autem rationale producit effectum secundum rationem formae intellectae, quam in-

tendit in esse deducere: et ideo agens per intellectum tale aliquid producit, quale intelligit in esse producendum, nisi virtus activa deficiat.

Necesse est autem ut cuiuscumque virtuti subiicitur productio generis alicuius, ad illius etiam virtutem pertineat producere illius generis differentias proprias; sicut si ad aliquem pertineret constituere triangulum, ad eum etiam pertinet constituere triangulum aequilaterum vel isoscelem. Necessarium autem et possibile sunt propriae differentiae entis. Unde ad Deum, cuius virtus est proprie productiva entis, pertinet secundum suam praecognitionem attribuere rebus a se productis vel neces-

Ewigkeit her vorherbesteht, die Ursache aller Wirkungen ist, die diesem Vorhersehen entsprechend entstehen und die in unwandelbarer Veranlagung aus ihm hervorgehen. Jedoch gehen nicht alle Wirkungen so hervor, daß sie notwendig sind; vielmehr verhält es sich folgendermaßen: Wie das göttliche Vorhersehen veranlagt, daß solche Wirkungen entstehen, so veranlagt es auch, daß einige dieser Wirkungen notwendig sind;[219] auf diese hat das göttliche Vorhersehen eigene Ursachen hingeordnet, die aus Notwendigkeit wirken. Andere Wirkungen sind dagegen nicht notwendig, und auf sie hat das göttliche Vorhersehen eigene, nicht–notwendige Ursachen hingeordnet.

138. Daraus ergibt sich die Widerlegung des fünften Argumentes: Wie von Gott, dessen Sein durch sich selbst und im höchsten Maße notwendig ist, aufgrund der Beschaffenheit der ihnen eigenen Ursachen nichtnotwendige Wirkungen ausgehen, so gehen von ihm, der das höchste Gute ist, auch bestimmte Wirkungen aus, die zwar gut sind, indem sie existieren und von Gott herstammen; dennoch fallen gewisse Mängel von Zweitursachen in sie, um derentwillen sie böse genannt werden.[220]

Aber auch das ist gut, daß Gott solche Wirkungen in die Dinge[221] gelangen läßt: zum einen, weil es der Ordnung der Dinge angemessen ist, in der das Gute des Universums besteht, daß Wirkungen entsprechend der Beschaffenheit ihrer Ursachen erfolgen; zum anderen, weil[222] aus dem Bösen des einen das Gute des anderen hervorgeht. So ist im Bereich der Natur das Vergehen des einen die Entstehung des anderen, und auf dem Gebiet der Ethik geht aus der Gewaltherrschaft des Despoten die Duldsamkeit des Gerechten hervor. Daher wäre es nicht angemessen,[223] daß das Böse durch das göttliche Vorhersehen gänzlich verhindert wird.

---

sitatem vel possibilitatem essendi.

Concedendum est igitur quod divina providentia, ab aeterno praeexistens, causa est omnium effectuum qui secundum ipsam fiunt, et qui immutabili dispositione ab ipsa procedunt. Nec tamen sic omnes procedunt ut necessarii sint, sed sicut eius providentia disponit ut tales effectus fiant, ita etiam disponit ut effectus quidam sint necessarii, ad quos causas proprias ex necessitate agentes ordinavit, quidam vero contingentes, ad quos causas proprias contingentes ordinavit.

138. — Ex his autem apparet *quintae* rationis solutio.

Sicut enim a Deo, cuius esse est per se et summe necessarium, procedunt contingentes effectus propter propriarum causa-rum conditionem, ita etiam ab eo qui est summum bonum procedunt aliqui effectus qui quidem in eo quod a Deo sunt, boni sunt, incidunt tamen in eis aliqui defectus propter conditionem suarum causarum, propter quas mali dicuntur.

Et secundum hoc ipsum (¹) bonum est quod a Deo tales defectus permittantur evenire in rebus: tum quia est conveniens rerum ordini, in quo bonum universi existit, ut effectus sequantur secundum conditionem causarum, tum etiam quia ex malo unius provenit bonum alterius, sicut in rebus naturalibus corruptio unius est alterius generatio, et in moralibus ex persecutione tyranni sequitur patientia iusti; unde per divinam providentiam non docuit totaliter mala impediri.

XVI

DER IRRTUM DER MANICHÄER
UND SEINE WIDERLEGUNG

139. Der Irrtum der Manichäer übertraf alle dargestellten Irrlehren; die Manichäer lehrten in allen genannten Teilfragen schwerwiegende Irrtümer.

Erstens führten sie die Entstehung der Dinge nicht auf eine, sondern auf zwei Ursachen der Schöpfung zurück: die eine sei – so lehrten sie – der Urheber des Guten, die andere der Urheber des Bösen.

Zweitens irrten sie im Hinblick auf die Beschaffenheit der Natur dieser beiden Ursachen. Sie lehrten nämlich, jede der beiden Ursachen sei körperlich: Ihrer Auffassung zufolge ist der Urheber des Guten ein unbegrenztes körperliches Licht, das Erkenntniskraft besitzt; vom Urheber des Bösen behaupteten sie dagegen, er sei unbegrenzte körperliche Finsternis.

Drittens irrten sie als Folge daraus im Hinblick auf die Leitung der Dinge: Sie behaupteten in gewisser Weise,[224] alles stehe nicht unter *einem* leitenden Prinzip, sondern unter entgegengesetzten Prinzipien.

Das Dargestellte enthält offenkundige Unwahrheit, wie durch eine Betrachtung im einzelnen deutlich werden kann.

140. Erstens ist es völlig unvernünftig[225] anzunehmen, es gäbe eine erste

Caput 16.

ERROR MANICHAEORUM CIRCA PRAEDICTA, ET EIUS REPROBATIO.

139. — Omnes autem praedictos errores Manichaeorum error transcendit, qui in omnibus praedictis articulis graviter erraverunt.

Primo namque rerum originem non in unum, sed in duo creationis principia reduxerunt: quorum unum dicebant esse auctorem bonorum, aliud vero auctorem malorum.

Secundo erraverunt circa conditionem naturae ipsorum. Posuerunt enim utrumque principium corporale: auctorem quidem bonorum dicentes esse quamdam lucem corpoream infinitam vim intelligendi habentem; auctorem vero malorum dixerunt esse quasdam corporales tenebras infinitas.

Tertio vero erraverant per consequens in rerum gubernatione, constituentes omnia non sub uno principatu, sed sub contrariis.

Haec autem quae praedicta sunt expressam continent falsitatem, ut potest videri per singula.

140. — *Primo* namque penitus irrationabile est ut malorum ponatur esse ali-

Ursache des Bösen als Gegensatz zum höchsten Guten. Nichts kann nämlich tätig sein, wenn es nicht ein in Wirklichkeit (Tätigkeit: actu) Seiendes ist; denn ein jegliches bewirkt etwas anderes in der Weise, wie es selbst ist. Außerdem wird etwas deshalb bewirkt, damit es in Wirklichkeit (Tätigkeit) ist. Nun bezeichnen wir etwas als gut, weil es Wirklichkeit (Tätigkeit) und die ihm eigene Vollkommenheit erlangt; dagegen wird etwas böse genannt, weil es der ihm zukommenden Wirklichkeit und Vollkommenheit beraubt ist. Beispielsweise ist das Leben ein Gut des Körpers; denn der Körper lebt in Entsprechung zur Seele, die seine Vollkommenheit und Wirklichkeit ist. Daher bezeichnet man den Tod als das Schlechte (Böse) des Körpers; durch ihn wird der Körper der Seele beraubt.

Also ist alles tätig bzw. wird bewirkt, insofern es ein Gutes ist. Dagegen ist etwas in dem Maße böse (schlecht), in dem es ihm daran mangelt, vollkommen bewirkt zu werden oder tätig zu sein. Beispielsweise sagen wir, ein Haus werde schlecht erbaut, wenn es nicht in die ihm zukommende Vollkommenheit überführt wird; und einen Baumeister nennen wir schlecht, wenn er die Kunst des Bauens nicht besitzt. Also hat das Schlechte (Böse), insofern es schlecht (böse) ist, weder eine tätige Ursache, noch kann es eine tätige Ursache sein; vielmehr entsteht es als Folge aus dem Mangel irgendeines Tätigen.

141. Zweitens ist es nicht möglich, daß ein Körper etwas Geistiges[226] ist oder eine geistige Kraft besitzt. Denn der Geist ist weder ein Körper noch eine Tätigkeit (Wirklichkeit: actus) eines Körpers; andernfalls würde er nicht alles erkennen, wie der Philosoph Aristoteles im dritten Buch «Über die Seele» nachweist. Wenn man also anerkennt, daß die erste Ursache geistige Kraft besitzt – dieser Auffassung sind alle, die von Gott sprechen –, so ist es nicht möglich, daß die erste Ursache etwas Körperliches ist.[227]

quod primum principium, quasi contrarium summo bono.

Nihil enim potest esse activum nisi inquantum est ens actu, quia unumquodque tale alterum agit, quale ipsum est: rursumque ex hoc aliquid agitur quod actu sit. Unumquodque autem ex hoc bonum dicimus quod actum et perfectionem propriam consequitur; malum autem ex hoc quod debito actu et perfectione privatur. Sicut vita est corporis bonum: vivit enim corpus secundum animam, quae est perfectio et actus ipsius; unde et mors malum corporis dicitur, per quam corpus anima privatur. Nihil igitur agit neque agitur nisi inquantum bonum est. Inquantum vero unumquodque malum est, intantum deficit in hoc quod perfecte agatur vel agat; sicut domum malam fieri dicimus, si ad debitam perfectionem non perducatur; et aedificatorem malum dicimus, si in arte aedificandi deficiat. Neque igitur malum, inquantum huiusmodi, principium activum habet, neque principium activum esse potest, sed consequitur ex defectu alicuius agentis.

141. — Secundo vero impossibile est corpus aliquod intellectum (^{1}) esse, aut vim intellectivam habere. Intellectus enim neque corpus est neque corporis actus, alioquin non esset omnium cognoscitivus, ut improbat Philosophus in tertio De anima (^{2}). Si igitur primum principium confitentur vim intellectivam habere, quod sentiunt omnes qui de Deo loquuntur, impossibile

142. Drittens ist deutlich, daß das Gute das Wesen des Zweckes (Zieles: finis) besitzt, denn wir nennen gut, worauf sich das Begehren richtet. Nun bezieht sich jede Leitung entsprechend einer Ordnung auf irgendeinen Zweck (Ziel): die Dinge, die auf den Zweck hin existieren, werden dem Wesen dieses Zweckes entsprechend auf ihn hingeordnet. Also besteht jede Leitung in Entsprechung zum Wesen des Guten. Es kann deshalb weder eine Leitung, noch irgendein leitendes Prinzip, noch eine Herrschaft des Bösen[228] geben, insofern es böse ist. Die Manichäer lehren daher vergeblich zwei Reiche oder leitende Prinzipien: das eine für das Gute, das andere für das Böse.[229]

143. Dieser Irrtum scheint – wie auch die anderen obengenannten – daraus entstanden zu sein, daß die Manichäer versuchten, auf die allgemeine Ursache der Dinge zu übertragen, was für Teilursachen gilt.[230] Sie sahen, daß entgegengesetzte Teilwirkungen aus entgegengesetzten Teilursachen hervorgehen – beispielsweise daß Feuer erwärmt, Wasser dagegen Kälte bewirkt. Daher glaubten sie, ein solches Fortschreiten von entgegengesetzten Wirkungen zu entgegengesetzten Ursachen setze sich bis zur ersten Ursache der Dinge fort. Und weil alle Gegensätze offenbar in gut und böse (schlecht) enthalten sind,[231] insofern einer der Gegensätze immer mangelhaft ist, wie das Schwarze und das Bittere, während der andere vollkommen ist, wie das Süße und das Weiße: deshalb meinten die Manichäer, die ersten tätigen Ursachen von allem seien das Gute und das Böse.

Aber sie irrten bei der Betrachtung der Natur von Gegensätzen ganz offenkundig. Denn Gegensätze sind nicht gänzlich verschieden, sondern sie stimmen im Hinblick auf manches überein, während sie sich im Hinblick auf anderes

---

est primum principium esse aliquid corporale.

142. — *Tertio* vero manifestum est quod bonum habet finis rationem: hoc enim bonum dicimus in quod appetitus tendit. Omnis autem gubernatio est secundum ordinem in aliquem finem, secundum cuius rationem ea quae sunt ad finem ordinantur in ipsum. Omnis igitur gubernatio est secundum rationem boni. Non potest igitur esse nec gubernatio nec principatus aliquis seu regimen malum (¹) inquantum est malum. Frustra igitur posuerunt duo regna vel principia (²), cuius unum bonorum, aliud autem malorum est.

143. — Videtur autem hic error provenisse, sicut et alii supradicti, ex eo quod quae circa particulares causas consideraverunt, conati sunt in universalem rerum causam transferre. Viderunt enim particulares effectus contrarios ex contrariis particularibus causis procedere, sicut quod ignis calefacit, aqua vero infrigidat: unde crediderunt quod hic processus a contrariis effectibus in contrarias causas non deficiat usque ad prima rerum principia. Et quia omnia contraria contraria contineri videntur sub bono et malo, inquantum contrariorum semper unum est deficiens, ut nigrum et amarum; aliud vero perfectum, ut dulce et album: ideo aestimaverunt quod prima omnium activa principia sint bonum et malum.

Sed manifeste defecerunt in considerando contrariorum naturam. Non enim contraria omnino diversa sunt, sed secundum aliquid quidem conveniunt, secundum aliquid autem differunt. Conveniunt

unterscheiden: In der Gattung stimmen sie überein, und sie sind durch Artunterschiede verschieden.[232] Wie es also naheliegende,[233] entgegengesetzte Ursachen für Gegensätze gibt, insofern sie durch Artunterschiede verschieden sind, so muß es auch eine Ursache für sie geben, die der ganzen Gattung gemeinsam ist und in der sie übereinstimmen. Nun ist eine gemeinsame (allgemeine: communis) Ursache vorzüglicher und höher als Teilursachen; denn je höher eine Ursache ist, desto größer ist ihre Kraft und auf um so mehr Dinge erstreckt sich diese Kraft. Es ergibt sich also, daß nicht Gegensätze die erste tätige Ursache der Dinge sind; vielmehr gibt es *eine* erste tätige Ursache von allem.

enim in genere, differunt autem secundum differentias specificas. Sicut igitur contrariorum sunt contrariae causae propriae, secundum quod specificis differentiis differunt, ita eorum oportet esse unam causam communem totius generis in quo conveniunt. Causa autem communis prior et superior est propriis causis particularibus. Quanto enim est aliqua causa superior, tanto virtus eius maior est et ad plura se extendens. Relinquitur igitur contraria non esse prima rerum activa principia, sed omnium esse unam primam causam activam.

XVII

DER CHRISTLICHEN RELIGION ZUFOLGE
SIND ALLE GEISTWESENHEITEN
VON GOTT HERVORGEBRACHT

144. Da nun gezeigt wurde, was die ausgezeichnetsten Philosophen, Platon und Aristoteles, von den geistigen Wesenheiten dachten – im Hinblick auf ihren Ursprung, die Beschaffenheit ihrer Natur, auf ihre Verschiedenheit und die Ordnung ihrer Leitung[234]–,[und nachdem dargestellt wurde,] worin andere Denker im Irrtum waren und von Platon und Aristoteles abwichen, bleibt noch aufzuzeigen, was die Lehre der christlichen Religion zu diesen einzelnen Fragen aussagt. Dazu werden wir vor allem auf Ausführungen des Dionysius Areopagita zurückgreifen,[235] der in der Lehre von den geistigen Wesenheiten alle anderen Autoren übertrifft.

145. Erstens: Im Hinblick auf den Ursprung der geistigen Wesenheiten lehrt die christliche Überlieferung mit größter Sicherheit, daß alle geistigen Wesenheiten – wie auch die übrigen Geschöpfe – von Gott hervorgebracht sind. Dies wird durch die Autorität der kanonischen Schriften belegt; in Psalm 148 (Vers 2 und 5) heißt es: «Lobet ihn, alle seine Engel, lobet ihn, alle seine [himmlischen] Kräfte»; und nach der Aufzählung anderer Geschöpfe wird hinzugefügt:

Caput 17.

QUOD SECUNDUM RELIGIONEM CHRISTIANAM OMNES SUBSTANTIAE SEPARATAE SINT A DEO PRODUCTAE.

144. — Quia igitur ostensum est quid de substantiis spiritualibus praecipui philosophi Plato et Aristoteles senserunt quantum ad earum originem, conditionem naturae, distinctionis et gubernationis ordinem, et in quo ab eis alii errantes dissenserunt; restat ostendere quid de singulis habeat christianae religionis assertio. Ad quod ostendendum utemur praecipue Dionysii documentis, qui super alios ea quae ad spirituales substantias pertinent excel-

lentius tradidit.

A)

145. — Primum quidem igitur circa spiritualium substantiarum originem firmissime docet christiana traditio omnes spirituales substantias, sicut et ceteras creaturas, a Deo esse productas.

Et hoc quidem canonicae Scripturae auctoritate probatur. In Psalmo enim CXLVIII, 2, 5, dicitur: *Laudate eum omnes Angeli eius, laudate eum omnes virtutes eius;* et enumeratis aliis creaturis subditur: *Quia ipse dixit, et facta sunt: ipse mandavit, et creata sunt.*

Sed et Dionysius, quarto capitulo *Cae-*

«Denn er sprach, und sie sind geworden; er befahl, und sie sind geschaffen.»[236] Und Dionysius Areopagita erläutert im vierten Kapitel der «Himmlischen Hierarchien» diesen Ursprung feinsinnig, wenn er sagt: «Erstens ist es wahr zu sagen, daß die überwesenhafte Würde[237] die Engel durch umfassende Gutheit an das Sein anfügte, als sie die Wesen des Seienden hervorbrachte.» Kurz darauf fügt Dionysius hinzu, daß «die himmlischen Wesenheiten zuerst und in vielfacher Hinsicht in der Teilhabe an Gott erschaffen sind». Und im vierten Kapitel der Schrift «Über die göttlichen Namen» führt er aus: «Aufgrund der Strahlen der göttlichen Gutheit wurden alle geistigen und vernünftigen Wesenheiten, Kräfte und Tätigkeiten hervorgebracht. Aufgrund dieser Strahlen sind sie, leben sie und haben sie ein unaufhörliches Leben.»

146. Daß *alle* geistigen Wesenheiten – und nicht allein die höchsten – von Gott unmittelbar erschaffen wurden, darauf weist Dionysius im fünften Kapitel der Schrift «Über die göttlichen Namen» ausdrücklich hin:[238] «Die heiligsten und höchsten[239] existierenden und wie in den Vorhallen der überwesenhaften Trinität angesiedelten Kräfte haben von dieser und in dieser das Sein und das Gottförmigsein; und nach diesen sind sie untergeordnet», d.h. die Niedrigeren den Höchsten. «Untergeordnet»[240] bedeutet, daß sie das Sein von Gott in einer niedrigeren Weise haben; «und die Äußersten», d.h. die Niedrigsten, «am weitesten außen»: das ist die niedrigste Weise «im Hinblick auf die Engel, im Hinblick auf uns ist es dagegen das Höchste».[241] Durch diese Ausführungen gibt Dionysius zu erkennen, daß alle Ordnungen der geistigen Wesenheiten aus göttlicher Veranlagung heraus entstehen, nicht aber dadurch, daß eine von ihnen von einer anderen verursacht wird. Dies wird im vierten Kapitel der «Himmlischen Hierarchien» deutlicher hervorgehoben: «Es ist[242] charakteri-

---

lestis Hierarchiae ([1]), hanc originem subtiliter explicat, dicens: «Primum illud dicere verum est, quod bonitate universali superessentialis Divinitas eorum quae sunt essentias substituens, ad esse adiunxit»; et post pauca subdit ([2]), quod «ipsae caelestes substantiae sunt primo et multipliciter in participatione Dei factae»; et in quarto capitulo De divinis nominibus ([3]) dicit, quod «propter divinae bonitatis radios substiterunt intelligibiles et intellectuales omnes et substantiae et virtutes et operationes. Propter istos sunt et vivunt et vitam habent indeficientem».

146. — Quod autem a Deo immediate productae sint omnes spirituales substantiae, et non solum supremae, expressit in

quinto capitulo De divinis nominibus ([4]), «Sanctissimae, inquit, et providentissimae virtutes existentes, et sicut in vestibulis supersubstantialis Trinitatis collocatae, ab ipsa et in ipsa et esse et deiformiter esse habent, et post illas subiectae», idest inferiores supremis, «subiecte», idest inferiori modo esse habent a Deo «et extremae», idest infimae, «extreme», idest infimo modo, «sicut ad Angelos, sicut ad nos autem supermundane» ([1]). Per quod dat intelligere quod omnes spiritualium substantiarum ordines ex divina dispositione instituuntur, non ex hoc quod una earum causetur ab alia. Et hoc expressius in quarto capitulo Caelestis Hierarchiae:

stisch für die Ursache aller Dinge und für die Gutheit über allen Dingen, das Seiende zur Gemeinschaft mit ihr zu berufen, so daß[243] ein jegliches Seiendes durch eine charakteristische Entsprechung (analogia) [zur ersten Ursache] bestimmt wird.» Denn die Ursache aller Dinge läßt ein jegliches Seiendes in der Ordnung entstehen, die seiner Natur zukommt.

147. In ähnlicher Weise widerspricht auch der christlichen Lehre,[244] daß die geistigen Wesenheiten Gutheit, Sein, Leben und ähnliches, das ihre Vollkommenheit betrifft, von einer jeweils anderen Ursache erhalten. Denn in den kanonischen Schriften wird ein und demselben Gott zugeschrieben, daß er das Wesen der Gutheit ist.[245] Daher heißt es im Matthäus–Evangelium (19,17): «Einer ist gut: Gott.» Und es wird deutlich, daß Gott das Sein ist; daher[246] antwortet der Herr auf die Frage des Moses, welches der Name Gottes sei (2. Mose 3, 14): «Ich bin der ich bin.» Weiter zeigt sich, daß Gott das Leben des Lebendigen ist; daher heißt es 5. Mose 30,20: «Dieser ist das Leben des Lebendigen.»[247]

Diese Wahrheit überliefert Dionysius ganz ausdrücklich im fünften Kapitel der Schrift «Über die göttlichen Namen»; er führt dort aus: Die Heilige Schrift[248] «lehrt nicht, daß gut zu sein etwas anderes ist als ein Seiendes[249] zu sein und daß das Leben oder die Weisheit noch etwas anderes sind; [auch besagt die Heilige Schrift nicht,] daß es viele Ursachen und darunter befindliche andere Gottheiten gibt, die jeweils anderes hervorbringen und sich [zu den Dingen] ausdehnen.»[250] Mit diesen Ausführungen weist Dionysius die Ansicht der Platoniker zurück, die lehrten, daß das Wesen (essentia) der Gutheit der höchste Gott war, unter dem es einen anderen Gott gab, der das Sein ist; und so geht es

« Sane est », inquit (²), « omnium causae et super omnia bonitatis proprium ad communionem suam ea quae sunt vocare, sicut unicuique eorum quae sunt, ex propria definitur analogia »; unamquamque enim rem constituit in ordine qui competit suae naturae.

B)

147. — Similiter etiam christianae religioni (³) repugnat quod spirituales substantiae ab alio et alio principio habeant bonitatem et esse et vitam et alia huiusmodi quae pertinent ad earum perfectionem. Nam in canonica Scriptura uni et eidem Deo attribuitur essentia bonitatis et quod sit ipsum esse (⁴). Unde dicitur Matthaei XIX, 17: *Unus est bonus, Deus.* Quod autem sit ipsum esse, patet: nam Exodi III, 14, quaerenti Moysi quod esset nomen Dei, respondit Dominus: *Ego sum qui sum.* Et similiter quod sit ipsa viventium vita: unde dicitur Deut. xxx, 20: *Ipse est enim vita tua.*

Et hanc quidem veritatem expresse Dionysius tradidit quinto capitulo *De divinis nominibus*, dicens (⁵) quod « sacra doctrina non aliud esse bonum dicit, et aliud existens, et aliud vitam aut sapientiam; neque multas causas et aliorum alias productivas Deitates excedentes et subiectas ». In quo removet opinionem Platonicorum, qui ponebant quod ipsa essentia bonitatis erat summus Deus, sub quo erat alius Deus, qui est ipsum esse, et sic de aliis, ut supra dictum est. Subdit autem: « Sed unius »,

mit den anderen Göttern weiter, wie oben dargelegt wurde. Und Dionysius fügt hinzu: «Vielmehr heißt es, daß alle guten Entwicklungen Einem,» d.h. *einer* Gottheit, «angehören», weil das Sein und das Leben und andere Merkmale dieser Art von der höchsten Gottheit in die Dinge hervorgehen.

Dies erläutert Dionysius im elften Kapitel[251] der Schrift «Über die göttlichen Namen» ausführlicher; dort heißt es: «Wir sagen nicht, daß eine bestimmte göttliche Wesenheit oder diejenige eines Engels durch sich selbst das Sein ist,[252] das der Grund dafür ist, daß alles existiert. Denn daß alles natürlicherweise existiert,[253] dafür ist allein das überwesenhafte Sein selbst», nämlich des höchsten Gottes, «die Ursache und die Wesenheit und der Grund». Gemeint sind: die bewirkende Ursache, die Wesenheit als vorbildliche Form, [nach der die Dinge entstehen] und der Grund, der auf den Zweck [des betreffenden Dinges] zielt. Und er fügt hinzu: «Auch sagen wir nicht, daß es eine andere lebenhervorbringende Gottheit gibt neben dem übergöttlichen Leben, das die Ursache von allem ist, was lebt, und auch des Lebens an sich»; dieses Leben an sich wohnt dem Lebendigen als Form inne. «Um zusammenfassend zu sprechen: Wir reden auch nicht von Ursprüngen des Existierenden und von erschaffenden Wesenheiten[254] und von Personen, die [die Platoniker] als Götter des Existierenden und als durch sich selbst handelnde Schöpfer bezeichnet haben.»

Um auch diese Auffassung auszuschließen, sagt Dionysius bezeichnenderweise: «Unter [nach] der wesenhaften Gutheit»,[255] die die Platoniker als den höchsten Gott bezeichnen, «geht in die geistigen Wesenheiten ein, daß sie sind, leben und erkennen, sowie alles andere dieser Art, das zu ihrer Vollkommenheit gehört». Dasselbe Problem erörtert Dionysius auch in den einzelnen Kapiteln [der Schrift «Über die göttlichen Namen»]; er zeigt dort: Die geistigen

---

scilicet Deitatis, «dicit esse omnes bonos processus», quia scilicet et esse et vivere et omnia alia huiusmodi a summa Deitate procedunt in res.

Hoc etiam diffusius explicat in secundo capitulo *De divinis nominibus*, dicens (¹): «Non enim substantiam quamdam divinam aut angelicam dicimus per se esse quod est causa quod sint omnia. Solum enim quod sint existentia ipsum esse supersubstantiale», scilicet summi Dei, «est et principium et substantia et causa». Principium quidem effectivum, substantia autem quasi forma exemplaris, causa autem finalis. Subdit autem: «Neque vitae generativam aliam Deitatem dicimus praeter superdivinam vitam, omnium quaecumque vivunt et ipsius per se vitae causam», quae scilicet formaliter viventibus inhaeret: «neque, colligendo, dicimus (²) principales existentium et causativas substantias et personas quas deos existentium et creatores per se facientes dixerunt».

Ad hanc etiam positionem excludendam signanter Dionysius: «ab essentiali Dei bonitate», quam Platonici summum Deum exponebant, dicit «in substantiis spiritualibus procedere quod sunt et vivunt et intelligunt: et omnia alia huiusmodi ad earum perfectionem pertinentia ab ea sortiuntur». Et idem etiam replicat in singulis capitulis, ostendens quod ab esse divino habent quod sunt, et a vita divina habent quod vivunt, et sic de ceteris.

Wesenheiten haben vom göttlichen Sein, daß sie sind; sie haben vom göttlichen Leben, daß sie leben, und so verhält es sich auch mit dem übrigen.

148. Ferner widerspricht es der christlichen Lehre zu behaupten, die geistigen Wesenheiten hätten ihren Ursprung von der höchsten Gottheit in der Weise erhalten, daß sie von Ewigkeit her existierten; dies lehrten Platoniker und Peripatetiker. Vielmehr lautet die Auskunft des katholischen Glaubens, daß die Geistwesenheiten zu sein begannen, nachdem sie zuvor nicht waren. Daher heißt es Jesaja 40,26: «Erhebt eure Augen in die Höhe und schaut, wer diese erschaffen hat»: gemeint sind alle höheren Wesen. Und damit diese Aussage nicht nur auf körperliche Wesen bezogen wird, fügt Jesaja hinzu: «Er, der ihr Heer[256] wohlgezählt hinausführt.» Die Heilige Schrift bezeichnet die himmlische Schar der geistigen Wesenheiten wegen deren Ordnung und Kraft bei der Ausführung des göttlichen Willens gern als «Heer des Himmels». Daher heißt es Lukas 2,13: «Bei dem Engel war eine Menge des himmlischen Heeres.» Es wird also zu verstehen gegeben, daß nicht nur die Körper, sondern auch die geistigen Wesenheiten durch die Erschaffung vom Nichtsein ins Sein überführt wurden; so heißt es im Brief an die Römer 4,17: «Er, der[257] das Nichtseiende zum Seienden beruft.»

Daher sagt Dionysius Areopagita im zehnten Kapitel der Schrift «Über die göttlichen Namen»: «Nicht allein das völlig Ungezeugte und das wahrhaft Ewige bezeichnet die Heilige Schrift als ewig; vielmehr benennt sie das Unvergängliche und Unsterbliche und Unveränderliche und das Seiende in derselben Weise», nämlich als ewig,[258] – «beispielsweise, wenn es heißt: ‹Erhebt euch, ewige Tore› (Psalm 23 [24],7)[259] und ähnliches.» Diese Aussage scheint sich vor allem auf die geistigen Wesenheiten zu beziehen. Und danach fügt Dionysius

C)

148. — Est autem christianae doctrinae contrarium ut sic dicantur spirituales substantiae a summa Deitate originem trahere, quod fuerint ab aeterno, sicut Platonici et Peripatetici posuerunt; sed hoc habet assertio catholicae fidei quod coeperunt esse postquam prius non fuerant. Unde dicitur Isaiae XL, 26: *Levate in excelsum oculos vestros, et videte quis creavit haec,* scilicet superiora omnia; et ne intelligeretur de corporalibus solum, subdit: *Qui educit in numero militiam caeli.* Solet autem sacra Scriptura nominare «militiam caeli» spiritualium substantiarum caelestem exercitum propter earum ordinem et virtutem in exequendo voluntatem divinam: unde dicitur Lucae II, 13, quod *facta est cum Angelo multitudo caelestis militiae.* Datur igitur intelligi, non solum corpora, sed etiam spirituales substantias per creationem de non esse in esse fuisse eductas, secundum illud Rom. IV, 17: *Vocat ea quae non sunt tanquam ea quae sunt.*

Unde et Dionysius dicit decimo capitulo *De divinis nominibus* (¹), quod «non omnino et absolute ingenita et vere aeterna ubique sacra Scriptura nominat aeterna; sed incorruptibilia et immortalia et invariabilia (²) et existentia eodem modo», scilicet nominat aeterna, «sicut quando dicit (Psalmo XXIII, 7): *Elevamini portae aeternales,* et similia», quod maxime videtur de spiritualibus substantiis dictum; et postea

hinzu: «Deshalb darf man das als ewig Bezeichnete nicht als schlechthin gleich-ewig mit Gott ansehen, der vor [jedem] Äon ist.»

149. Allerdings erwähnt die Heilige Schrift im ersten Buch Mose die Hervor-bringung der geistigen Wesenheiten im Verlauf des Schöpfungsberichtes nicht ausdrücklich:[260] denn einem ungebildeten Volk, für das das Gesetz in Aussicht stand, sollte keine Gelegenheit zum Götzendienst gegeben werden, indem die göttliche Rede viele geistige Wesenheiten erwähnt hätte, die über allen körperli-chen Geschöpfen stehen.

150. Deshalb kann man den kanonischen Schriften nicht dem Wortlaut nach entnehmen, wann die Engel erschaffen wurden. Daß sie nicht *nach* den körper-lichen Dingen erschaffen wurden, wird durch vernünftiges Nachdenken deut-lich;[261] denn es wäre nicht schicklich gewesen, das Vollkommenere später zu erschaffen. Dies kann dem Zeugnis der Heiligen Schrift auch ausdrücklich entnommen werden; Hiob 38,7 heißt es nämlich: «Während mich die Morgen-sterne allesamt priesen und alle Söhne Gottes lobsangen» – damit sind die geistigen Wesenheiten gemeint.

Ferner schreibt Augustinus im elften Buch des Werkes «Über den Staat Gottes»: «Es gab also bereits die Engel, als die Sterne erschaffen wurden; diese entstanden aber am vierten Tag. Behaupten wir etwa deshalb, die Engel seien am dritten Tag erschaffen worden? Keinesfalls. Denn es ist bekannt, was an diesem Tag hervorgebracht wurde: die Erde wurde von den Wassern geschie-den. Also dann am zweiten Tag? Auch an diesem nicht, denn da ist das Firmament entstanden.» Danach fügt Augustinus hinzu: «Es ist deshalb nicht verwunderlich, wenn die Engel zu denselben Werken Gottes gehören wie auch das Licht, das den Namen des Tages erhielt.» Der Anschauung des Augustinus

subdit: «Oportet igitur non simpliciter coaeterna Deo, qui est ante aevum, arbi-trari aeterna dicta».

149. — Sed Sacra Scriptura in Genesi I loquens de principio creationis rerum ([3]), de spiritualium substantiarum productione expressam mentionem non facit, ne po-pulo rudi, quibus lex proponebatur, ido-latriae daretur occasio si plures spirituales substantias super omnes corporeas crea-turas introduceret sermo divinus.

D)

150. — Non potest etiam ex Scripturis canonicis expresse haberi quando creati fue-rint Angeli. Quod enim post corporalia creati non fuerint ratio manifestat, quia non fuit decens ut perfectiora posteriora ([4])

crearentur, et etiam ex auctoritate Sacrae Scripturae expresse colligitur. Dicitur enim Iob XXXVIII, 7: *Cum me laudarent simul astra matutina et iubilarent omnes filii Dei;* per quos spirituales substantiae intelli-guntur.

Arguit autem sic Augustinus in unde-cimo *De Civitate Dei* ([5]): «Iam ergo erant Angeli quando facta sunt sidera; facta sunt autem quarto die. Numquid nam ergo tertio die factos esse (Angelos) dicimus? Absit. In promptu est enim quid illo die factum sit, ab aquis utique terra discreta. Numquid nam secundo? Ne hoc quidem: tunc enim firmamentum factum est». Et postea subdit: «Nimirum ergo si ad ista opera Dei pertinent Angeli, ipsi sunt ([6]) illa lux quae diei nomen accepit». Sic

zufolge ist also die geistige Kreatur, die mit dem Namen des Himmels bezeichnet wird, zusammen mit der körperlichen Welt erschaffen worden; davon heißt es 1.Mose 1,1: «Im Anfang schuf Gott Himmel und Erde.» Die Ausgestaltung und Vervollkommnung der geistigen Kreatur wird dagegen mit der Hervorbringung des Lichtes zum Ausdruck gebracht, wie Augustinus vielfach im zweiten Buch seiner Schrift «Wortgetreue Auslegung der Schöpfungsgeschichte» schildert.

151. Wie Johannes Damascenus im zweiten Buch [der Schrift «Vom rechten Glauben»] berichtet, lehren dagegen andere Denker, daß die Engel *vor* jeder Erschaffung – gemeint ist: der körperlichen Kreatur – erzeugt wurden. Beispielsweise führt Gregor der Theologe aus: «Zuerst erdachte er die Engels– und Himmelskräfte, und sein Denken war das Werk.» Und Johannes Damascenus stimmt mit dieser Anschauung überein. Aber auch Hieronymus, ein Schüler des erwähnten Gregor von Nazianz, folgt derselben Anschauung; er schreibt in seiner Auslegung des [neutestamentlichen] Briefes an Titus: «Sechstausend Jahre unserer Zeit sind noch nicht vollendet – und wieviele Ewigkeiten, wieviele Zeiten, wieviele Ursprünge von Zeitaltern muß man wohl vorher annehmen, in denen die Engel, Throne und Herrschaften sowie die übrigen Ordnungen [der höheren Hierarchien] Gott ohne Wechsel und Maß der Zeiten dienten und Gottes Gebot nachkamen?»

152. Ich bin der Überzeugung, daß keine dieser Ansichten der gesunden Lehre widerspricht, denn es würde überaus anmaßend erscheinen zu behaupten, daß so bedeutende Kirchenlehrer von der gesunden Glaubenslehre abgewichen seien. Doch scheint die Anschauung des Augustinus eher seiner Auffassung angemessen zu sein, mit der er zum Ausdruck bringt, daß es bei der

---

igitur secundum sententiam Augustini (⁷) simul cum corporalibus creata est spiritualis creatura, quae significatur nomine caeli, cum in Gen. I, I dicitur: *In principio fecit Deus caelum et terram.* Formatio autem eius et perfectio significatur in lucis productione, ut multipliciter prosequitur in II lib. *Super Genesim ad litteram* (¹).

151. — Sed, ut Damascenus dicit in secundo libro (²), quidam aiunt quod ante omnem creationem, scilicet corporalis creaturae, geniti sunt Angeli: quia, ut Gregorius Theologus dicit, « primum quidem excogitavit angelicas virtutes et caelestes, et excogitatio eius opus fuit ». Et huic sententiae ipse Damascenus consentit. Sed et Hieronymus, praedicti Gregorii Nazian-

zeni discipulus, eamdem sententiam sequitur; dicit enim super epistolam ad Titum (³): « Sex millia necdum nostri temporis implentur annorum; et quantas prius aeternitates, quanta tempora, quantas saeculorum origines fuisse arbitrandum est, in quibus Angeli, Throni et Dominationes ceterique ordines servierunt Deo absque temporum vicibus atque mensuris, et Deo iubente substiterunt? ».

152. — Neutrum autem horum aestimo esse sanae doctrinae contrarium: quia nimis praesumptuosum videretur asserere tantos Ecclesiae Doctores a sana doctrina pietatis deviasse. Num sententia Augustini magis videtur competere sententiae eorum qui ponunt in rerum productione non fuisse

Erschaffung der Dinge keine zeitliche Ordnung gegeben habe, die der Sechszahl von Tagen entsprechen würde, wie sie die Heilige Schrift erwähnt;[262]
vielmehr bezieht Augustinus diese sechs Tage auf den Geist der Engel, der mit
den sechs Gattungen der Dinge konfrontiert wird. Die Anschauung des Gregor
von Nazianz, des Hieronymus und des Johannes Damascenus ist dagegen im
Sinne derjenigen überzeugender, die bei der Erschaffung der Dinge eine zeitliche Abfolge annehmen, den erwähnten sechs Tagen entsprechend. Falls nämlich die Geschöpfe nicht alle zugleich hervorgebracht wurden, so ist es sehr
wahrscheinlich, daß die geistigen Geschöpfe allen Körpern vorangegangen
sind.

153. Falls man aber fragt, *wo* die Engel erschaffen wurden: Es ist deutlich,
daß diese Frage keinen Platz hat, sofern die geistige Wesenheit vor jeder
körperlichen Kreatur erschaffen wurde; denn ein Ort ist etwas Körperliches,
wenn wir unter «Ort» nicht vielleicht die geistige Klarheit verstehen wollen,
durch die die Engel von Gott erleuchtet werden. Daher sagt Basilius in der
zweiten Homilie des «Hexameron»: «Falls es etwas vor der Einrichtung dieser
sinnlich wahrnehmbaren und vergänglichen Welt gab, so war es – wie wir
meinen – vollendet im Licht.[263] Denn weder die Würde der Engel noch die
Heerscharen aller Himmelswesen – gleichgültig, ob es sich dabei um etwas
Benanntes oder um Unnennbares, um eine Kraft der Vernunft oder um einen
Dienst des Geistes[264] handelt – hätten in der Finsternis bestehen können;
vielmehr besaßen sie im Licht und in der Freude die für sie schickliche Klei-
dung. Ich glaube, daß niemand in dieser Sache widersprechen wird.»

Wenn die Engel aber zugleich mit der körperlichen Kreatur erschaffen wurden, so kann die Frage einen Platz haben – jedoch nur in der Weise, in der den

temporis ordinem secundum numerum dierum senarium quos Scriptura commemorat; sed illos sex dies refert Augustinus
ad intelligentiam angelicam sex rerum generibus praesentatam. Sententia vero Gregorii Nazianzeni, Hieronymi et Damasceni
convenientior est secundum eorum positionem qui ponunt in rerum productione
successionem temporis secundum sex dies
praedictos. Si enim creaturae non fuerunt
omnes simul productae, satis probabile est
creaturas spirituales omnia corpora prae-
cessisse.

E)

153. — Si vero quaeratur ubi creati sunt
Angeli, manifestum est quod quaestio ista

locum non habet si creata est spiritualis
substantia ante omnem creaturam corpoream, cum locus sit aliquid corporale, nisi
forte pro loco accipiamus spiritualem clari-
tatem qua illustrantur a Deo. Unde Basilius
dicit in secundo *Hexaemeron* ([1]): « Arbitramur quod si fuit quidpiam ante institutionem sensibilis huius et corruptibilis
mundi, profecto in luce fuit. Neque enim
dignitas Angelorum nec omnium caelestium militiae, vel si quid est nominatum
aut etiam inappellabile aut aliquid rationalis virtus vel ministrator ([2]) spiritus de-
gere posset in tenebris; sed in luce et laetitia decentem sibi habitum possidebat: de
qua re neminem puto contradicturum ».

Si vero simul cum corporali creatura

Engeln ein Sein an einem Ort zukommt; darüber soll weiter unten gesprochen werden. In diesem Sinne lehrten einige Denker, die Engel seien in einem höchsten, strahlenden Himmel erschaffen worden, der als Empyreum, also als Feuerhimmel bezeichnet wurde – nicht wegen des Brennens, sondern aufgrund des Strahlens. Und auf diesen Himmel bezogen Walahfrid Strabo und Beda Venerabilis die Aussage [der biblischen Schöpfungsgeschichte (1. Mose 1,1)]: «Im Anfang schuf Gott Himmel und Erde.»[265] Allerdings wird diese Auslegung von Augustinus und den anderen älteren Kirchenlehrern nicht berührt.

creati fuerunt Angeli, quaestio locum potest habere, eo tamen modo quo Angelis competit esse in loco, de quo infra dicetur. Et secundum hoc quidam dixerunt in quodam supremo caelo splendido Angelos esse creatos, quod empyreum nominant, idest igneum, non ab ardore sed a splendore; et de hoc caelo Strabus et Beda (³) exponunt quod dicitur in principio Gen.: *Creavit Deus caelum et terram;* quamvis haec expositio ab Augustino et aliis antiquioribus Ecclesiae Doctoribus non tangatur.

XVIII
ÜBER DIE BESCHAFFENHEIT DER NATUR
VON GEISTIGEN WESENHEITEN

154. Nun ist zu betrachten, was der Anschauung der katholischen Lehre zufolge von der Beschaffenheit der geistigen Wesenheiten festgehalten werden muß.

Es gab einige Denker, die annahmen, die Engel seien körperlich oder aus Materie und Form zusammengesetzt. Diese Ansicht scheint Origenes im ersten Buch seiner Schrift «Periarchon» vertreten zu haben, wo er sagt: «Es ist allein für die Natur Gottes, also des Vaters, des Sohnes und des Heiligen Geistes eigentümlich, daß sie als seiend ohne materielle Wesenheit und ohne jegliche Gemeinschaft mit einer körperlichen Hinzufügung[266] gedacht wird.» Worte der Heiligen Schrift konnten diese Denker zu einem Verständnis der Engel als körperliche Wesen bewegen; die Heilige Schrift scheint den Engeln nämlich etwas Körperliches zuzuschreiben,[267] weil sie von ihnen aussagt, sie befänden sich an einem körperlichen Ort; so heißt es Matthäus 18,10: «Ihre Engel in den Himmeln schauen stets das Angesicht meines Vaters, der in den Himmeln ist.» Zudem besagt die heilige Schrift, die Engel würden sich bewegen, wenn es Jesaja 6,6 heißt: «Es flog zu mir einer von den Seraphim.» Und was noch weiter geht: sie schreibt ihnen eine körperliche Gestalt zu – wie an derselben Stelle von den Seraphim gesagt wird: «Sechs Flügel hatte der eine, und sechs Flügel hatte

Caput 18.

DE CONDITIONE NATURAE
SUBSTANTIARUM SPIRITUALIUM.

154. — Deinde considerare oportet quid de conditione spiritualium substantiarum secundum catholicae doctrinae sententiam sit tenendum.

Fuerunt igitur quidam qui Angelos putaverunt corporeos esse, vel ex materia et forma esse compositos; quod quidem sensisse videtur Origenes in primo *Periarchon* (⁴), ubi dicit: « Solius Dei, idest Patris et Filii et Spiritus sancti, naturae id pro-

prium est ut sine materiali substantia et absque ulla corporeae adiectionis societate intelligatur existere ». Et ad hoc quidem quod Angelos corporeos ponerent, movere potuerunt eos verba Scripturae quae attribuunt (⁵) quaedam corporalia Angelis, cum eos etiam in loco corporali esse pronuntiet: secundum illud Matthaei XVIII, 10: *Angeli eorum in caelis semper vident faciem Patris mei qui in caelis est;* et eos moveri asserat, secundum illud Isaiae VI, 6: *Volavit ad me unus de Seraphim;* et quod est amplius, eos figura corporali describat, sicut *ibidem* de Seraphim dicitur: *Sex alae*

der andere» (Jesaja 6,2). Von Gabriel heißt es Daniel 10, 5f: «Siehe, ein Mann in Leinen gekleidet, und seine Hüften umgürtet mit bestem Gold, und sein Körper wie ein Chrysolith», und das Übrige, das in dieser Beziehung an derselben Stelle beschrieben wird.[268]

Wir haben bereits oben dargestellt, aus welchen Gründen einige Denker annehmen möchten, daß es bei den Engeln eine Zusammensetzung aus Form und Materie gibt, obwohl sie keine körperlichen Wesen sind.[269]

155. Daß die Engel nichtkörperlich sind, wird durch das Zeugnis der Heiligen Schrift[270] belegt, die sie als Geister (spiritus) bezeichnet. In Psalm 103 [104], 4 heißt es: «Der seine Engel als Geister hervorbringt.» Und der Apostel Paulus schreibt im Brief an die Hebräer 1,14, wo er über die Engel spricht:[271] «Sie alle sind dienende Geister, zum Dienst ausgesandt um derer willen, die die Erbschaft des Heils ergreifen.» Die Schrift bezeichnet mit dem Begriff «Geist» in der Regel etwas Nichtkörperliches; entsprechend heißt es im Johannes-Evangelium 4,24: «Gott ist Geist, und die ihn anbeten, müssen ihn im Geist und in der Wahrheit [Wirklichkeit] anbeten.» Ganz ähnlich Jesaja 31,3: «Der Ägypter ist ein Mensch und nicht Gott; und ihre Rosse sind Fleisch und nicht Geist.» Also ist es der Anschauung der Heiligen Schrift zufolge unrichtig, daß die Engel körperlich sind.[272]

156. Wer sich vornimmt, die Aussagen der Heiligen Schrift sorgfältig zu untersuchen, wird ihnen entnehmen können, daß die Engel nichtmateriell sind. Denn die Heilige Schrift bezeichnet sie als bestimmte Kräfte – so heißt es in Psalm 102 [103], 20f: «Preiset den Herrn, ihr, alle seine Engel»; und anschließend wird hinzugefügt: «Preiset den Herrn, ihr, alle seine Kräfte.» Im Lukas-Evangelium (21,26)[273] heißt es: «Die Kräfte der Himmel werden erschüttert

---

uni et sex alae alteri; et de Gabriele dicitur Danielis x, 5-6: *Ecce vir unus vestitus lineis, et renes eius accincti auro obrizo, et corpus eius quasi chrysolitus,* ed adhuc alia ad organum corporis pertinentia ibidem subduntur (¹).

Quidam autem de Angelis dicunt quod etsi non sint corporei, est tamen in eis compositio formae et materiae: quod ex quibus rationibus accipere velint, supra iam diximus.

155. — Sed quod Angeli incorporei sint, canonicae Scripturae auctoritate probatur, quae eos spiritus nominat. Dicitur enim in Psalmo CIII, 4: *Qui facit Angelos suos spiritus;* et Apostolus dicit ad Hebraeos I, 14, de Angelis loquens: *Omnes sunt admi-*

nistratorii spiritus, in ministerium missi propter eos qui hereditatem capiunt salutis. Consuevit autem Scriptura nomine spiritus aliquid incorporeum designare, secundum illud Ioan. IV, 24: *Spiritus est Deus, et eos qui adorant eum, in spiritu et veritate oportet adorare;* et Isaiae XXXI, 3: *Aegyptus, homo, et non Deus; et equi eorum caro, et non spiritus.* Sic igitur consequens est, secundum sacrae Scripturae sententiam, Angelos incorporeos esse (²).

156. — Si quis autem diligenter velit verba sacrae Scripturae inspicere, ex eisdem accipere poterit eos immateriales esse: nominat enim eos sacra Scriptura quasdam virtutes. Dicitur enim in Psalmo CII, 20-21: *Benedicite Domino omnes Angeli eius;* et

werden»; diese Worte beziehen alle Kirchenlehrer auf die heiligen Engel. Was aber materiell ist, das *ist* keine Kraft, sondern es *besitzt* eine Kraft; in ähnlicher Weise *ist* es kein Wesen (essentia), sondern es *besitzt* das Wesen – die Kraft ergibt sich nämlich aus dem Wesen. So ist der Mensch weder seine Menschlichkeit (humanitas) noch seine Kraft,[274] und ähnliches gilt für alles andere aus Materie und Form Zusammengesetzte. Also ergibt sich, daß die Engel für die Anschauung der Heiligen Schrift nichtmateriell sind.

157. Diese beiden Auffassungen finden sich in den Ausführungen des Dionysius Areopagita ausdrücklich; Dionysius sagt im vierten Kapitel der Schrift «Über die göttlichen Namen» von den Engeln: «Die geistigen Wesenheiten existieren ohne jede Vergänglichkeit, ohne Tod, Materie und Zeugung als reine Wesen,[275] und sie werden als nichtkörperlich und nichtmateriell aufgefaßt.» Im ersten Kapitel der «Himmlischen Hierarchie» weist Dionysius darauf hin, daß «die göttliche Anordnung die verschiedenen nichtmateriellen Hierarchien der Engel durch materielle Sinnbilder überlieferte». Und im zweiten Kapitel desselben Buches stellt er die Frage, warum die heiligen Lehrer[276] bei der körperlichen Darstellung des Nichtkörperlichen, also der Engel, diese nicht in den prächtigsten Sinnbildern gestalteten, sondern den nichtmateriellen und gottförmigen nichtzusammengesetzten Wesenheiten durch irdische Sinnbilder Ausdruck verliehen.[277] Aus allen diesen Ausführungen geht hervor, daß es die Ansicht des Dionysius war, die Engel seien nichtmaterielle und nichtzusammengesetzte Wesenheiten. Das ergibt sich auch daraus, daß er sie häufig als himmlische Geister (intellectus) oder als göttliche Geister (mentes) bezeichnet. «Intellectus» und «mens» ist nämlich etwas Nichtkörperliches und Nichtmaterielles, wie Aristoteles im dritten Buch «Über die Seele» darlegt.

postea subditur: *Benedicite Domino omnes virtutes eius;* et Matth. xxiv, 29 (³), dicitur: *Virtutes caelorum movebuntur,* quod de sanctis Angelis omnes Doctores exponunt. Quod autem materiale est, non est virtus, sed habet virtutem; sicut non est essentia, sed habet essentiam; sequitur enim essentiam virtus. Non est autem homo sua humanitas, neque sua essentia, neque sua virtus. Similiter autem neque aliquid aliud ex materia et forma compositum. Relinquitur igitur secundum intentionem Scripturae Angelos immateriales esse.

157. — Utrumque autem horum expresse Dionysii verbis astruitur, qui in quarto capite *De divinis nominibus* de Angelis loquens dicit (⁴) quod « intellectuales substantiae ab universa corruptione, morte et materia mundae existunt, et sicut incorporales et immateriales intelliguntur ». In primo etiam capite *Caelestis Hierarchiae* (¹) dicit quod « divina dispositio immateriales Angelorum hierarchias materialibus figuris variis tradidit »; et in secundo capite eiusdem libri quaerit (²), quare sacros doctores ad corporalem formationem incorporalium scilicet Angelorum, venientes, non figuraverunt ea pretiosissimis figuris (³), sed immaterialibus (substantiis) et deiformibus simplicitatibus terrenas figuras imposuerunt. Ex quibus omnibus patet hanc fuisse Dionysii sententiam quod Angeli sunt immateriales et simplices substantiae. Quod etiam ex hoc patet quod frequenter eos nominat caelestes intellectus, seu divinas mentes. Intellectus autem et mens aliquid

Entsprechend sagt Augustinus im zweiten Buch der Schrift «Wortgetreue Auslegung der Schöpfungsgeschichte»: «Am ersten Tag, an dem das Licht erschaffen wurde, wird die Hervorbringung der *geistigen* und *vernünftigen* Kreatur mit der Bezeichnung ‹Licht› zum Ausdruck gebracht, unter dessen Natur man alle heiligen Engel und Kräfte zu verstehen hat.»

Ähnlich formuliert Johannes Damascenus [im zweiten Buch der Schrift «Vom rechten Glauben»], der Engel sei eine «geistige und nichtkörperliche Wesenheit». Doch läßt sein nachfolgender Zusatz Zweifel aufkommen: «Er wird im Hinblick auf uns als nichtkörperliche Natur[278] und als nichtmateriell bezeichnet; denn mit Gott verglichen stellt sich alles als grob und materiell dar.» Dies wird hinzugefügt, damit man nicht glaubt, der Engel komme aufgrund seiner Nichtkörperlichkeit und Nichtmaterialität der göttlichen Einfachheit gleich.

158. Die körperlichen Gestalten und Formen, die in der Heiligen Schrift zuweilen den Engeln zugeschrieben werden, müssen im Sinne eines Gleichnisses aufgefaßt werden. Dies hat folgenden Grund, wie Dionysius im ersten Kapitel der «Himmlischen Hierarchie» ausführt: «Unserem Geist (mens) ist es nicht möglich, sich zu jener nichtmateriellen Nachahmung und Anschauung der himmlischen Hierarchien aufzurichten, wenn er nicht, seinem Wesen entsprechend, eine materielle Richtschnur zu Hilfe nimmt.» In ähnlicher Weise wird in den Schriften auch über Gott selbst[279] viel Körperliches im Sinne eines Gleichnisses ausgesagt. Daher erklärt Dionysius im 15. Kapitel der «Himmlischen Hierarchie», welches Geistige bei den Engeln durch alle diese körperlichen Sinnbilder jeweils bezeichnet wird.

Dionysius legt dar, daß den Engeln nicht nur solche körperlichen Gestalten,

---

incorporeum et immateriale est, ut Philosophus probat in tertio *De anima* ([4]).

Augustinus etiam in secundo *Super Genesim ad litteram* dicit ([5]) quod «primo die quo lux facta est, conditio spiritualis et intellectualis creaturae lucis appellatione intimatur, in qua natura intelliguntur omnes sancti Angeli atque Virtutes».

Damascenus etiam dicit ([6]) quod Angelus est «substantia intellectualis et incorporea». Sed dubium facit quod postea subdit: «Incorporeus autem et immaterialis dicitur quantum ad nos: omne enim comparatum ad Deum, grossum et materiale invenitur». Quod ad hoc inducitur ut non aestimetur Angelus propter suam incorporeitatem et immaterialitatem divinam simplicitatem aequare.

158. — Corporales vero figurae seu formae quae in Scriptura sacra interdum Angelis attribuuntur, per quamdam similitudinem sunt intelligendae: quia, sicut dicit Dionysius in primo capite *Caelestis Hierarchiae* ([7]): «non est possibile nostrae menti ad immaterialem illam sursum excitari caelestium hierarchiarum et imitationem et contemplationem, nisi secundum se materiali manuductione utatur»; sicut et de ipso Domino ([8]) multa corporalia in Scripturis per quamdam similitudinem dicuntur; unde in decimoquinto capite *Caelestis Hierarchiae* ([1]) Dionysius exponit quid spirituale significetur in Angelis per omnes huiusmodi corporales figuras.

sondern auch Eigenschaften gleichnishaft zugeschrieben werden, die mit der Neigung des sinnlichen Begehrens in Zusammenhang stehen. Dadurch soll zu verstehen gegeben werden, daß die Engel nicht nur keine Körper, sondern daß sie auch keine Geister (spiritus) sind, die mit Körpern vereint werden, denen sie Vollkommenheit verleihen, indem sie sie mit sinnlicher Wahrnehmung ausstatten;[280] also gibt es bei den Engeln auch keine Tätigkeiten der Sinnenseele. Dionysius schreibt im zweiten Kapitel der «Himmlischen Hierarchie»: «Zorn entsteht bei nichtvernünftigen Lebewesen[281] aus einer nicht selbst hervorgerufenen Bewegung. Dagegen muß das Wütende bei den Engeln in anderer Weise aufgefaßt werden: ich meine, es bezeichnet die Kraft ihres Vernunftvermögens.» In einer anderen Handschrift lautet diese Stelle: «Bei den Engeln weist das Zornige dagegen auf die Kraft ihres Vernunftvermögens.» Und im gleichen Sinne sagt Dionysius, die Begierde bezeichne bei den Engeln die göttliche Liebe.

Damit übereinstimmend[282] schreibt Augustinus im neunten Buch des Werkes «Über den Staat Gottes»: «Die heiligen Engel strafen ohne Wut die Menschen, die sie aufgrund des ewigen Gesetzes Gottes zum Bestrafen übernehmen; sie kommen den Leidenden ohne Mitleid mit ihrem Elend zu Hilfe; wenn diejenigen, die sie lieben, in Gefahr geraten,[283] so unterstützen sie sie ohne Furcht. Dennoch werden die Namen dieser Leidenschaften im normalen menschlichen Sprachgebrauch auf die Engel angewendet,[284] und zwar wegen einer gewissen Entsprechung der Tätigkeiten, nicht aber wegen einer Veränderlichkeit der Affekte.»

159. Die Formulierung, die Engel seien in den Himmeln oder an irgendwelchen anderen körperlichen Orten, darf nicht so verstanden werden, als seien sie auf körperliche Weise dort, d. h. durch Berührung der Ausdehnungsgröße;

Nec solum huiusmodi formas corporeas per similitudinem de Angelis asserit dici, sed etiam ea quae pertinent ad affectionem sensitivi appetitus, ut per hoc detur intelligi quod non solum Angeli non sunt corpora, sed etiam non sunt spiritus corporibus uniti, qui sensificando percipiant, ut sic in eis inveniantur operationes animae sensitivae. Dicit enim in secundo capite *Caelestis Hierarchiae* (²), quod « furor irrationabilis ex passibili motu gignitur; sed in Angelis alio modo oportet irascibile intelligere, declarans, ut aestimo, virilem ipsorum rationabilitatem ». Alia littera habet sic: « Sed in Angelis furibundum demonstrat virilem ipsorum rationabilitatem ». Et similiter dicit, quod concupiscentia in eis significat amorem divinum.

Cui consonat id quod Augustinus dicit in nono *De Civ. Dei* (³), quod « sancti Angeli sine ira puniunt quos accipiunt aeterna Dei lege puniendos; et miseris sine miseriae compassione subveniunt; periclitantibus, et eis quos diligunt, absque timore opitulantur; et tamen istarum nomina passionum consuetudo locutionis humanae etiam in eos usurpat propter quamdam operum similitudinem, non propter affectionum infirmitatem ».

159. — Quod autem Angeli dicuntur esse in caelis aut in aliquibus aliis corporalibus locis, non est intelligendum quod

vielmehr ist diese Aussage so aufzufassen, daß sie auf geistige Weise durch eine bestimmte Berührung der Kraft dort sind. Der den Engeln zugehörige Ort ist geistig, wie Dionysius im fünften Kapitel seines Werkes «Über die göttlichen Namen» schreibt: «Die höchsten geistigen Wesenheiten sind in den Vorhallen der Trinität angesiedelt.» Und Basilius sagt in der zweiten Homilie seines «Hexameron»: «Sie existieren im Licht und wohnen in geistiger Freude.» Auch Gregor von Nyssa schreibt in dem Buch «Über den Menschen»:[285] «Das geistige Sein befindet sich an geistigen Orten, denn es ist entweder in sich selbst oder in höherstehendem Geistigen.[286] Wenn es daher heißt, etwas Geistiges sei räumlich in einem Körper, so besagt dies nicht, es sei in einem Körper wie an einem Ort, sondern in einem Verhältnis[287] zu ihm und in der Bedeutung des Gegenwärtigseins, in der wir sagen, Gott sei in uns.» Und kurz darauf fügt er hinzu: «Wenn daher ein Geistiges in einem Verhältnis zu einem Ort oder zu einem Ding stand, das im Raum existiert, so nehmen wir den Ort für das Verhältnis und sagen im uneigentlichen Sinne, etwas sei an diesem Ort: wegen der Tätigkeit (actus) dessen, das dort ist. Wenn wir sagen müßten, «es *handelt* dort», sagen wir, «es *ist* dort». Im Anschluß daran schreibt Johannes Damascenus [im zweiten Buch seines Werkes «Vom rechten Glauben»]: «Wo der Engel handelt, dort ist er.» Und Augustinus sagt im achten Buch der «Wortgetreuen Auslegung der Schöpfungsgeschichte»: «Der Schöpfergeist bewegt den geschaffenen Geist durch die Zeit *ohne* Raum; den Körper aber bewegt er durch Zeit *und* Raum.»

160. All diese Äußerungen geben zu verstehen, daß geistige Wesenheiten nicht körperlich an einem Ort sind, sondern auf geistige Weise. Und weil sich etwas in derselben Weise im Raum *bewegt*, in der es im Raum *ist*, ergibt sich,

sint in eis corporali modo, scilicet per contactum dimensivae quantitatis, sed modo spirituali per quemdam contactum virtutis. Proprius autem locus Angelorum est spiritualis, secundum quod Dionysius dicit, quinto capite *De divinis nominibus* (⁴), quod « supremae spirituales substantiae sunt in vestibulis Trinitatis collocatae »; et Basilius dicit in secundo *Hexaemeron* (⁵), quod « sunt in luce, et in laetitia spirituali habitant »; et Gregorius Nyssenus dicit in libro *De homine* (⁶) quod « intelligibilia in intelligibilibus locis sunt, aut in se ipsis aut in superiacentibus intelligibilibus Cum igitur in corpore dicitur intellectuale aliquid localiter esse, non ut in loco corporeo dicitur esse sed ut in habitudine et in eo quod adest, ut dicimus Deum esse in

nobis »; et post pauca subdit: « Cum igitur in habitudine fuerit intelligibile aliquod vel loci alicuius vel rei ut in loco existentis, abusive dicimus illic id esse propter actum eius qui est illic, locum pro habitudine suscipientes. Cum enim deberemus dicere: Illic agit, dicimus: Illic est ». Et hoc sequens Damascenus dicit (¹), quod « Angelus ubi operatur ibi est ». Augustinus etiam octavo *Super Gen. ad litteram* dicit (²), quod « spiritus creator movet conditum spiritum per tempus sine loco; movet autem corpus per tempus et locum ».

160. — Ex quibus omnibus datur intelligi substantias spirituales non esse in loco corporaliter, sed quodam modo spirituali. Et quia eodem modo competit alicui moveri in loco et esse in loco, per consequens

daß sich die Engel auch nicht auf körperliche Weise im Raum bewegen; viel-mehr muß man ihre Bewegung – sofern sie in den Schriften durch Bezugnahme auf den körperlichen Raum zum Ausdruck gebracht wird – als Aufeinander-folge der Berührung einer Kraft an verschiedenen Orten auffassen. Oder die Bewegung der Engel ist in einer mystischen Bedeutung zu verstehen – im Sinne des Dionysius, der im vierten Kapitel der Schrift «Über die göttlichen Namen» ausführt: «Man sagt, die göttlichen Geister (mentes) würden sich *kreisförmig* bewegen, wenn sie mit den Erleuchtungen des Schönen und des Guten vereint sind; dagegen bewegen sie sich *geradlinig*, wenn sie zum Vorhersehen des unter ihnen Befindlichen fortschreiten; schließlich bewegen sie sich *seitwärts*, wenn sie Geringeres vorhersehen und dabei ohne direktes Voranschreiten um Gott herum verbleiben.»

An den wiedergegebenen Aussagen wird deutlich, was die heiligen Lehrer über die Beschaffenheit der geistigen Wesenheiten, also der Engel, überliefert haben: sie stellen fest, daß die Engel nichtkörperlich und nichtmateriell sind.

---

neque corporali modo Angeli moventur in loco, sed motus eorum qui exprimitur in Scripturis, si referatur ad locum corpora-lem, est accipiendus secundum successio-nem virtualis contactus ad loca diversa; vel est accipiendus secundum mysticam intelligentiam, sicut Dionysius, quarto ca-pite *De divinis nominibus* dicit ([3]), quod « moveri dicuntur divinae mentes circu-lariter quidem unitae illuminationibus pul-chri et boni; in directum autem quando procedunt ad subiectorum providentiam; oblique vero quando providentes minus habentibus ingressibiliter manent circa Deum ».

Ex his igitur manifestum est quid circa conditionem spiritualium substantiarum, idest Angelorum, sacri Doctores tradide-rint, asserentes eos incorporeos et imma-teriales esse.

XIX

DIE UNTERSCHEIDUNG
DER ENGELGEISTER

161. Anschließend ist zu bedenken, was der heiligen Lehre zufolge von der Unterscheidung der Geister begriffen werden muß. Dabei ergibt sich, daß zuerst der Unterschied der guten und der bösen Geister betrachtet werden muß.

Viele Autoren stimmen nämlich darin überein, daß bestimmte Geister gut, andere dagegen böse sind; dies wird auch von der Autorität der Heiligen Schrift bestätigt. So heißt es im Hebräerbrief (1,14) von den guten Geistern: «Sie sind alle dienende Geister, zum Dienst ausgesandt wegen derer, die die Erbschaft des Heils ergreifen.» Von den bösen Geistern heißt es dagegen im Matthäus-Evangelium (12,43 und 45): «Wenn ein unreiner Geist aus einem Menschen herausgegangen ist, so durchzieht er trockene Gegenden und sucht Ruhe und findet sie nicht.» Danach wird hinzugefügt: «Dann geht er dahin und nimmt sieben andere Geister mit sich, die schlimmer sind als er.» Und obgleich – wie Augustinus im neunten Buch seines Werkes «Über den Staat Gottes» berichtet – einige Denker lehrten, sowohl die guten als auch die bösen Geister seien Götter und die guten würden ebenso wie die bösen als Dämonen bezeichnet: dennoch zählten andere Autoren – und das ist richtiger – ausschließlich die guten Geister zu den Göttern; diese guten Geister bezeichnen wir als Engel.

Caput 19.
DE DISTINCTIONE SPIRITUUM ANGELORUM.

161. — Oportet autem consequenter considerare quid secundum sacram doctrinam de distinctione spirituum sit tenendum: ubi et primum considerandum occurrit de differentia bonorum et malorum.

Est enim apud multos receptum, esse quosdam spiritus bonos, quosdam vero malos: quod auctoritate Sacrae Scripturae comprobatur. De bonis enim spiritibus dicitur Hebr. I, 14: *Omnes sunt administra-* *torii spiritus, in ministerium missi, propter eos qui hereditatem capiunt salutis.* De malis autem spiritibus dicitur, Matthaei XII, 43, 45: *Cum immundus spiritus exierit ab homine, ambulat per loca arida quaerens requiem, et non invenit;* et postea subditur: *Tunc vadit, et assumit septem alios spiritus nequiores se.* Et quamvis, ut Augustinus narrat in nono *De Civ. Dei* (¹), quidam posuerint et bonos et malos spiritus deos esse, et similiter bonos et malos daemones nominari, quidam tamen melius deos non nisi bonos asserunt, quos nos Angelos di-

Die Dämonen werden dagegen nach allgemeinem Sprachgebrauch allein im Bösen angenommen; das geschieht vernünftigerweise, wie Augustinus bemerkt. Denn sie werden im Griechischen von dem Wissen her Dämonen genannt, das der Lehre des Apostels Paulus zufolge ohne Liebe ist und durch Hochmut aufbläht (1. Korintherbrief 8,1).

162. Es wird aber nicht von allen Denkern derselbe Grund für die Bosheit der Dämonen angegeben. Einige Autoren hielten diese Geister nämlich für von Natur aus böse, als ob sie von einer bösen Ursache geschaffen seien; deshalb sei auch ihre Natur böse. Das gilt für die Irrlehre der Manichäer, wie aus oben Dargestelltem deutlich wird.

Diese Irrlehre widerlegt Dionysius im vierten Kapitel seiner Schrift «Über die göttlichen Namen» auf sehr wirksame Weise, wenn er schreibt: «Die Dämonen sind nicht von Natur aus böse.» Das beweist Dionysius erstens folgendermaßen: Wenn diese Geister von Natur aus böse wären, so müßte man zugleich auch sagen, daß sie weder von einer guten Ursache geschaffen sind, noch zu dem Seienden gerechnet werden können, weil das Böse kein Seiendes ist. Und wenn es eine böse Natur gäbe, so wäre sie nicht von einem guten Urgrund hervorgebracht.[288]

Zweitens: Wenn diese Geister von Natur aus böse sind, so sind sie entweder gegen sich selbst oder gegen andere böse.[289] Sofern sie gegen sich selbst böse wären, so würden sie sich – was nicht möglich ist – selbst vernichten, denn das Böse besitzt den Charakter des Vernichtenden. Sofern sie aber gegen andere böse wären, so müßten sie dasjenige vernichten, gegen das sie böse sind. Was jedoch von Natur aus so beschaffen ist, ist gegenüber allem und gänzlich so beschaffen. Es würde daher folgen, daß sie alles gänzlich vernichten – das ist nicht möglich: zum einen, weil es Unzerstörbares gibt, das nicht vernichtet

---

cimus, daemones autem secundum communem usum loquendi non nisi in malo accipiunt: quod, ut dicit, rationabiliter accidit (²). Daemones enim in graeco a scientia nominantur quae sine caritate, secundum sententiam Apostoli (³), per superbiam inflat.

162. — Sed causa malitiae daemonum non eadem ab omnibus assignatur.

Quidam enim eos asserunt naturaliter malos tanquam a malo productos principio, et sic etiam quod ipsorum natura sit mala: quod ad Manichaeorum errorem pertinet, ut patet ex dictis. Sed hunc errorem efficacissime Dionysius improbat, quarto capite De divinis nominibus (⁴), di-

cens: « Neque daemones natura mali sunt ».

Quod probat, *primo* quidem, quia si naturaliter mali essent, simul oporteret dicere quod neque essent producti ex bono principio neque inter existentia computarentur, quia malum non est natura aliqua: nec si esset aliqua natura, causaretur a bono principio (⁵).

Secundo, quia si sunt naturaliter mali: aut sibi ipsis, et sic se ipsos corrumperent, quod est impossibile; malum enim rationem corruptivi habet. Si vero sunt mali aliis, oporteret quod ea quibus sunt mali, corrumperent. Quod autem est naturaliter tale, est omnibus tale, et omnino tale. Sequeretur ergo quod omnia, et omnino cor-

werden kann; zum anderen, weil selbst dasjenige, das vernichtet wird, nicht vollständig vernichtet wird. Deshalb ist nicht die *Natur* der Dämonen böse.

Drittens: Wenn diese Geister von Natur aus böse wären, so wären sie nicht von Gott geschaffen, weil das Gute Gutes hervorbringt und bewirkt, daß es Bestand hat. Das aber ist dem oben Bewiesenen zufolge nicht möglich: denn Gott muß die Ursache von allem sein.

Viertens: Wenn sich die Dämonen immer in derselben Weise verhalten, so sind sie nicht böse. Was nämlich immer dasselbe ist, gehört zu dem Guten. Wenn sie aber nicht immer böse sind, so sind sie nicht von Natur aus böse.

Fünftens [sind diese Geister nicht etwa von Natur aus böse,] weil sie gar keinen Anteil am Guten haben; denn sie sind, sie leben, erkennen und sie begehren etwas Gutes.

163. Nun gab es Autoren, die lehrten, die Dämonen seien nicht deshalb von Natur aus böse, weil ihre Natur böse ist, sondern weil sie eine gewisse natürliche Hinneigung zum Bösen besitzen. Beispielsweise führt Augustinus im zehnten Buch seines Werkes «Über den Staat Gottes» Porphyrius an; dieser schrieb in dem Brief an Anebontes, daß «einige der Ansicht sind, es gäbe eine Gattung» von Geistern, «die die Eigenschaft hat zu gehorchen und die von Natur aus in jeder Hinsicht und auf vielerlei Weise trügerisch ist und Götter und Dämonen, ja sogar die Seelen der Verstorbenen nachahmt».

Dieser Auffassung kann freilich keine Wahrheit zukommen, wenn man davon ausgeht, daß die Dämonen nichtkörperlich und [von der Materie] getrennte Geister (intellectus) sind. Weil jede Natur gut ist,[290] ist es nämlich nicht möglich, daß irgendeine Natur eine Hinneigung zum Bösen besitzt – es

---

rumperent; quod est impossibile, tum quia quaedam sunt incorruptibilia, quae corrumpi non possunt, tum quia ea quae etiam corrumpuntur, non totaliter corrumpuntur. Non igitur ipsa natura daemonum est mala.

Tertio, quia si essent naturaliter mali, non essent a Deo facti, quia bonum bona producit et subsistere facit; et hoc est impossibile, secundum illud quod supra probatum est, scilicet quod oportet omnium Deum esse principium.

Quarto, quia si daemones semper eodem modo se habent, non sunt mali; quod enim est semper idem, boni est proprium. Si autem non semper sunt mali, non sunt natura mali.

Quinto, quia non sunt omnino expertes boni, secundum quod sunt, et vivunt, et intelligunt, et aliquod bonum desiderant.

163. — Fuerunt autem alii ponentes daemones naturaliter malos, non quia eorum natura sit mala, sed quia habent quamdam inclinationem naturalem ad malum, sicut Augustinus, decimo *De Civitate Dei* (1) introducit Porphyrium dicentem in epistola ad Anebontem « quosdam opinari esse quoddam » spirituum « genus, cui exaudire sit proprium (2), natura fallax, omniforme, multimodum, simulans deos et daemones, et ipsas animas defunctorum ».

Quae quidem opinio veritatem habere non potest, si ponamus daemones incorporeos esse, et intellectus quosdam separatos. Cum enim omnia natura bona sint (3), impossibile est quod natura aliqua habeat

sei denn im Sinne eines teilweise Guten. Es spricht nichts dagegen, ein für eine bestimmte Natur teilweise Gutes insofern als Böses zu bezeichnen, als es der Vollkommenheit einer edleren Natur widerstrebt. Beispielsweise ist es für den Hund in gewisser Hinsicht gut, zornig zu sein; aber es ist böse (schlecht) bei einem Menschen, der ja Vernunft besitzt. Dennoch kann in einem Menschen – seiner sinnlichen und körperlichen Natur entsprechend, die er mit den Tieren gemeinsam hat – eine gewisse Hinneigung zum Zorn bestehen: diese ist beim Menschen böse. Von der geistigen Natur kann man dies dagegen nicht sagen, weil der Geist (intellectus) eine Hinordnung zu dem insgesamt Guten besitzt. Daher kann es bei den Dämonen keine natürliche Hinneigung zum Bösen geben,[291] sofern sie reingeistig und frei von einer Beimischung körperlicher Natur sind.

164. Man muß deshalb wissen, daß die Platoniker – wie oben bereits dargestellt wurde – lehrten, die Dämonen seien körperliche Lebewesen, die Geist besitzen. Und insofern sie eine körperliche und sinnliche Natur besitzen, sind sie wie die Menschen verschiedenen Leidenschaften der Seele unterworfen, aus denen heraus sie sich dem Bösen zuneigen. Deshalb schrieb Apuleius in dem Buch «Über den Gott des Sokrates» als Definition der Dämonen, sie seien «der Gattung nach Lebewesen, der Seele (animus) nach empfänglich, vernunftbegabt im Geist (mens), vom Körper her luftartig und der Zeit nach ewig». Der Geist (mens) der Dämonen ist, wie Apuleius selbst sagt, den Leidenschaften der Wollust, der Furcht, der Wut und ähnlichem unterworfen. Also sind die Dämonen auch räumlich von den Göttern getrennt, die wir als Engel bezeichnen: den Dämonen werden luftartige Orte zugeschrieben, den Engeln bzw. Göttern dagegen ätherische.

inclinationem ad malum nisi sub ratione particularis boni. Nihil enim prohibet aliquid quod est particulariter bonum alicui naturae, intantum dici malum inquantum repugnat perfectioni nobilioris naturae, sicut furiosum esse, quoddam bonum est cani, quod tamen malum est homini rationem habenti. Possibile tamen est in homine secundum sensibilem et corporalem naturam, in qua cum brutis communicat, esse quamdam inclinationem ad furorem, qui est homini malum. Sed hoc de intellectuali natura dici non potest, quia intellectus ordinem habet ad bonum commune. Unde dici non potest in daemonibus inveniri naturalem inclinationem ad malum, si sunt pure intellectuales non habentes admixtionem corporeae naturae.

164. — Sciendum est ergo quod Platonici posuerunt, ut etiam supra dictum est, daemones esse animalia quaedam corporea, habentia intellectum; et inquantum habent corpoream et sensitivam naturam, sunt variis animae passionibus subiecti (¹), sicut et homines, ex quibus inclinantur ad malum. Unde Apuleius in libro De Deo Socratis (²) definiens daemones, dixit eos esse «genere animalia, animo passiva, mente rationalia, corpore aërea, tempore aeterna», et sicut ipse dicit, subiecta est mens daemonum passionibus libidinum, formidinum, irarum, atque ·huiusmodi ceteris. Sic ergo daemones etiam loco discernuntur a diis, quos Angelos dicimus, aërea loca daemo-

Dieser Auffassung folgen einige Lehrer der Kirche in gewisser Hinsicht. Augustinus scheint nämlich im dritten Buch seiner Schrift «Wortgetreue Auslegung der Schöpfungsgeschichte» zu sagen oder unentschieden zu lassen, daß die Dämonen luftartige Lebewesen sind, da sie die Natur luftartiger Körper besitzen und deshalb vom Tod nicht aufgelöst werden. Denn in ihnen herrscht ein Element vor, das ebenso zum Handeln wie zur Passivität geeignet ist: die Luft. Dasselbe sagt Augustinus auch an mehreren anderen Stellen. Aber auch Dionysius scheint in den Dämonen zur Sinnenseele Gehörendes anzunehmen. Er führt nämlich im vierten Kapitel seines Werkes «Über die göttlichen Namen» aus, daß es bei den Dämonen Böses gibt, «unvernünftigen Zorn, unsinnige Begierde und unverschämte Vorstellungen». Es ist klar, daß Vorstellungen, Begierde und Wut oder Zorn nicht zum Geist, sondern zum sinnlichen Teil der Seele gehören.

Auch im Hinblick auf den Raum stimmten einige Denker mit diesen Autoren überein und meinten, die Dämonen seien keine himmlischen oder überhimmlischen Engel, wie Augustinus im dritten Buch der Schrift «Wortgetreue Auslegung der Schöpfungsgeschichte» erzählt. Auch Johannes Damascenus schreibt im zweiten Buch [seines Werkes «Über den rechten Galuben»], die Dämonen stammten aus den Engelskräften, die die irdische Rangordnung anführten. Und der Apostel Paulus bezeichnet den Teufel im Brief an die Epheser als «Fürsten der Macht dieser Luft» (2,2).

165. Hier trifft man auf etwas, das eine Betrachtung wert ist: Weil einer jeden Art (species) die Materie in Entsprechung zu ihrer Form zuteil wird,[292] scheint es nicht möglich zu sein, daß in einer *ganzen* Art eine natürliche Hinneigung zu

---

nibus attribuentes, aetherea vero Angelis, sive diis.

Hanc autem positionem quantum ad aliquid aliqui Ecclesiae Doctores sequuntur. Augustinus enim quarto ([3]) *Super Genes. ad litteram* videtur dicere ([4]), vel sub dubio relinquere, quod daemones aërea sunt animalia quoniam corporum aëreorum natura vigent, et propterea morte non dissolvuntur, quia praevalet in eis elementum quod tam ad faciendum quam ad patiendum est aptum, scilicet aër. Et hoc idem pluribus aliis locis dicit. Sed et Dionysius videtur in daemonibus ponere ea quae ad sensibilem animam pertinent; dicit enim quarto capite De divinis nominibus ([5]), quod « est in daemonibus malum, furor irrationabilis, demens concupiscentia et phantasia pro-

terva ». Manifestum est autem phantasiam et concupiscentiam et iram sive furorem, non ad intellectum, sed ad sensitivam partem animae pertinere.

Sed et quantum ad locum quidam cum eis consenserunt, putantes daemones non caelestes vel supercaelestes Angelos fuisse, ut Augustinus narrat in tertio *Super Gen. ad litteram* ([6]). Sed et Damascenus in suo libro daemones dicit ([7]) ex his angelicis virtutibus fuisse qui terrestri ordini praeerant. Sed et Apostolus ad Ephes. II, 2, nominat: diabolum *principem potestatis aëris huius.*

165. — Sed occurrit hic aliud consideratione dignum. Cum enim unicuique speciei sit attributa natura secundum convenientiam suae formae, non videtur esse

dem besteht, was entsprechend der ihr eigentümlichen Form das Böse für diese Art ist. Beispielsweise wohnt nicht *allen* Menschen eine natürliche Hinneigung zu der Unmäßigkeit der Begierde oder des Zornes inne. Also ist es nicht möglich, daß alle Dämonen eine natürliche Hinneigung zur Täuschung und zu anderem Bösen besitzen – selbst wenn sie alle einer einzigen Art angehören würden. Um so weniger, wenn sie Einzelwesen in einzelnen Arten wären – obgleich nichts dagegen zu sprechen scheint, daß mehrere Dämonen in einer Art enthalten sind, sofern sie körperlich sind: Es könnte nämlich die Verschiedenheit der Einzelwesen einer einzigen Art in Entsprechung zu der Verschiedenheit der Materie bewirkt werden. Man wird deshalb sagen müssen, daß nicht alle Dämonen von Natur aus und immer böse waren, sondern daß einige von ihnen aus eigener Entscheidung begannen, böse zu sein, indem sie der Hinneigung zu Leidenschaften Folge leisteten.

Daher sagt Dionysius im vierten Kapitel seiner Schrift «Über die heiligen Namen», daß «die Abwendung» (gemeint ist: von Gott) «für die Dämonen selbst etwas Böses ist, ein Verlassen dessen, was ihnen eigentlich zukommt,[293] weil sie durch Hochmut über sich selbst hinaus fortgerissen wurden». Später fügt Dionysius einiges hinzu, was im Zusammenhang mit der Strafe steht, etwa das «Nichterreichen» des letzten Zieles, die «Unvollkommenheit» infolge des Mangels an der notwendigen Vollkommenheit, das «Unvermögen» zu erlangen, was sie natürlicherweise begehren, und die «Schwäche der erhaltenen Kraft» in ihnen, die sie als natürliche Hinordnung vom Bösen zurückruft.

166. Augustinus schreibt im dritten Buch seines Werkes «Wortgetreue Auslegung der Schöpfungsgeschichte», daß die abgefallenen Engel vor ihrem Abfall mit ihrem Anführer, dem jetzigen Teufel und früheren Erzengel, in einem

---

possibile quod in tota aliqua specie sit naturalis inclinatio ad id quod est malum illius speciei secundum rationem propriae formae; sicut non omnibus hominibus inest naturalis inclinatio ad immoderantiam concupiscentiae sive irae. Sic igitur non est possibile omnes daemones habere naturalem inclinationem ad fallaciam et ad alia mala, etiam si omnes essent unius speciei. Multo ergo minus si singuli essent in singulis speciebus; quamvis, si sint corporei, nihil impedire videatur plures sub una specie contineri: poterit enim secundum diversitatem materiae diversitas individuorum unius speciei causari. Oportebit igitur dicere quod non omnes natura nec semper fuerunt mali, sed aliqui eorum mali esse inceperint proprio arbitrio, passionum inclinationem sequentes.

Unde Dionysius dicit ([1]), quod « aversio », scilicet a Deo, « est ipsis daemonibus malum, et quasi mentium excessus ([2]), quia per superbiam ultra se ipsos sunt elati »; et postea subdit quaedam ad poenam pertinentia, sicut « non consecutio » finis ultimi, et « imperfectio » per carentiam debitae perfectionis, et « impotentia » consequendi quod naturaliter desiderant, « et infirmitas virtutis conservantis naturalem in eis ordinem revocantem a malo ».

166. — Augustinus etiam dicit in tertio *Super Genes. ad litteram* ([3]), quod transgressores Angeli ante transgressionem suam fuerunt in superiori parte aëris propinqua

höheren Bereich der Luft waren, der dem Himmel nahe ist. Damit bringt Augustinus deutlich zum Ausdruck,[294] daß einige von ihnen durch ihr Abfallen von Gott böse geworden sind. Auch Johannes Damascenus sagt im zweiten Buch [der Schrift «Über den rechten Glauben»], daß «der Teufel nicht von Natur aus böse erschaffen wurde, sondern als Guter existierte, im Guten gezeugt war und sich seiner freien Willensentscheidung bediente».[295] Außerdem bestätigen dies auch Origenes im ersten Buch der Schrift «Periarchon» und Augustinus im elften Buch seines Werkes «Über den Staat Gottes» mit Nachweisen aus der Heiligen Schrift. Sie führen die Textstelle Jesaja 14,12 an, wo unter dem Gleichnis des Königs von Babylon gesagt wird: «Wie bist du gefallen, Luzifer, der du am Morgen erstandest?» Und Ezechiel 28, 12-15 wird zu ihm in der Person des Königs von Tyrus gesagt: «Du Muster der Ähnlichkeit, voller Weisheit, vollkommen in der Schönheit, du warst in den Freuden des göttlichen Paradieses.» Und später wird hinzugefügt: «Vollkommen warst du in deinem Wandel vom Tage deiner Erschaffung an, bis Unähnlichkeit in dir gefunden wurde.» Augustinus erklärt an derselben Stelle die Aussage von Johannes 8,44:[296] «Jener war ein Mörder von Anfang an, und in der Wahrheit hatte er keinen Stand.» Und Augustinus legt hier auch aus, was in dem kanonischen [ersten] Brief des Johannes steht (3,8): «. . . der Teufel sündigt von Anfang an.» Augustinus bezieht diese Aussagen auf den Anfang, an dem der Teufel zu sündigen begann, bzw. auf den Anfang des menschlichen Zustandes, in dem der Teufel den Menschen täuschte und geistig ermordete.

167. Mit dieser Lehre scheint die Auffassung der Platoniker übereinzustimmen, die einige Dämonen als gut und andere als böse bezeichnen: sie seien durch ihre eigene Willensentscheidung gut oder böse geworden. Plotin geht

---

caelo cum principe suo nunc diabolo, tunc Archangelo, indistincte exprimens per transgressionem quamdam eos esse malos factos (⁴). Sed et Damascenus dicit in secundo libro (⁵), quod « diabolus non natura malus factus est, sed bonus existens et in bono genitus, liberi sui arbitrii electione versutus » (⁶). Hoc insuper et Origenes in primo *Periarchon* (⁷), et Augustinus in secundo *De Civitate Dei* (⁸), auctoritatibus Sacrae Scripturae confirmant, inducentes id quod habetur Isaiae XIV, 12, dictum de diabolo sub similitudine regis Babylonis: *Quomodo cecidisti (de caelo) Lucifer, qui mane oriebaris?;* et Ezechielis XXVIII, 12 ss., ad eum dicitur in persona regis Tyri: *Tu signaculum similitudinis,*

plenus sapientia, perfectus decore, in deliciis paradisi Dei fuisti; et postea subditur: Perfectus in viis tuis a die conditionis tuae, donec inventa est iniquitas in te. Voluit Augustinus (¹) in his verbis dici id quod dicitur (²) Ioannis VIII, 44: *Ille homicida erat ab initio, et in veritate non stetit;* et etiam id, quod in canonica Ioannis (I, 3, 8) dicitur, quod *diabolus ab initio peccat,* referens hoc ad initium quo incepit peccare, vel ad initium conditionis humanae, quo deceptum hominem spiritualiter occidit.

167. — Huic autem sententiae consonare videtur Platonicorum opinio, qui daemonum quosdam bonos quosdam malos dicunt, quasi eos proprio arbitrio bonos vel malos factos. Unde et Plotinus ulterius

noch weiter und lehrt, die Seelen der Menschen würden zu Dämonen, und die Laren würden aus Menschen entstehen, sofern die Menschen verdient und gut sind; die Menschen würden dagegen zu Lemuren oder Larven, wenn sie böse sind.[297] Manen würden sie genannt, wenn nicht sicher ist, ob ihre Verdienste gut oder böse sind, wie Augustinus im neunten Buch der Schrift «Über den Staat Gottes» schreibt. Diese Auffassung stimmt insofern mit der erwähnten Ansicht der Heiligen[298] überein, als diese bestätigen, daß es aufgrund von guten oder bösen Verdiensten gute oder böse Dämonen gibt – obgleich es bei uns nicht üblich ist, gute Geister (spiritus) Dämonen zu nennen; vielmehr bezeichnen wir sie als Engel.

Jedoch ist die Auffassung Plotins insofern irrtümlich, als er lehrt, die Seelen der verstorbenen Menschen würden zu Dämonen. Johannes Chrysostomus sagt in seiner Auslegung von Matthäus 8,28, wo es heißt, daß zwei von Dämonen Besessene aus Gräbern herauskamen: «Weil hinzugefügt wird ‹die aus den Gräbern kamen›, wollten sie die schändliche Lehre aufstellen, daß die Seelen der Sterbenden zu Dämonen werden. Deshalb töteten viele Wahrsager Kinder, um ihre Seelen als Mitwirkende zu haben. Deswegen rufen auch viele Besessene: ‹Die Seele von jenem bin ich.› Es ist jedoch nicht die Seele des Verstorbenen, die ruft, sondern ein Dämon gibt dies vor, um die Zuhörenden zu täuschen. Wenn es nämlich möglich wäre, daß die Seele eines Toten in den Körper eines anderen einzieht, so wäre es ihr um so eher möglich, in ihren eigenen Körper einzugehen. Es ergibt auch keinen Sinn, daß eine Seele, die etwas Übles erleidet, mit dem zusammenwirkt, der ihr das Übel bereitet (oder daß der Mensch eine nichtkörperliche Kraft in eine andere Wesenheit verwandeln kann, nämlich die Seele in die Wesenheit des Dämons. Denn es vermag

procedens dixit animas hominum daemones fieri ([3]) et ex hominibus fieri Lares, si meriti boni sunt, Lemures autem mali, seu Larvas; Manes autem eos ([4]) dici, si incertum est eos bonorum seu malorum esse meritorum, sicut Augustinus introducit nono *De Civitate Dei* ([5]). Quod quidem quantum ad hoc praemissis Sanctorum assertioni concordat, quod pro meritis bonis vel malis aliquos daemones bonos vel malos esse asserunt; quamvis non sit nostrae consuetudinis quod bonos spiritus daemones, sed Angelorum nomine nominemus.

Quantum vero ad hoc quod dixit animas hominum mortuorum fieri daemones, est erronea positio. Unde Chrysostomus dicit exponens id quod habetur Matthaei VIII,

28 ([6]) quod duo habentes daemonia exibant de monumentis: «Per hoc (inquit) quod subditur, *de monumentis exeuntes*, perniciosum dogma imponere volebant, quod animae morientium daemones fiant. Unde et multi aruspicum occidunt pueros ut animam eorum cooperantem habeant. Propter quod et daemoniaci clamant: quoniam anima illius ego sum. Non est autem anima defuncti quae clamat, sed daemon hoc fingit ut decipiat audientes: si enim in alterius corpus animam mortui possibile esset intrare, multo magis in corpus suum. Sed neque habet rationem iniqua passam animam cooperari iniqua sibi facienti (vel hominem posse virtutem incorpoream in aliam transmutare substantiam, scilicet ani-

144

auch im körperlichen Bereich niemand zu bewerkstelligen, den Körper eines Esels zum Körper eines Menschen zu machen.) Und es ergibt auch keinen Sinn, daß eine vom Körper getrennte Seele noch hier [auf der Erde] umherirrt. ‹Denn die Seelen der Gerechten sind in der Hand Gottes› (Weisheit 3,1). Dies gilt auch für die Seelen der Kinder, denn sie sind nicht böse. Aber auch diejenigen der Sünder werden sogleich von hier weggeführt; dies ergibt sich aus der Erzählung von Lazarus und dem Reichen» [Lukas 16,19-31].[299] Doch darf man nicht annehmen, daß Plotin in dieser Hinsicht – weil er meinte, die Seelen der Menschen würden nach dem Tod zu Dämonen – von der Auffassung der Platoniker abgewichen ist, die lehrten, die Dämonen seien luftartige Körper. Denn auch die Seelen der Menschen besitzen der Ansicht der Platoniker zufolge neben den vergänglichen Körpern gewisse ätherische Leiber, mit denen sie stets – auch nach der Auflösung der sinnlichen Körper – wie mit etwas Unvergänglichem vereinigt sind. Daher schreibt Proclus in dem Buch «Die göttliche Erschaffung aus den Elementen»: «Jede zur Teilhabe fähige Seele benutzt einen ersten fortdauernden Körper, der eine nicht erschaffbare und unvergängliche Grundlage (hypostasis) besitzt.» So hören die von den Körpern getrennten Seelen den Platonikern zufolge nicht auf, luftartige Lebewesen zu sein.

168. Der Lehre anderer Heiliger zufolge stammten die Dämonen, die wir als böse Engel bezeichnen,[300] nicht allein aus einer niedrigeren Ordnung der Engel, sondern auch aus höheren Ordnungen. Von diesen haben wir gezeigt, daß sie nichtkörperlich und nichtmateriell sind, so daß Einer unter ihnen war, der der Höchste von allen war.[301] Daher sagt Gregor in einer Predigt, in der er Ezechiel 28,13 («Jeder Edelstein war seine Bedeckung») auslegt, daß der Anführer der

---

mam in substantiam daemonis. Neque enim in corporibus hoc machinari quis potest, ut in hominis corpus faciat asini corpus). Neque enim rationabile est animam a corpore separatam hic iam oberrare. *Iustorum enim animae in manu Dei sunt* (Sap. III, 1). Unde et quae puerorum ([1]); neque enim malae sunt. Sed et quae peccatorum sunt, confestim hinc abducuntur. Et hoc manifestum est ex Lazaro et divite ».

Nec tamen putandum est Plotinum in hoc a Platonicorum opinione deviasse, ponentium daemones esse aërea corpora, quod animas hominum post mortem daemones ([2]) fieri existimabat; quia etiam animae hominum secundum Platonicorum opinionem praeter ista corpora corruptibilia habent quaedam aetherea corpora, quibus

semper etiam post sensibilium corporum dissolutionem quasi incorruptibilibus uniuntur. Unde Proclus dixit in « Libro divinarum coëlementationum » ([3]): « Omnis anima participabilis corpore utitur primo perpetuo et habente hypostasim ingenerabilem et incorruptibilem ». Et sic animae a corporibus separatae secundum eos aërea animalia esse non desinunt.

168. — Sed secundum aliorum Sanctorum sententiam, daemones quos malos esse dicimus non solum fuerunt de inferiori Angelorum ordine sed etiam de superioribus ordinibus, quos incorporeos et immateriales esse ostendimus, ita quod inter eos unus est qui summus omnium fuit. Unde Gregorius in quadam homilia, exponens illud Ezech. XXVIII, 13: *Omnis lapis*

bösen Engel im Vergleich mit den anderen Engeln leuchtender als die übrigen war. Darin scheint Gregor mit denen übereinzustimmen, die behaupteten, einige Götter seien gut, andere dagegen böse – insofern Engel als Götter bezeichnet werden. Deshalb heißt es auch Hiob 4,18: «Siehe, die ihm dienen sind nicht standhaft, und in seinen Engeln entdeckt er Verkehrtheit.»

169. Aber diese Ansicht beinhaltet viele Schwierigkeiten. Es scheint nämlich in einer nichtkörperlichen und geistigen Wesenheit kein Bestreben zu existieren außer dem geistigen, das freilich auf das schlechthin Gute zielt, wie bei dem Philosophen Aristoteles im zwölften Buch der «Metaphysik» deutlich wird. Niemand wird aber dadurch böse, daß sein Geist nach dem schlechthin Guten strebt,[302] sondern indem er nach etwas strebt, das in gewisser Hinsicht gut ist, als ob es schlechthin gut wäre. Es ist also offenbar nicht möglich, daß irgendeine nichtkörperliche und geistige Wesenheit durch ihr eigenes Bestreben böse wird.

170. Außerdem: Es existiert ausschließlich ein Bestreben nach dem Guten oder gut Erscheinenden; es ist nämlich das Gute, das alle erstreben. Jemand wird aber nicht dadurch böse, daß er das wahre Gute erstrebt. Deshalb muß es sich bei jedem, der durch sein eigenes Bestreben böse wird, so verhalten, daß er etwas gut *Erscheinendes* als das *wahre* Gute erstrebt. Dies kann jedoch nur geschehen, wenn er in seinem Urteil getäuscht wird – was bei einer nichtkörperlichen geistigen Wesenheit, die – wie es scheint – für eine falsche Wahrnehmung nicht empfänglich ist, offenbar nicht der Fall sein kann. Denn auch in uns kann keine Falschheit sein, wenn wir etwas wahrhaft erkennen. Daher sagt Augustinus in seinem «Buch der 83 Fragen», daß «jeder, der sich täuscht, dasjenige nicht erkennt, worüber er sich täuscht». Deshalb kann sich auch niemand über Dinge

---

pretiosus operimentum eius (⁴), dicit (⁵) quod princeps malorum angelorum in aliorum angelorum comparatione ceteris clarior fuit. Et in hoc consentire videtur illis qui deorum quosdam bonos quosdam malos esse asserebant, secundum quod dii (⁶) Angeli nominantur. Unde et Iob IV, 18, dicitur: *Ecce qui serviunt ei non sunt stabiles, et in Angelis suis reperit pravitatem.*
169. — Sed hoc multas difficultates habet. In substantia enim incorporea et intellectuali nullus appetitus esse videtur nisi intellectivus, qui quidem est simpliciter boni, ut per Philosophum patet in decimosecundo *Metaphysicae* (¹). Nullus autem efficitur malus ex hoc quod eius intellectus simpliciter tendit in hoc quod est simpliciter bonum, sed ex hoc quod tendit in aliquid quod est secundum quid bonum,

ac si esset simpliciter bonum. Non ergo videtur esse possibile quod proprio appetitu aliqua incorporea et intellectualis substantia mala efficiatur.
170. — *Rursus.* Appetitus esse non potest nisi boni, vel apparentis boni (²) bonum enim est quod omnia appetunt. Ex hoc autem quod aliquis verum bonum appetit, non efficitur malus. Oportet igitur in omni eo qui per proprium appetitum malus efficitur, quod appetat apparens bonum tanquam vere bonum. Hoc autem non potest esse nisi in suo iudicio fallatur: quod non videtur posse contingere in substantia incorporea intellectuali, quae falsae apprehensionis capax, ut videtur, esse non potest. Nam et in nobis quando intelligimus vere aliquid, falsitas esse non potest. Unde Augustinus dicit in *lib.* 83 *Quaestionum* (³),

täuschen, die wir im eigentlichen Sinne durch den Geist begreifen: beispielsweise über die ersten Prinzipien. Also ist es offenbar nicht möglich, daß eine nichtkörperliche und geistige Wesenheit durch eigenes Betreben böse wird.

171. Zudem gilt: Bei einer Wesenheit, die eine geistige Natur besitzt und vom Körper getrennt ist, muß die Tätigkeit unabhängig von der Zeit sein. Denn die Natur eines jeglichen Dinges wird von seiner Tätigkeit her begriffen; das Wesen der Tätigkeit aber wird von ihrem Objekt ausgehend erkannt. Dagegen ist das Geistige, insofern es geistig ist, weder hier noch jetzt;[303] vielmehr ist es unabhängig: von den Ausdehnungen des Raumes ebenso wie von der Abfolge der Zeiten. Deshalb muß die geistige Tätigkeit, wenn sie an sich betrachtet wird, jede zeitliche Abfolge ebenso überragen, wie sie von jeder körperlichen Ausdehnung unabhängig ist. Und wenn räumliche Größe oder Zeit mit einer geistigen Tätigkeit verbunden sind, so geschieht dies ausschließlich durch ein Hinzukommen (per accidens): beispielsweise kommen Raum und Zeit bei uns hinzu, insofern unser Geist von den Vorstellungen die geistigen Erkenntnisformen abstrahiert, die er auch in ihnen betrachtet. Dies kann jedoch bei einer nichtkörperlichen und geistigen Wesenheit nicht der Fall sein.

Es ergibt sich also, daß die Tätigkeit einer geistigen Wesenheit und folglich auch die Wesenheit gänzlich außerhalb jeder zeitlichen Abfolge bestehen. Daher sagt Proclus [in der Schrift «Die göttliche Erschaffung aus den Elementen»], daß «jeder Geist in Ewigkeit Wesenheit, Kraft und Tätigkeit besitzt»; und in dem Buch «Über die Ursachen» heißt es, daß die Geistestätigkeit (intelligentia) der Ewigkeit gleich wird. Was also den nichtkörperlichen und

---

quod «omnis qui fallitur, id in quod fallitur, non intelligit». Unde et circa ea quae proprie intellectu capimus, sicut circa prima principia, nullus decipi potest. Impossibile igitur videtur quod aliqua incorporea et intellectualis substantia per proprium appetitum mala fiat.

171. — Adhuc. In substantia quae est intellectualis naturae, a corpore separata, necesse est quod sit operatio a tempore absoluta. Natura (¹) enim uniuscuiusque rei ex eius operatione deprehenditur: operatio vero recognoscitur ex obiecto. Intelligibile autem, inquantum huiusmodi, neque est hic, neque unum numero, sed abstractum sicut a loci dimensionibus ita et a temporum successione. Ipsa igitur intellectualis operatio, si per se consideretur, oportet quod sicut est abstracta ab omni corporali dimensione ita etiam excedat omnem successionem temporalem. Et si alicui intellectuali operationi continuum vel tempus adiungatur, hoc non est nisi per accidens, sicut in nobis accidit, inquantum intellectus noster a phantasmatibus abstrahit intelligibiles species quas etiam in eis considerat. Quod in substantia incorporea et intellectuali locum habere non potest.

Relinquitur igitur quod huiusmodi substantiae operatio, et per consequens substantia, omnino sit extra omnem temporalem successionem. Unde Proclus dicit (¹), quod «omnis intellectus in aeternitate substantiam habet, et potentiam et operationem»; et in lib. De causis dicitur (²), quod intelligentia parificatur aeternitati. Quidquid igitur substantiis illis incorporeis et intellectualibus convenit, semper et absque suc-

geistigen Wesenheiten zukommt, kommt ihnen immer und ohne zeitliche Abfolge zu. Demnach waren sie entweder immer böse (was dem zuvor Dargestellten widerspricht), oder sie konnten auf keine Weise böse werden.

172. Ferner: Weil Gott das Wesen der Gutheit ist, wie Dionysius im ersten Kapitel des Werkes «Über die göttlichen Namen» schreibt, muß etwas um so vollkommener in der Teilhabe an der Gutheit gefestigt sein, je näher es Gott ist. Nun ist klar, daß die nichtkörperlichen Wesenheiten höher als alle körperlichen sind. Wenn also die höchsten Körper, d.h. die himmlischen, keine Unordnung und nichts Böses aufnehmen, dann konnten jene überhimmlischen Wesenheiten noch viel weniger empfänglich für Unordnung und Böses sein.[304] Deshalb sagt Dionysius im vierten Kapitel der Schrift «Über die himmlische Hierarchie»: «Die heiligen Zierden der himmlischen Wesenheiten sind mehr als das nur Seiende, das unvernünftig Lebendige und das in unseren Augen Vernünftige in der Teilhabe an der göttlichen Lehre geschaffen, und sie besitzen reichere Verbindungen mit Gott. Sie verharren fest in der Aufmerksamkeit und strecken sich stets nach dem Höheren, wie es notwendig ist – in der Kraft einer göttlichen und unwandelbaren Liebe.»

In der Ordnung der Dinge scheint es sich demnach so zu verhalten: Wie die niedrigeren Körper, nicht aber die himmlischen Körper Träger von Unordnung und vom Bösen sein können, so können auch die Geister (intellectus) in der Vereinigung mit niedrigeren Körpern Träger von Bösem sein, nicht aber jene überhimmlischen Wesenheiten. Dieser Auffassung scheinen die Autoren zu folgen, die lehrten, daß die Dämonen, die wir als böse Engel[305] bezeichnen, aus einer niedrigeren Ordnung stammen und körperlich sind.

---

cessione convenit illis. Aut igitur semper fuerunt malae, quod est contra praemissa; aut nequaquam malae fieri potuerunt.

172. — Amplius. Cum Deus sit ipsa essentia bonitatis, ut Dionysius dicit in primo capite De div. nom. (3), necesse est quod tanto aliqua sint perfectius in participatione bonitatis firmata, quanto sunt Deo propinquiora. Manifestum est autem substantias incorporeas supra omnia corpora esse. Sed aliqua corpora, scilicet caelestia, non sunt susceptiva alicuius inordinationis vel mali. Ergo multo minus illae supercaelestes substantiae inordinationis et mali capaces esse non potuerunt. Unde et Dionysius dicit, quarto capite Cael. Hierar. (1), quod « sancti (2) caelestium substantiarum

ornatus super solum existentia, et irrationabiliter viventia, et ea quae secundum nos sunt rationabilia, in participatione divinae traditionis sunt facti, et copiosiores ad Deum habent communiones, attenti manentes et semper ad superius, sicut est fas, in fortitudine divini et indeclinabilis amoris extenti ».

Hoc igitur videtur ordo rerum habere ut sicut inferiora corpora inordinationi et malo possunt esse subiecta, non autem caelestia corpora; ita etiam intellectus corporibus inferioribus uniti possunt subiici malo, non autem illae supercaelestes substantiae. Et hoc secuti esse videntur qui posuerunt daemones quos malos esse dicimus, ex inferiori ordine et corporeos esse.

DER LATEINISCHE TEXT
UND DIE VORLIEGENDE ÜBERSETZUNG

Thomas von Aquin (1225–1274) verfaßte die Schrift «De substantiis separatis seu de angelorum natura» vermutlich um das Jahr 1270. Das kleine Werk wurde für Reginald von Piperno, den Freund und Mitarbeiter des Thomas, geschrieben. Es blieb leider unvollendet, wie an dem abrupten Ende und einem Verweis auf spätere Ausführungen deutlich wird, die dann nicht folgen; ein Abschnitt über die Unterscheidung der Engel ist unvollständig, ein angekündigter Passus über die Ordnung ihrer Regierung fehlt. So findet sich in alten Drucken des lateinischen Textes (15./16. Jahrhundert) die Hinzufügung: «Bis hierher schrieb der heilige Lehrer über die Engel; aber er konnte die Abhandlung wie mehrere andere, die er unvollendet ließ, nicht zu Ende bringen, weil ihm der Tod zuvorkam.»[306]

Die *Verfasserschaft* des Thomas steht zweifelsfrei fest. Wie bei vielen mittelalterlichen Werken variiert der *Titel* in den verschiedenen Handschriften; jedoch erscheinen stets die Begriffe (von der Materie) «getrennte Wesenheiten» (substantiae separatae) oder «Engel» (angeli). Die Schrift läßt zwei Hauptteile erkennen: die Darstellung verschiedener Engelanschauungen mit einer *philosophischen* Würdigung und Kritik (Kapitel I-XVI) und den Entwurf einer christlichen Engellehre (Kapitel XVII-XIX); der zweite Gesichtspunkt wurde nicht zu Ende gebracht.

Die vorliegende Ausgabe enthält die erste *Übersetzung* der Thomas-Schrift ins Deutsche. Die Übersetzung beruht auf der mitabgedruckten lateinischen Ausgabe von R. M. Spiazzi in der Edition Marietti;[307] jedoch wurde die Ausgabe von F. J. Lescoe[308] vergleichend hinzugezogen, da dieser eine breitere Handschriftenbasis zugrunde liegt: Spiazzi geht im wesentlichen von einer Handschrift aus, Lescoe berücksichtigt zwölf. Bei Textunterschieden wurde meist die Version von Lescoe übernommen und in den Anmerkungen zur Übersetzung vermerkt. Kriterium der Entscheidung waren dabei: inhaltliche

Stimmigkeit und Relevanz (manche Handschriftenversionen weichen nur durch geringfügige Wortdifferenzen von anderen ab, z.B. «vel» statt «aut»), Gewicht der jeweiligen Textzeugen (soweit dieses feststellbar ist) und Häufigkeit der betreffenden Lesart. Aus drucktechnischen Gründen konnten die textbezogenen Anmerkungen nicht in den lateinischen Text eingearbeitet werden, auf den sie sich eigentlich beziehen. Auch war es nicht möglich, die Ausgabe von Lescoe in dem vorliegenden Band wiederzugeben, da sie wesentlich unübersichtlicher ist als die Edition Marietti (sämtliche Handschriftenvarianten werden genannt, so daß die Anmerkungen fast den Umfang des Textes erreichen). Andererseits erschien ein Neusatz des lateinischen Textes aus Kostengründen nicht sinnvoll.

Abschließend noch einige Einzelhinweise: Die *Kapitelüberschriften* mittelalterlicher Texte sind oft unsicher und variieren in den Handschriften; «Authentizität» im Sinne einer wahrscheinlichen ursprünglichen Lesart läßt sich hier nicht herstellen. Deshalb wurden weder die in der Edition Marietti verwendeten noch die von Lescoe gewählten Kapitelüberschriften wortgetreu beibehalten, sondern im Hinblick auf inhaltliche Stimmigkeit (Ankündigung des neuen Gedankenschrittes) und Verständlichkeit manchmal abgewandelt. Diese Abweichungen vom lateinischen Text sind nicht einzeln in den Anmerkungen angegeben. *Stellenangaben* zu den von Thomas zitierten Werken finden sich in den *Anmerkungen zum lateinischen Text;* da die angeführten Schriften meist nicht in deutscher Übersetzung vorliegen und eher für ein Fachpublikum interessant sind, wurden sie nicht in den deutschen Text übernommen. Dagegen sind Belegstellen des Alten und des Neuen Testaments in der Übersetzung notiert. Der Wortlaut der von Thomas zugrunde gelegten lateinischen Bibelübersetzung (Vulgata) unterscheidet sich an einigen Stellen von modernen Ausgaben, die auf den hebräischen bzw. griechischen Text zurückgehen; selbstverständlich wurde der von Thomas verwendete Wortlaut beibehalten. Thomas führt viele Denker der Antike, der Kirchenväterzeit und des Mittelalters an; die *Erläuterungen zu den von Thomas erwähnten Personen* sollen hier eine erste Orientierung ermöglichen. – Die Abschnittnumerierung des lateinischen Textes erscheint auch in der Übersetzung, um den Textvergleich zu erleichtern.

ERLÄUTERUNGEN
ZU DEN VON THOMAS
ERWÄHNTEN PERSONEN

ANAXAGORAS (um 500–428 v. Chr.), Vorsokratiker, der erste in Athen lehrende Philosoph. Von seinen Werken sind nur wenige Fragmente überliefert; Platon und Aristoteles beziehen sich anerkennend auf seine Lehre vom Geist. Wegen «Gottlosigkeit» angeklagt, mußte Anaxagoras kurz vor dem Beginn des Peloponnesischen Krieges aus Athen fliehen.

APULEIUS, Lucius (etwa 125–170), Rhetor und platonischer Philosoph; seine Schriften «Platon und seine Lehre» und «Der Gott des Sokrates» bestimmten den Platonismus der Folgezeit entscheidend. Das Hauptwerk des Apuleius war allerdings der Roman «Metamorphosen», der in gewandter Sprache Mysterienerlebnisse verschlüsselt beschreibt.

ARISTOTELES (384–322 v. Chr.) gehörte zwanzig Jahre lang Platons athenischer «Akademie» an, war danach Erzieher Alexanders des Großen am makedonischen Hof und Begründer einer eigenen philosophischen Schule («Peripatos»). Der Scholastik längere Zeit vor allem durch syrische und arabische Übersetzungen bekannt, wurde er durch das Werk des Thomas von Aquin zur größten philosophischen Autorität des Mittelalters, oft nur kurz «der Philosoph» genannt.

AUGUSTINUS, Aurelius (354–430), zunächst Lehrer der Rhetorik in Karthago, Rom und Mailand, dann Anhänger des Manichäismus und des Neuplatonismus. Im Jahre 387 ließ er sich taufen, 395 wurde er Bischof in Nordafrika. Seine bekanntesten Schriften sind der «Staat Gottes» und die «Bekenntnisse», eine Autobiographie als Beschreibung seines Weges zum Christentum.

AVERROES, arabisch Ibn Roschd (1126–1198), Arzt und Philosoph, Richter in

Sevilla und Cordoba. Im Mittelalter wurde er als «der Kommentator» schlechthin bezeichnet, da er die Werke des Aristoteles, den er über alles verehrte, zumeist dreifach ausgelegt hatte. Er wandte sich gegen den Standpunkt des Algazel, die griechische Philosophie könne mit der islamischen Theologie nicht vereinbart werden. Zeitweise wurde er wegen «Koranfeindlichkeit» seiner Lehren angegriffen.

AVICEBRON: scholastischer Name für Salomon GABIROL (1021–1070), den ersten jüdischen Philosophen des Abendlandes. Er lebte im arabischen Spanien, verfaßte philosophische und poetische Schriften mit pantheistischen Anschauungen. Für die Scholastik war sein philosophisches Hauptwerk «Die Quelle des Lebens» von großer Bedeutung.

AVICENNA, arabisch Ibn Sina (980–1037), islamischer Arzt und Philosoph. Nach mehreren Jahren der Wanderschaft schuf er mit seinem «Canon medicinae» die Grundlage für die gesamte mittelalterliche Medizin des Abendlandes; in diesem Werk sammelte und ordnete Avicenna die heilkundlichen Erkenntnisse der Griechen und entwickelte eigene medizinische Anschauungen, die später an allen europäischen Universitäten gelehrt wurden. Als Philosoph verknüpfte er die neuplatonische Lehre mit der Philosophie des Aristoteles; das «Buch der Genesung (der Seele)» gilt als sein Hauptwerk.

BASILIUS DER GROSSE (etwa 330–379), Kirchenlehrer und Bischof in Cäsarea. Er organisierte die Armenpflege und unterstützte das Mönchtum. Seine zusammen mit Gregor von Nazianz und seinem Bruder Gregor von Nyssa entwickelte Lehre von der göttlichen Trinität erlaubte die Beendigung der Auseinandersetzungen um den Arianismus.

BEDA VENERABILIS (etwa 672–735), englischer Benediktiner. Er verfaßte eine Kirchengeschichte und führte die christliche Jahresrechnung in die Geschichtsschreibung ein; seine Schriften befassen sich mit nahezu allen Wissensgebieten seiner Zeit. Das Vaterunser und das Johannes-Evangelium übersetzte er ins Angelsächsische.

DEMOKRIT (geboren etwa 460 v. Chr.), griechischer Philosoph und berühmter Vertreter der Lehre von den Atomen als den letzten, nicht mehr teilbaren Einheiten des Seins.

DIOGENES VON APOLLONIA, ein jüngerer Vertreter der ionischen Naturphilosophie; er sah in der Luft das Prinzip des Seins und wandte sich gegen eine Unterscheidung von Geist und Materie, da die Luft beides umfasse. Von seinem Leben und seiner Lehre ist wenig bekannt.

DIONYSIUS AREOPAGITA, von Paulus nach Apostelgeschichte 17,34 bekehrt und einer Überlieferung zufolge erster Bischof von Athen. In seinem Sinne und Namen entstanden um das Jahr 500 neuplatonisch-christliche Schriften, die nach ihrer Übersetzung ins Lateinische durch Johannes Scotus Eriugena im Mittelalter große Bedeutung gewannen.

EMPEDOKLES (490–430 v. Chr.), vorsokratischer Philosoph und Heilkundiger. In seiner an die Eleaten und Heraklit anknüpfenden Philosophie entfaltete er vor allem das Wirken der beiden Urkräfte Liebe und Haß. Zunächst war er in seiner Heimatstadt Agrigent auf Sizilien hoch angesehen: als Heilkundiger stand er in dem Ruf, übernatürliche Fähigkeiten zu besitzen; wegen seiner politischen Bedeutung wurde ihm angeblich sogar die Königswürde angeboten, die er jedoch nicht annahm. Er starb in Griechenland, wohin er nach schweren Auseinandersetzungen mit den Agrigentinern ausgewandert war.

EPIKUREER: Anhänger des griechischen Philosophen EPIKUR (341–271 v. Chr.), von dessen zahlreichen Schriften nur sehr wenig erhalten ist. Epikur sah in der Philosophie die Möglichkeit, durch gedankliche Arbeit zu einem glückseligen Leben zu gelangen. Wichtige Vertreter des Epikureismus waren der Philosoph Zenon von Sidon (geb. 150 v. Chr.) und der lateinische Dichter Lukrez (etwa 97–55 v. Chr.).

GREGOR VON NAZIANZ (etwa 329–390), im Mittelalter «der Theologe» genannt, griechischer Kirchenlehrer. In theologischen Auseindersetzungen (sog. arianischer Streit) wirkte er zusammen mit Basilius dem Großen und Gregor von Nyssa. Als Patriarch war er nicht erfolgreich. Neben anderen Schriften sind 45 rhetorisch hervorragende Reden von ihm überliefert.

GREGOR VON NYSSA (um 343 bis nach 394), griechischer Kirchenvater, Bischof von Nyssa. Stark wissenschaftlich-philosophisch ausgerichtet, interpretierte er die Lehren des frühen Christentums neuplatonisch; er nahm Anschauungen des Origenes auf, kritisierte sie allerdings teilweise und war bestrebt, ihnen eine für die theologische Dogmatik akzeptable Gestalt zu verleihen.

HERAKLIT (etwa 550–480 v. Chr.), griechischer Philosoph aus Ephesos. Er legte seine Logos-Philosophie im Tempel der Artemis nieder. Der Logos galt ihm als führendes Prinzip der Welt und des Menschen.

JOHANNES CHRYSOSTOMUS (344/354–407) war zunächst Mönch, später Presbyter in Antiochia, seit 398 Patriarch von Konstantinopel. Obgleich wegen seiner Predigten sehr beliebt (Chrysostomus bedeutet «Goldmund»), hatte er schwer mit kirchenpolitischen Intrigen und der Feindschaft der Kaiserin Eudoxia zu kämpfen: er starb in der Verbannung.

JOHANNES DAMASCENUS (etwa 675–749) stammte – wie der Beiname andeutet – aus Damaskus und starb in Jerusalem in einem Kloster. Er gilt als der letzte Kirchenvater, verfaßte asketische Schriften und Reden zum Bilderstreit; einflußreich war sein Werk «Quelle der Erkenntnis».

MANI, in mittelalterlichen Schriften auch MANICHÄUS (etwa 216 bis um 276), predigte zunächst im persischen Reich, missionierte später in Indien. Nach Persien zurückgekehrt, wurde er auf Betreiben zoroastischer Priester verhaftet und starb im Gefängnis. Auf seine radikal dualistische Lehre (Reich des Lichtes und der Finsternis, Geist und Materie) gründete sich die bis ins Mittelalter bestehende Weltreligion des Manichäismus.

NATURPHILOSOPHEN: Dieser Begriff bezeichnet meist die ersten Philosophen des Abendlandes: Thales, Anaximander, Anaximenes und Diogenes von Apollonia; sie lebten in der ersten Hälfte des 6. Jahrhunderts v. Chr. am Westrand Kleinasiens. Es ist sehr wenig von ihnen überliefert. Thomas spricht von «*Natur*philosophen», weil sie das Seiende jeweils auf ein anderes natürliches Prinzip zurückführten. Vgl. auch THALES und DIOGENES.

ORIGENES (etwa 185–254), Lehrer an der Alexandrinischen Katechetenschule; eine Auseinandersetzung mit seinem Bischof veranlaßte seine Übersiedlung nach Caesarea. Während der Christenverfolgung unter Decius wurde er inhaftiert. Er entwickelte eine spirituelle Schriftauslegung auf der Grundlage seiner umfassenden platonischen Bildung. In seiner Trinitätslehre ordnete er den Sohn dem Vater und den Geist dem Sohn unter.

PAULUS DER APOSTEL (etwa 10–64/67), jüdisch-theologisches Studium in Jerusalem, dann «Eiferer» und Verfolger der christlichen Gemeinden. In einer

Erscheinung Christi wurde er zum Heidenmissionar berufen (vgl. Galaterbrief 1,15 f.; Apostelgeschichte 9,1 ff. u. a.). Wegen seiner Lehre von der christlichen Freiheit vom jüdischen Gesetz kam es zu Auseinandersetzungen mit den Judenchristen. Er wurde auf Drängen jüdischer Kreise von den Römern verhaftet, später nach Rom gebracht und dort wahrscheinlich hingerichtet.

PERIPATETIKER: Bezeichnung für Aristoteles und seine Schüler sowie für Philosophen, die in späteren Jahrhunderten das Werk des Aristoteles auszulegen oder fortzuführen suchten. Der Name leitet sich von dem griechischen Wort peripatos her, der «Wandelhalle» in Athen, in der die Lehrvorträge des Aristoteles stattfanden.

PLATON (427–347 v. Chr.), Schüler des Sokrates. Er wendete sich gegen das Scheinwissen der Sophisten und entwickelte die Ideenlehre, die er teilweise in seinen schriftlichen Dialogen, vor allem aber mündlich im engeren Schülerkreis weitergab. Sein bedeutendster Schüler war Aristoteles.

PLOTIN (um 205–270), griechischer Philosoph, der vor allem in Rom lehrte. Von platonischen und aristotelischen Anschauungen ausgehend, war er die führende Persönlichkeit des Neuplatonismus, der in der Metaphysik, Anthropologie und Religionsphilosophie der Folgezeit große Wirkungen entfaltete. Plotins Einfluß kann bei den Kirchenvätern ebenso beobachtet werden wie in der Scholastik und der mystischen Naturphilosophie (Giordano Bruno, Paracelsus). Namentlich im deutschen Idealismus kamen etwa bei Goethe, Novalis und Schelling Gedanken des Plotin zur Entfaltung; Hegel hielt den Neuplatonismus für die Vollendung der griechischen Philosophie.

PORPHYRIUS (2. Hälfte des 3. Jh.), griechischer Neuplatoniker, Schüler des Plotin und Herausgeber von dessen Werken. Er verfaßte u. a. Auslegungen zu Schriften des Aristoteles, Platons und Plotins; dem Christentum stand er kritisch gegenüber.

PROCLUS, Diadochus (411–485), griechischer Philosoph in neuplatonischer Tradition. Er verfaßte Kommentare zu Schriften Platons und Euklids. Das Buch «Über die Ursachen» (Liber de causis) wurde im Mittelalter Aristoteles zugeschrieben; Thomas von Aquin erkannte es als Bestandteil eines Werkes des Proclus, als dieses 1268 von Wilhelm von Moerbeke ins Lateinische übersetzt wurde. Proclus gilt als Haupt der athenischen Schule des Neuplatonismus;

daneben gab es eine syrische Richtung, deren Begründer Jamblichus (etwa 250–330) war.

SADDUZÄER: Jüdische Religionsgruppe von etwa 200 v. Chr. bis zur Zerstörung des Jerusalemer Tempels 70 n. Chr. Die Sadduzäer verneinten die nachtodliche Existenz der menschlichen Seele und die Auferstehung; sie lehrten ferner, es gebe keine Engel und keine göttliche Vorsehung, ebenso weder Lohn noch Strafe für die Lebensführung der Menschen. Die Angehörigen dieser Gruppierung stammten aus wohlhabenden oder aristokratischen Kreisen und unterschieden sich damit von den eher volkstümlich orientierten Pharisäern.

SOKRATES (470–399 v. Chr.), griechischer Philosoph, lehrte in der Öffentlichkeit Athens ohne besondere Schulorganisation. Da er keine Schriften verfaßte, beruht die Kenntnis seiner Lehre vornehmlich auf der Überlieferung seiner Schüler Platon und Xenophon. Selbst vermutlich in bedürfnisloser Armut lebend, lehrte er die individuelle Selbstverantwortlichkeit des Menschen; damit war die traditionelle Bindung des einzelnen an Staat und Religion zumindest tendenziell in Frage gestellt. Vor diesem Hintergrund ist der Prozeß gegen ihn wegen «Gottlosigkeit» und seine Verurteilung zum Tode zu betrachten. Eine mögliche Flucht aus dem Gefängnis lehnte Sokrates ab, um den Gesetzen des Staates nicht ungehorsam zu werden.

THALES VON MILET (etwa 650–560 v. Chr.), griechischer Naturphilosoph, einer der sieben Weisen. Der Überlieferung zufolge hat er die Sonnenfinsternis des Jahres 585 v. Chr. vorausberechnet. Aristoteles berichtet, Thales habe das Wasser als Urprinzip des Seienden beschrieben – allerdings hat man diese Aussage nicht im modernen materiellen Sinn aufzufassen. Welche mathematischen Einsichten auf ihn zurückgehen, ist umstritten.

WALAHFRID STRABO (808–849), Schüler des Hrabanus Maurus, Erzieher des westfränkischen Königs Karl der Kahle, seit 838 Abt des Klosters Reichenau. Er verfaßte den «Hortulus», ein Gedicht aus 444 Hexametern, das die Pflanzen des Reichenauer Klostergartens beschreibt und wichtige botanische Informationen enthält. Daneben sind Bibelerklärungen, Heiligenleben und ein Werk über die Liturgie von ihm überliefert. Durch seine Autoren- und Herausgebertätigkeit war er ein wichtiger Mitgestalter der sog. karolingischen Renaissance.

ANMERKUNGEN ZUR EINFÜHRUNG

1 Vgl. zum folgenden: Wolf-Ulrich Klünker / Bruno Sandkühler: Menschliche Seele und kosmischer Geist. Siger von Brabant in der Auseinandersetzung mit Thomas von Aquin. Stuttgart 1988. – Wolf-Ulrich Klünker: Johannes Scotus Eriugena. Denken im Gespräch mit dem Engel. Stuttgart 1988, insbes. die Kapitel III und IV.

2 Johannes Scotus Eriugena: Über die Einteilung der Natur. Übersetzt von Ludwig Noack. Hamburg 1983 (Wiederabdruck der zweibändigen Ausgabe von 1870/74 in einem Band).

3 Zitiert nach Klünker: Eriugena (wie Anm. 1), S. 151 ff.

4 Eriugena: Über die Einteilung der Natur (wie Anm. 2), Bd. II, S. 66.

5 Eriugena: Über die Einteilung der Natur (wie Anm. 2), Bd. I, S. 12.

6 Thomas von Aquin: Über die Einheit des Geistes – De unitate intellectus. Übersetzung, Einführung und Erläuterungen von Wolf-Ulrich Klünker. Stuttgart 1987.

7 Thomas von Aquin: Compendium theologiae, cap. 26.

8 A. a. O.

9 Thomas von Aquin: Summa theologica I, 113,4.

10 Thomas von Aquin: Über die Einheit des Geistes (wie Anm. 6), S. 71.

ANMERKUNGEN
ZUR ÜBERSETZUNG

1   aut aquam ut Thales Milesius, aut aerem ut Diogenes, aut ignem ut Heraclitus. –
Bei dieser Textversion – sie findet sich in keiner Handschrift – handelt es sich um
eine sinngemäße Korrektur in der Ausgabe von Lescoe. Die von Lescoe angeführten Gründe für den Eingriff in den Text sind überzeugend, aber nicht zwingend
(vgl. S. 32 f. der Ausgabe von Lescoe). Der lateinische Text der folgenden
Anmerkungen bezieht sich auf Textabweichungen in der Ausgabe von Lescoe
gegenüber dem hier reproduzierten Text der Edition Marietti (vgl. S. 149 f.).

2   inditum fuit in animo

3   naturam corporalem

4   quia circa intellectum

5   non enim ponebat

6   ab hominibus

7   aliqua . . . praeter materiam

8   proprio motu

9   superius corpus

10   ipsa anima

11   angelorum nomine censerentur

12   Vgl. Matthäus 22,30 und 25,41.

13   etiam alia non moveri

14   secundum se intellectum

15   sub uno supremo coelo

16   omnia alia revolvuntur

17   organum tactus, quod est de necessitate cuiuslibet animalis; unde

18   fines coelestium motuum

19   Epistola Porphyrii ad Anebontem Aegyptium

20   ipse processus et ipsa verba probationis Aristotelis assumantur

21   inveniuntur in pluribus inordinatae

22 quarum summus Deus sit ipsa idea unius et boni

23 in ceteris substantiis separatis

24 huiusmodi substantiae

25 etiam in rebus ipsis compositio talis intelligenda

26 esse et potentia et esse subiectum et esse recipiens

27 naturalem materiam universalem

28 sed quia videbat

29 in quarto ordine

30 ut ipse dicit

31 quod posuit esse materiam corporum incorpoream

32 in substantiis spiritualibus quasi superioribus et corporalibus quasi inferioribus

33 quinta ratio eius est

34 aut aerem aut aquam aut aliquid medium

35 naturam rerum

36 sicut materia quae est subiectum eorum

37 quod haec duo adveniant substantiae

38 dicuntur tamen

39 antiqui Naturales

40 quia simpliciter fit ens

41 si igitur prius erat in actu

42 sequetur hoc quod non simpliciter fiat ens sed fiat ens quod prius non erat

43 ut simpliciter concludam

44 philosophiae primae principia. – Die «erste Philosophie» ist die Metaphysik, die «zweite Philosophie» (philosophia secunda) die Physik.

45 ut album et musicum; dicimus enim quod album et musicum

46 sed quia ipsa forma animalis est forma hominis

47 id in quo conveniunt accipiunt ut materiam; id vero in quo differunt accipiunt ut formam

48 quod nobilior forma in subtiliori et altiori materia recipiatur; ignobilior vero in inferiori materia et grossiori

49 praeexigitur ergo in materia

50 una materia sit receptiva unius et alia alterius

51 quantumcumque

52 quae est communis omni substantiae

53 secundum alias formas

54 quarum neutram

55 id ad quod primo potentia dicitur

56 dico autem ad aliquid primo potentiam dici

57   quae quidem non potest esse secundum quantitatis divisionem, quia in substantiis spiritualibus quantitatis dimensiones non inveniuntur

58   quod hoc convenit tali materiae ex ipsa natura materiae, quae quia est

59   deficit a completa receptione formae, quae est secundum totalitatem ipsius, particulariter ipsam recipiens

60   quod est superius

61   sed longe altior ut ostensum est

62   dico ens actu in potentia existens

63   forma autem in suo esse non dependet a materia secundum rationem propriam vel actus

64   sed ante omne imperfectum reperitur aliquid perfectum in omnibus generibus

65   in materia

66   esse alicuius corporis formam. Nam esse formam alicuius est esse actum eiusdem. Nulla igitur pars

67   potest esse materia quae est potentia pura

68   ad formas incompletas, quae ... non possunt

69   si res compositae ex materia et forma secundum formas differunt, quod ipsae formae secundum seipsas diversae sunt.

70   imperfectior

71   oportet ipsam esse perfectionis et imperfectionis subiectum; et sic, cum subiectum pertineat ad rationem materiae

72   subiecto indigeant

73   secundum suam speciem et substantiam quae non comparatur ad rem sicut accidens ad subiectum vel sicut forma ad materiam

74   numerus

75   ita quod substantia spiritualis non propter aliquid additum substantiae est spiritualis, sed secundum suam substantiam propriam

76   materia vel subiectum

77   in substantiis omnibus

78   quin remaneat

79   a Deo non distinguantur

80   nihil enim

81   si per se existeret.

82   substantia rei habens esse tanquam potentia receptiva huius actus qui est esse

83   quod id quod participat aliquid est secundum se carens illo

84   quod autem est in potentia ens et participativum ipsius, non autem secundum se est ens, materia est

85   iam habet formam, sed participat

86 sic igitur forma ipsa per se subsistens

87 sed est actus, qui

88 utramque potentiam materiam esse

89 est autem infinita inferius

90 De errore ponentium angelos non creatos et eius improbatione

91 modum essendi

92 primo quidam

93 quidam autem

94 increatas

95 fit

96 Habens igitur formam non fit ens, sed est ens secundum suam formam.

97 recte

98 quae sensu percipiuntur, imaginationem transcendere non valens

99 philosophantes de rerum naturis fieri statuerunt

100 philosophi processerunt

101 in omni autem quod fit per mutationem vel motum

102 maxime

103 procedere

104 quia

105 rationes inductas

106 vel

107 cum causae agentis influxu

108 substantias immateriales seu etiam coelestia corpora semper fuisse, eis substraxerunt causam essendi

109 in hoc a sententia catholicae fidei deviarunt quod huius modi posuerunt increata, sed quia posuerunt

110 origo aliquorum

111 indidit . . . conclusit

112 usque ad ultima corpora rerum processum

113 Thomas selbst hatte festgestellt, daß das zuvor Aristoteles zugeschriebene Buch «Über die Ursachen» (Liber de causis) von dem Neuplatoniker Proklus (411–485) verfaßt worden war

114 positio in primo aspectu

115 si

116 ab alio

117 hoc tamen ordine

118 aliqua

119 ordinate

120 simpliciter fit ens per se et non per accidens

121 Possunt igitur per mutationem vel motum aliqua produci in esse a primo principium mediantibus causis secundis, sed eo productionis modo qui fit sine motu,
qui creatio nominatur, in solum Deum refertur auctorem.

122 produci possunt in esse immateriales substantiae et quorumque corporum materia

123 at alias formas

124 habent auctorem

125 aliquid

126 reducitur

127 sicut in corporibus materia et immaterialibus substantiis quod proportionale est,
sit proprius effectus primae virtutis universalis agentis

128 simpliciter per se non per accidens

129 habeat eamdem naturam, oporteret quod esset

130 secundum Aristotelis sententiam

131 materiae . . . vel substantiae

132 illam naturam

133 Non enim sex secundum naturam speciei propriam sunt bis tria sed semel sex.

134 tanto maiori

135 sed nullius potentiae ad aliquam potentiam quantum cumque indispositam et
remotam est comparatio absque proportione

136 virtus enim quae ex nulla potentia praecedente

137 id quod est ipsum ens et ipsum unum

138 posuerunt

139 ab alio principio

140 et

141 eorum vivere

142 earum processum

143 a primo principio

144 ab uno et iusto auctore

145 ut

146 supra iam

147 Unde omnium formaliter differentium natura unius imperfecta existens respectu
alterius se habet ad ipsam in habitudine privationis ad formam.

148 ab inferiori

149 aliarum

150 eadem numero

151 trahentium navem

152 quorum virtus est perfecta et sunt permanentia

162

153 et ad omnes effectus producendos

154 rerum productarum

155 subtrahit

156 maxime habet rationem

157 unam spiritualium substantiarum

158 circa cognitionem

159 intelligere

160 in maiorem insaniam procedentes

161 intelligere est intelligentis perfectio et actus eius

162 nihil autem aliud a deo est eo nobilius

163 sequetur quod omnia futura ex necessitate contingent

164 erit reducere

165 quod

166 inquam nullus cadit defectus

167 sequitur igitur

168 non solum plurium

169 vel eius intelligentia

170 ipsum suum esse separatum . . . ipsum suum intelligere separatum

171 apprehenderetur

172 adhuc, id quod abstractum est

173 perfectius inventur in eo quod per essentiam est, a quo in alia derivatur

174 omnium quae a quibuscumque

175 cognoscat se, quia si

176 necesse est ut etiam virtus perfecte cognoscatur; cognoscit igitur Deus

177 per suam similitudinem

178 eminentius esse existentia quam in seipsis

179 omnia quocumque modo sint in rebus, in Deo intelligibiliter existentia esse

180 sed quia occasionem errandi sumpserunt . . . oportet ostendere

181 ostendit

182 «susceptivum et intelligibilis substantiae et intellectus agit autem habens»

183 istud

184 sed sic se habebit

185 sequitur quod illud divinum . . ., quod est contra positionem

186 substantia prima

187 in quocumque intelligere aliquid bonum

188 sicut quaedam alia, vel multo minora vel multo maiora; alius autem sensus est

189 sequeretur ut dictum est

190 an scilicet sua substantia sit suum intelligere, quod sic dupliciter probat

191 primo quidem quia si sua substantia non est suum intelligere sed est sicut potentia ad hoc probabile est

192 probat per hoc quod, si sua substantia non esset suum intelligere, sequeretur

193 substantia non est suum intelligere

194 omne autem quo aliquid fit actu

195 sequeretur . . . nobilius sit quam intellectus

196 alia per se

197 suum intelligere est quidem universalis radix intelligendi

198 secundum Aristotelis vero principia partim quidem per suam essentiam, partim vero per participationem ipsius primi intelligibilis quod est Deus

199 ita necesse est divinae providentiae curam omnia concludere

200 ita omne bonum derivari a primo quod est ipsa bonitas

201 hoc autem est providentia

202 primum intendat secundum movere

203 oportet autem in providentia duo considerare, quae sunt dispositio et dispositorum executio

204 coniectare

205 per plura media et instrumenta agens

206 quae a Deo disponuntur

207 non enim est necessarium

208 huius differentiae

209 inferiora . . . habent virtutes contractas ad determinatos effectus

210 natura lapidis quae est in materia

211 unde oportet quod, cum omnis forma derivata in aliquo ab agente procedat, agens autem sit honorabilius patiente seu recipiente, quod illud agens a quo intellectus speciem intelligibilem habet sit perfectius intellectu

212 nobilior intellectu possibili

213 intellectu possibili nobiliores

214 in intellectu divino

215 non est autem casualis mittenti

216 causa autem rationalis

217 et ita

218 quale intelligit esse producendum

219 disponit ut horum effectus quidam sint necessarii

220 qui quidem in eo quod sunt et a Deo sunt, boni sunt, incidunt tamen in eis aliqui defectus secundarum causarum propter quos mali dicuntur

221 sed et hoc ipsum bonum est quod a Deo tales effectus

222 tum quia hoc est . . . tum quia

223 non decuit

224 quodammodo constituentes

225 irrationale

226 aliquod intellectivum

227 esse aliquod corporale

228 regimen mali

229 Frustra igitur ponunt duo regna vel principatus: unum bonorum aliud autem malorum.

230 ea quae circa particulares causas considerantur

231 omnia contraria contineri videntur

232 differunt autem per specificas differentias

233 causae propinquae

234 distinctionem et gubernationem ordinem

235 ad quod utemur praecipue Dionysii documentis

236 Der von Thomas zugrundegelegte Text der (lateinischen) Vulgata unterscheidet sich an manchen Stellen von modernen Übersetzungen des Alten Testaments aus dem Hebräischen.

237 superessentialis dignitas

238 expresse in V capitulo *De Divinis Nominibus* dicit

239 et provectissimae

240 subiectae

241 supremum

242 expressius dicitur . . .: «Est inquit omnium causae . . .»

243 ut unicuique

244 doctrinae christianae repugnat

245 quod sit ipsa essentia bonitatis

246 et quod sit ipsum esse, unde

247 et quod ipse est viventium vita; unde dicitur Deut. XXX «Ipse est viventium vita».

248 expressissime Dionysius tradit . . . dicens quod sacra Scriptura

249 ens

250 extendentes subiectas

251 in XI capitulo

252 aut angelicam esse dicimus per se esse

253 quod sint ex natura omnia ipsum esse supersubstantiale

254 neque ut colligendo dicamus, dicimus . . . creativas substantias . . .

255 sub essentiali bonitate

256 militiam eorum

257 qui vocat

258 eodem modo nominat, scilicet aeterna

259 Die Zählung der Psalmen in der von Thomas zitierten Vulgata unterscheidet sich von der heute üblichen Numerierung; diese wird in der Übersetzung jeweils hinzugefügt.

260 sed quia sacra Scriptura *Gen.* I in serie creationis rerum. – Die drucktechnische Gliederung des wiedergegebenen lateinischen Textes leuchtet an dieser Stelle nicht ein und wurde deshalb nicht in die Übersetzung übernommen.

261 etiam ratio manifestat

262 sententia tamen Augustini magis videtur competere suae positioni qua ponit in rerum productione non fuisse temporis ordinem sucundum dierum senarium quem Scriptura commemorat

263 Arbitramur quia si fuit . . . perfectum in luce fuit.

264 ministratio spiritus

265 quod dicitur, «In principio creavit Deus coelum et terram»

266 corporeae adiunctionis

267 verba sacrae Scripturae quae quaedam corporalia angelis attribuere videtur

268 et cetera, quae ad haec pertinentia ibidem describuntur

269 Quod autem sit in agelis, etsi non sint corporei, sit tamen in eis compositio formae et materiae, ex quibus rationibus accipere velint supra iam diximus.

270 sacrae Scripturae

271 Der Ausdruck «der Apostel» (Apostulus) bezeichnet im Mittelalter den Apostel Paulus, ähnlich wie «der Philosoph» Aristoteles und «der Kommentator» Averroes meint. Die mittelalterliche Theologie sah in Paulus den Verfasser auch des Hebräerbriefes; heute wird diese Zuschreibung abgelehnt, nachdem sich eine andere Anschauung der Verfasserschaft von Schriften herausbildete.

272 Sic igitur inconveniens est, secundum sacrae Scripturae sententiam, angelos corporeos esse.

273 Lucae XXI

274 neque sua humanitas neque sua virtus

275 ab universis corruptione et morte et materia et generatione mundae existunt

276 sacri Doctores

277 ante posuerunt

278 incorporea natura

279 de ipso Deo

280 quae sensificando perficiant

281 in irrationabilibus

282 cui consentiens Augustinus dicit

166

283 periclitantibus eis quos diligunt

284 consuetudine locutionis humanae in eos usurpantur

285 Nemesius von Emesa: De natura hominis, cap. 3 (Migne, Patrologia graeca 40, 600 A). Dieses um 400 n. Chr. verfaßte Werk wurde im Mittelalter Gregor von Nyssa zugeschrieben.

286 Intelligibilia existantia in intelligibilibus locis sunt aut enim in seipsis sunt aut in superiacentibus intelligibilibus.

287 non ut in loco in corpore dicitur esse sed in habitudine

288 quia malum non est aliquid existens nec si esset, natura mala causaretur a bono principio.

289 aut sibi ipsis aut aliis

290 omnis natura bona sit

291 unde impossibile est . . . inveniri

292 sit attributa materia

293 dicit IV capitulo *De Divinis Nominibus* quod «aversio», scilicet a Deo, «est ipsis daemonibus malum et a convenientibus egressio»

294 Archangelo, manentes exprimens per transgressionem . . . malos factos

295 liberi sui arbitrii electione usus est

296 solvit Augustinus ibidem quod dicitur *Joannis VIII*

297 autem si mali

298 praemissae sanctorum assertioni

299 «Per hoc, inquit, quod de monumentis exibant, perniciosum dogma imponere volebant quod animae morientium daemones fiunt. Unde et multi haruspices occiderunt pueros, ut animam eorum cooperantem haberent. Propter quod et multi daemoniaci clamant: quoniam anima illius ego sum. Non est autem anima defuncti quae clamat, sed daemon effingit ut decipiat audientes; si enim in alterius corpus animam mortui possibile esset intrare, multo magis in corpus suum. Sed neque habet rationem iniqua passam animam cooperari iniqua sibi facienti, neque etiam rationabile est animam a corpore separatem hic iam oberrare, ‹Justorum enim animae in manu Dei sunt›. Sed et quae peccatorum sunt confestim hinc abducuntur, ut manifestum est ex Lazaro et divite.» – Übersetzt wurde der ausführlichere Text der Marietti-Ausgabe, korrigiert nach dem hier wiedergegebenen.

300 quos malos angelos dicimus

301 unus fuit qui . . . erat

302 eius intellectus tendit

303 neque est hic neque nunc

304 si igitur suprema corpora . . ., multo minus illae supercoelestes

305 malos angelos esse

306 Hucusque scripsit Sanctus Doctor de Angelis; sed morte praeventus non potuit
perficere hunc tractatum, sicut nec plura alia, quae imperfecta reliquit (aus den
Drucken des Antonius Pizzamanus von 1490, 1498 und 1508).

307 Divi Thomae Aquinatis Opuscula philosophica. Cura et studio P. Fr. Raymundi
M. Spiazzi. Roma 1954 (Editio 1973).

308 Saint Thomas Aquinas Treatise on Separate Substances. A Latin-English edition
of a newly-established text based on 12 mediaeval manuscripts, with introduction
and notes. By Francis J. Lescoe. Saint Joseph College, West Hartford (Connecti-
cut) 1963.

ANMERKUNGEN ZUM LATEINISCHEN TEXT
(Seitenzahlen beziehen sich auf die vorliegende Ausgabe)

S. 22   ( ) Cfr. ARISTOT., *Metaph.*, I, c. 3, 984 a 5 s. (*Comm. S. Th.*, l. 4).

S. 23   (¹) Sec. « Bull. Th. » VIII (1947-53), n. 1, 1951, p. 25: *praecellerit.*

S. 24   (¹) Cfr. ARISTOT., *Metaph.*, I, c. 6, 987 a 30 s. (*Comm. S. Th.*, l. 10).

S. 28   (¹) AUGUST., *Enchiridion*, I, c. 58 (PL 40, 260).

S. 29   (²) Cfr. ARIST., *Metaph.*, III, c. 4, 999 b 3 ss.; XI, c. 2, 1060 a 3 ss.; XII, c. 6, 1071 b 3 s. (*Comm. S. Th.*, l. 3, lect. 9; l. 11, lect. 2; l. 12, lect. 5).

S. 30   (¹) *Al.:* secundum intelligibile.

S. 31   (²) Cfr. *Metaph.*, XII, c. 8, 1073 a 14 s. (*Comm. S. Th.*, lect. 9-10).
          (³) Cfr. *Metaph.*, Tr. 9, c. 3 (f. 104 b).

S. 32   (¹) S. AUGUST., *De civ. Dei*, X, c. 11 (PL 41, 290).

S. 34   (¹) ARISTOT., *Metaph.*, XII, c. 8, 1074 a 17 s. (*Comm. S. Th.*, lect. 10).

S. 35   (²) *Metaph.*, Tr. 9, c. 3 (f. 104 b).
          (¹) *Metaph.*, XII, c. 8, 1074 a 15-17 (*Comm. S. Th.*, lect. 10).

S. 39   (¹) *Al.:* deest *ordines.*
          (²) *Al.:* Inferiores enim entium, qui... etc.

S. 43   (¹) AVICEBRON, *Fons vitae*, Tr. 1, 8 s. (edit. Baeumker, *Beiträge* 1, p. 11 s.).

S. 44   (¹) *Ibid.*, 1, 14-17 (pp. 17-21).

S. 45   (²) *Al.:* numerum.

S. 45   ([1]) Loc. cit., 3, 1 s. (p. 73 s.).
     ([2]) *Al.:* incorpoream, *vel:* corporalem.
     ([3]) Loc. cit., 4, 1-5 (p. 211-224).

S. 50   ([1]) *Al.:* sicut materia est, et subiectum etc.; *vel:* sicut materia quae est subiectum eorum...

S. 51   ([1]) *Al.:* inordinatae.

S. 57   ([1]) *Al.:* secundum totalitatem ipsius, particulariter ipsam recipiens.

S. 59   ([1]) *Al.:* Sed ante omne imperfectum reperitur aliquid perfectum in omnibus generibus, etc.

S. 62   ([1]) *Al.:* Spiriteria.

S. 63   ([2]) *Al.:* subiectum. *Item paulo post.*

S. 65   ([1]) ARISTOT., *De anima*, III, c. 4, 429 b 5 (*Comm. S. Th.*, lect. 7).

S. 72   ([1]) *Al.:* non fit ens, sed est ens secundum suam formam.

S. 78   ([1]) *Al.:* semper corpus.
     ([2]) *Al.:* expressive.
     ([3]) ARISTOT., *Metaph.*, V, c. 5, 1015 b 9-10 (*Comm. S. Th.*, lect. 6). — *Al.:* secundo *Metaph.*
     ([4]) ARISTOT., *Physic.*, VIII, c. 1, 252 b 3-4 (*Comm. S. Th.*, lect. 3). — *Al.:* quarto *Physic.*

S. 81   ([1]) AVIC., *Metaph.*, Tr. 9, c. 3 (f. 194 b).
     ([2]) *Per totum librum haec positio est diffusa.*

S. 83   ([1]) *Al.:* Ponunt igitur per mutationem vel motum aliqua produci, non in esse a primo principio, etc.

S. 84   ([2]) *Al.:* tanto producitur ab inferioris causae virtute.

S. 85   ([1]) *Al.:* substantiae.

S. 86   ([1]) *Al.:* propriam.

S. 88   ([1]) *Al.:* quod est ipsum ens et ipsum unum.
     ([2]) *Al. et melius:* posuerunt.

S. 89   ([3]) *Al.:* ... participant secundum determinatum complexionis modum ad speciem propriam pertinentem, quem modum obtinent ex virtute seminali, per quam generantur.

S. 90   (⁴) *Alii omittunt verba quae inter parentheses signa-vimus.*

           (¹) *Al.:* ipsum esse eorum est ipsum vivere eorum.

S. 91   (²) Cfr. *Periarchon,* I, c. 8 (PG 11, 177 A-B).

S. 93   (¹) *Al.:* minus.

S. 96   (¹) *Al.:* **Quia enim aliquod totum perfectum fit, se-cundum hoc diversas partes et inaequales ad eius compositionem conducit.**

S. 98   (¹) *Al.:* esse.

           (²) Aristot., *Metaph.,* VI, c. 3, 1027 a 30-b 4 (*Comm. S. Th.,* lect. 3).

           (³) *Al.:* sequitur quod omnia futura contingit ex necessitate evenire.

           (⁴) *Al.:* reducere.

S. 99   (¹) *Al.:* quin ea posita effectus sequantur. — *Al.:* non sequatur.

S. 101   (¹) Aristot., *Metaph.,* XII, c. 7, 1072 b 27-28 (*Comm. S. Th.,* lect. 6).

S. 102   (²) *Al. add.:* quae.

           (³) Aristot., *De anima,* I, c. 5, 410 b 4 ss. (*Comm. S. Th.,* lect. 12).

           (⁴) Aristot., *Metaph.,* III, c. 4, 1000 b 3 ss. (*Comm. S. Th.,* lect. 11).

S. 103   (¹) *Al.:* ipsum.

           (²) Aristot., *Metaph.,* XII, c. 9, 1074 b 25 (*Comm. S. Th.,* lect. 11).

S. 104   (¹) *Al.:* esse existentia.

S. 105   (²) Aristot., *Metaph.,* XII, c. 7, 1072 b 22-23 (*Comm. S. Th.,* lect. 8).

           (¹) *Al.:* ... sed est sicut potentia ad hoc, probabile est...

S. 108   (¹) *Al.:* prior causa.

           (²) *Al.:* sit.

S. 109   (³) *Al.:* Si.

           (⁴) *Al.:* Si enim primum intendat secundum movere...

S. 110   (¹) *Al.:* Deo.

S. 112   (²) *Al. add.:* tantum.

           (¹) *Al. add.:* superior.

S. 113   (²) *Al.:* non habetet.
            (³) *Al.:* quae est in materia.

S. 116   (¹) *Al.:* Sed et hoc ipsum...

S. 118   (¹) *Al.:* intellectivum.
            (²) ARISTOT., *De anima,* III, c. 4, 429 a 10-b 5 (*Comm. S. Th.,* lect. 7).

S. 119   (¹) *Al.:* mali.
            (²) *Al.:* principatus. *Et omitt.:* cuius, *et* est.

S. 122   (¹) DIONYS. PS.-AREOP., *Cael. Hierarch.,* c. 4, 1 (PG 3, 177 C).
            (²) *Ibid.,* c. 4, 2 (PG 3, 180 A-B).
            (³) ID., *De div. nom.,* c. 4, 1 (PG 3, 693 B-C).
            (⁴) DIONYS., *De div. nom.,* c. 5, 8 (PG 3, 821 C).
            (¹) *Al.:* supremum.

S. 123   (²) ID., *Cael. Hier.,* c. 4, 1 (PG 3, 177 C).
            (³) *Al.:* doctrinae.
            (⁴) *Al.:* attribuitur quod sit ipsa essentia bonitatis.
            (⁵) DIONYS., *De div. nom.,* c. 5, 2 (PG 3, 816 D-817 A).

S. 124   (¹) *Ibid.,* c. 11, 6 (PG 3, 953 D).
            (²) *Al.:* ut colligendo dicamus, dicimus...

S. 125   (¹) DIONYS., *De div. nom.,* c. 10, 3 (PG 3, 937 C).
            (²) *Al. omitt.*

S. 126   (³) *Al.:* Sed quia sacra Scriptura Gen. 1 in serie creationis rerum...
            (⁴) *Al.:* posteriora perfectius; *vel:* perfectiora posterius.
            (⁵) S. AUG., *De civ. Dei.,* XI, c. 9 (PL 41, 324).
            (⁶) *Al.:* Angeli ipsi, sicut illa lux...; *vel.:* ipsi enim sunt.

S. 127   (⁷) *Loc. cit.* (PL 41, 323).
            (¹) S. AUG., *De Genesi ad litteram,* II, c. 8 (PL 34, 269-270).
            (²) S. IOANN. DAMASC., *De fide orth.,* II, c. 3 (PG 94, 873 A-B).
            (³) S. HIERON., *Comm. in Epist. ad Titum,* c. 1 (PL 26, 560 A).

S. 128   (¹) S. BASIL., *In Hexaem. hom. II,* c. 5 (PG 29, 40 C-41 A).
            (²) *Al.:* ministratio.

S. 129   (³) In *Glossa super Gen.,* I, 1.

S. 130   (¹) ORIG., *Periarchon*, I, c. 1 (PG 11, 129).
          (⁵) *Al.:* attribuere videtur.

S. 131   (¹) *Al.:* et caetera ad haec pertinentia ibidem describuntur.
          (²) *Al.:* inconveniens est... corporeos esse.

S. 132   (³) *Al.:* Lucae XXI, [26].
          (⁴) DIONYS., *De div. nom.*, c. 4, 1 (PG 3, 693 C).
          (¹) ID., *Hier. Cael.*, c. 1, 3 (PG 3, 121 C).
          (²) *Ibid.*, c. 2 (PG 3, 136-145).
          (³) *Al.:* substantiis.

S. 133   (⁴) ARISTOT., *De anima*, III, c. 4, 429 a 10-b 5 (*Comm.
S. Th.*, lect. 7).
          (⁵) S. AUG., *De Genesi ad litteram.*, II, c. 8 (PL 34, 269).
          (⁶) S. IOANN. DAMASC., *De fede orthod.*, II, c. 3
(PG 94, 865 B-868 A).
          (⁷) DIONYS., *Hier. Cael.*, c. 1, 3 (PG 3, 121 C-D).
          (⁸) *Al.:* Deo.
          (¹) *Ibid.*, 15 (PG 3, 328-340).

S. 134   (²) *Ibid.*, c. 2, 4 (PG 3, 141 D).
          (³) S. AUG., *De Civ. Dei.*, IX, c. 5 (PL 41, 261).

S. 135   (⁴) DIONYS., *De div. nom.*, c. 5, 8 (PG 3, 821 C).
          (⁵) S. BASIL., *In Hexaem. hom. II*, c. 5 (PG 29, 41 A).
          (⁶) NEMESIUS EMES., *De natura hominis*, c. 3 (PG 40,
600 A).
          (¹) S. IOAN. DAMASC., *De fide orth.*, II, c. 3 (PG 94
869 B-C).
          (²) S. AUG., *De Genesi ad litteram*, VIII, c. 20 (PL 34,
388).

S. 136   (³) DIONYS., *De div. nom.*, c. 4, 8 (PG 3, 704 D).

S. 137   (¹) S. AUG., *De civ. Dei*, IX, c. 1 s. (PL 41, 255).

S. 138   (²) *Ibid.*, c. 20 (PL 41, 273).
          (³) I Cor., VIII, 1.
          (⁴) DIONYS., *De div. nom.*, c. 4, 23 (PG 3, 724 C).
          (⁵) *Al.:* quia malum non est aliquid existens, neque
si esset natura mala causaretur a bono principio. —
Al.: causarentur.

S. 139   (¹) S. AUG., *De civ. Dei*, X, c. 11 (PL 41, 289).
          (²) *Al.:* propositum.
          (³) *Al.:* omnis natura bona sit.

S. 140   (¹) *Al.:* substituti.
          (²) In S. AUG., *De civ. Dei*, IX, c. 8 (PL 41, 263).

S. 141 (³) *Al.:* tertio.

 (⁴) S. Aug., *De Genesi ad litteram*, III, c. 10 (PL 34, 284).

 (⁵) Dionys., *De div. nom.*, c. 4. 23 (PG 3, 725 C).

 (⁶) S. Aug., *De Genesi ad litteram*, III, c. 10 (PL 34, 285).

 (⁷) S. Ioan. Damasc., *De fide orthod.*, II, c. 4 (PG 94, 873 C-876 A).

S. 142 (¹) Dionys., *De div. nom.*, c. 4, 23 (PG 3, 725 B).

 (²) *Al.:* a convenientibus egressus; *vel:* convenientium ipsis excessus.

 (³) S. Aug., *De Genesi ad litteram*, III, c. 10 (PL 34, 285).

S. 143 (⁴) *Al.:* ... Archangelo, manente, exprimens per transgressionem quosdam eorum factos esse malos.

 (⁵) S. Ioan. Damasc., *De fide orth.*, II, c. 4 (PG 94, 876 A).

 (⁶) *Al.:* usus est.

 (⁷) Orig., *Periarchon.* I, c. 5 (PG 11, 160 C, s.; 163 A-C).

 (⁸) S. Aug., *De Civ. Dei.*, XI, c. 15 (PL 41, 330).

 (¹) *Ibid.*, XI, c. 14-15 (PL 41, 330-331).

 (²) *Al.:* Solvit ibidem Augustinus...

S. 144 (³) *Al.:* esse.

 (⁴) *Al.:* deos.

 (⁵) S. Aug., *De Civ. Dei*, IX, c. 11 (PL 41, 265).

 (⁶) S. Ioan. Chrys., *Hom. in Matth.* 28 (PG 57, 353).

S. 145 (¹) Ita Chrysostomus, *loc. cit. Al.:* pravorum *forte pro* parvorum; *vel:* parvulorum *irrepserat.*

 (²) *Al. omitt.*

 (³) Proclus, *Inst. theol.*, prop. 196 (edit. Dübner-Didot, p. CXII, 43-44).

S. 146 (⁴) *Al.:* tuum.

 (⁵) S. Greg. Magnus, *Moralia in Iob*, 32, c. 23 (PL 76, 665 C).

 (⁶) *Al.:* daemones.

 (¹) Aristot., *Metaph.*, XII, c. 7, 1072 b 18-19; c. 9, 1074 b 23-24 (*Comm. S. Th.*, lect. 6, 11).

 (²) *Al.:* ... nisi boni apparentis vel boni simpliciter.

 (³) S. Aug., *Liber LXXXIII Quaest.*, q. 32 (PL 40, 22).

S. 147 (⁴) *Al.:* potentia.

 (¹) Proclus, *Inst. theol.*, prop. 169 (ed. cit. p. CIV, 41-42).

S. 147   (²) *De causis*, 2 (ed. Bardenhewer, p. 165, 14). Cfr.
Comm. S. Th., lect. 2.

S. 148   (³) DIONYS., *De div. nom.*, c. 1, 5 (PG 3, 593 D).
(¹) ID., *Cael. Hier.*, c. 4, 2 (PG 3, 180 A).
(²) *Al. omitt.*

Übersetzungen
von Werken des Thomas von Aquin

Herausgegeben vom Friedrich-von-Hardenberg-Institut,
in Zusammenarbeit mit der Freien Hochschule für
Geisteswissenschaft, Goetheanum

Der Prolog des Johannes-Evangeliums

Super evangelium S. Joannis

Übersetzung, Einführung und Erläuterungen von Wolf-Ulrich Klünker.

206 Seiten, Leinen

Über die Einheit des Geistes

De unitate intellectus

Übersetzung, Einführung und Erläuterungen von Wolf-Ulrich Klünker.

186 Seiten, Leinen

Über die Trinität

De trinitate

Übersetzung und Erläuterungen von Hans Lentz. Mit einer Einführung von
Wolf-Ulrich Klünker.

302 Seiten, Leinen

Vom Wesen der Engel

De substantiis separatis

Übersetzung, Einführung und Erläuterungen von Wolf-Ulrich Klünker.

176 Seiten, Leinen.

VERLAG FREIES GEISTESLEBEN